本书为国家社会科学基金项目"近代中国城市社会发展进程中的民间市政参与研究"（项目批准号：09CZS022）结项成果

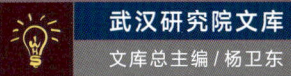
武汉研究院文库
文库总主编 / 杨卫东

武汉城市历史丛书　丛书主编 / 涂文学

近代中国城市社会发展进程中的民间市政参与研究

On the Study of Civil Municipal Participation in the Process of Urban Social Development in Modern China

方秋梅　著

中国社会科学出版社

图书在版编目（CIP）数据

近代中国城市社会发展进程中的民间市政参与研究／方秋梅著.
—北京：中国社会科学出版社，2018.10
ISBN 978-7-5203-2787-9

Ⅰ.①近… Ⅱ.①方… Ⅲ.①城市管理—行政管理—参与管理—研究—中国—近代 Ⅳ.①F299.295

中国版本图书馆 CIP 数据核字（2018）第 154278 号

出 版 人	赵剑英
责任编辑	王莎莎
责任校对	张爱华
责任印制	李寡寡
出　　版	中国社会科学出版社
社　　址	北京鼓楼西大街甲 158 号
邮　　编	100720
网　　址	http://www.csspw.cn
发 行 部	010-84083685
门 市 部	010-84029450
经　　销	新华书店及其他书店
印刷装订	北京君升印刷有限公司
版　　次	2018 年 10 月第 1 版
印　　次	2018 年 10 月第 1 次印刷
开　　本	710×1000　1/16
印　　张	19.75
插　　页	2
字　　数	301 千字
定　　价	80.00 元

凡购买中国社会科学出版社图书，如有质量问题请与本社营销中心联系调换
电话：010-84083683
版权所有　侵权必究

《武汉研究院文库》编辑委员会

主　任　杨卫东
副主任　周建民
委　员　（按音序排列）
　　　　陈　韦　付永祥　甘德安　李卫东　彭开勤
　　　　邵　红　沈少兰　涂文学　王汗吾　夏宏武
　　　　邹德清

《武汉研究院文库》编辑部

主　任　沈少兰
成　员　（按音序排列）
　　　　高　路　汤　蕾　王　鹏　王肇磊　徐艳飞
　　　　余利丰

总　　序

两年前，我们提出了创建文库的设想。文库的书名我曾一度为之纠结，原拟名为《武汉研究文库》，虽然言简意赅，却给人非常学究、过于阳春白雪的感觉，而且未能概括建设文库的全部创意。文库中或许有一些文字以记录为主，或许有的文字只是今天或明天的史料而不是研究文章。我们希望更多的学者和武汉学的爱好者来关心武汉，研究和收集武汉昨天和今天的辉煌、光荣、艰辛、奋斗与梦想。经同仁们再三斟酌，定名为《武汉研究院文库》。名副其实者有三：其一，文库出版的书籍之主体是由武汉研究院发布立项的各类课题的研究成果；其二，文库所出版的书籍皆为武汉研究院资助；其三，文库的所有文稿均由两级编委会审定通过。

武汉研究院既是高校服务社会的产物，也是协同创新的产物。研究院以"武汉"名之，体现了其立足武汉，研究武汉，为武汉发展服务的初心与宗旨。它以学术影响力、决策影响力、公众影响力和自身成长力为目标，定位于理论性、国际化的学术中心，开放式、独立型的高端智库，以对策性、应用性为特色的评价咨询平台。

武汉研究院围绕武汉经济、社会、文化、历史、生态文明、城市建设等领域，主要从五大方面开展工作。一是设计发布武汉研究院开放性课题，吸引更多高水平的校内外专家承接课题，组织和动员专家研究武汉。二是举办武汉研究院论坛，以武汉发展为主题，邀请国内外知名专家和政府相关部门来校开展学术讨论与专题讲座。三是刊印《专家观点》，编辑整理专家对武汉经济社会发展的观点、思考和建议，以内参形式送市领导及相关职能部门，为武汉市的决策提供服务。四是与武汉企业联合会、武汉企业家协会携手合作出版武汉企业发展报告（企业发展蓝皮书），采用多视角的方法分类研究武汉企业，为政府部门和企业提供参考。这些工作，武汉研究院在前两年便已逐步展开，唯有第五项工作还在探索，这就是策划出版《武汉研究院文库》（以下简称《文库》）。《文库》以武汉城市建设与发展为研究对象，包含《武汉经济建设丛书》《武汉社会发展丛书》《武汉城市建设丛书》《武汉生态文明建设丛书》《武汉文化发展丛书》《武汉城市历史丛书》，力图成为一个全面宣传武汉的窗口和集中、系统、全面展示武汉研究优秀成果的学术平台。

为此，我们希望将"开放性、影响力、创新性、规范性"作为《文库》的基本追求。

开放性。首先是对校内外作者的开放，凡研究武汉、推介武汉的海内外优秀著作均予以资助出版；其次是成果形式的开放性，专著、研究报告、论文集、图册、资料汇编等多种形式均可收录；第三是时间上的开放性，《文库》不设截止期，书稿成熟一本出版一本。

影响力。《文库》要求具有较高的学术影响力和社会影响力。学术影响力不仅表现为有较高的研究水平，而且独特的见解能得到学术界认可和传播。社会影响力包括决策影响力和公众影响力，表现为研究成果能在促进社会经济与文化发展、提供政策与决策参考等层面产生广泛影响。

创新性是对学术研究最基本、最核心的要求。凡入选的学术研究成果都应在"新"字上做文章，或有新材料，或有新视角，或有新方法，或有新结论。

规范性。《文库》作者须秉承严谨治学、实事求是的学风，恪守学术规范。我们尊重知识产权，坚决抵制各种学术不端行为，自觉维护哲学社会科学工作者的良好形象。

经过两年多的准备，《文库》的第一批书籍终于面世了。这首先应归功于周建民兄的辛勤操劳与协调组织。他从《文库》的整体设计、编委会的组织建设到作者的联络、书稿的审定都付出了大量心血。其次应感谢武汉出版社的领导和编辑,从《文库》还处在设想的萌芽状态时,他们便开始积极地跟踪服务,克服了许多困难,努力打造出版的高质量。当然还应感谢武汉研究院办公室的沈少兰、汤蕾等同志和设计学院魏坤老师,正是他们默默无闻、任劳任怨的工作才保证了《文库》的顺利出版。

《文库》第一批著作的出版既具有开创性也必然存在不完美性,我们衷心希望《文库》能得到更多人士、更多部门和机构的关心、指导和支持,我们将不断地改进《文库》的入选机制和编撰工作。

《文库》的价值重在品质,我们追求严谨科学,精益求精,不唯书、不唯上、只为实、只求是的精神,努力使更多的成果能在时间的长河中经得起风浪的洗涤与冲刷,历久弥新。

《文库》不可能一蹴而就,它需要积淀。不仅需要武汉研究院的持之以恒,而且需要一大批关心武汉、热爱武汉的志士仁人、专家学者的不懈努力。

我对《文库》充满着期待,我对《文库》充满着希望!

2017 年 11 月 16 日

序

严昌洪

这是一部研究"市政"的著作。我们每个城市人都置身于"市政"之中，而且须臾不可离。

一般人对"市政"的理解，无非就是城市里的道路、桥梁、水电气设施、广场、公园、绿道、公厕、下水道……的建设。而在市政研究者那里，"市政"却不那么简单，它可分为广义与狭义两种概念，而且其内涵与外延各有不同理解。按照百度百科词条的解释，"广义的市政是指城市的政党组织和国家政权机关，为实现城市自身和国家的政治、经济、文化和社会发展的各项管理活动及其过程"；"狭义的市政是指城市的国家行政机关对市辖区内的各类行政事务和社会公共事务所进行的管理活动及其过程"。一般人眼中的上述"市政"，不论在广义上还是狭义上，都只是"市政"概念所包含的极小部分内容，简直是狭而又狭。

一般人的认识上，市政是市政府的事情，无关民间组织与个人。这又是一种失之偏颇的看法。其实，无论在海外还是在国内，也不论是在近代还是当代，都有民间组织和个人参与市政。

本书作者方秋梅博士在研究近代汉口市政（1861—1949）的基础上，进一步深化其市政研究，从汉口走向全国，从一个地区市政的全面研究深入到民间参与市政的专题探讨。多年来对市政问题的关注，使她较全面地掌握了国内外学术动态，并从档案文献、报纸杂志、地方志乘和各种笔记文集中爬梳出大量原生态史料，在做了相应的理论准备后，撰写了这部专论。

翻阅书稿后，我觉得本书除了选题具有学术价值和现实意义，结构合理、逻辑严密，论述充分、结论中肯等优点外，还有若干方面值得点赞。

作者没有止于就事论事，不仅论述了"民间市政参与"题中应有之义，诸如民间市政参与的社会背景与认识基础；民间市政参与的主体：民意机构、社会团体、专家学者以及各方面通过舆论的介入等；民间参与市政的内容：从市政规划、决策、经费筹措、市政设施建设与管理，到争取城市自治，努力实现"理想的市政"等；并总结了民间市政参与的若干特点。而且是将民间市政参与置于近代城市社会发展进程中来考察的。中国近代处于"三千年未有之大变局"中，城市也处于剧变之中。剧变中的城市为民间市政参与搭建了一座可以大显身手的舞台，城市也孕育出一批有参与意识的近代市民，特别是他们面对列强侵华危局所产生的民族主义意识激励着民间参与市政行动，城市的发展也呼唤民间参与市政，而民间市政参与既助力官办市政，又直接反映市民对市政的诉求。作者对民间市政参与给近代中国城市社会发展带来的影响予以了特别的关注，提出了不少独到的见解。这种不止于就事论事的论述，使得"民间市政参与研究"提升到一个更高的层面，显示了作者广阔的视野与高屋建瓴的见地。

翻阅书稿，我还注意到在全国民间市政参与的大量史实的海洋中，漂流着"上海救火联合会"这一叶小舟。乍一看，似乎属于枝蔓，细品起来却不然。书中有两处"以上海救火联合会为例"，一是在论及民间参与具体的市政建设与市政管理时，以上海救火联合会为例，说明民间社团参与城市消防建设与管理的实况。二是在论及商界市政参与的示范效应与中国城市现代性的滋长时，也以上海救火联合会为例展开论述。作者对上海救火联合会这一个案，在前人研究的基础上，通过在各种史料特别是《申报》中搜集到的大量资料，进行了更为系统的整理，提供了许多细节作为论述的基础。作者解剖"上海救火联合会"这只麻雀，使读者具体地了解到当时各社会团体参与市政建设与管理的一般机制和效应。这种将个案研究融合到整体研究中，将微观研究与宏观研究相结合的方法，可以通过细节来精细地反映历史发展的进程，增强回到历史现场的感觉。掌握较多的个案，弄清较多的细节，可以使宏观的探讨建立在坚实的基础上，不至于流于空泛。作者对"上海救火联合会"这一案例的利用，非但无画蛇添足之嫌，甚至有锦上添花之功。

作者在书中指出："当代中国城市发展所面临的形势虽然已与近代中国城市发展面临的形势有很大的差别，但是今天的城市是由近代城市演变而来，不管它们如何演变，城市事务的处理归根究底，也都是要着眼于城市本身的发展，以为市民谋幸福为旨归。"当代中国同样需要民间市政参与。现在中国特色社会主义已进入新时代，我国社会主要矛盾已经转化为人民日益增长的美好生活需要和不平衡不充分的发展之间的矛盾。新时代里，民生需求方面的一些短板，要通过各方努力予以补齐。我们的政府为要多谋民生之利，多解民生之忧，将努力提高保障和改善民生水平，加强和创新社会治理。这就更需要民间参与市政。拿举国上下都很重视的"厕所革命"来说，那些获得"厕所革命优秀城市奖"的城市，无不根据国家有关单位联合发布的《基础设施和公用事业特许经营管理办法》，鼓励和引导社会资本参与基础设施和公用事业建设运营，发动民众参与"厕所革命"。一些城市的"厕所革命"虽说是"政府主导"，但也在探索以 PPP 模式和"以商建厕、以商管厕、以商养厕"模式，鼓励社会各界参与。这应该就是民间市政参与活动。

我想，本书将能为今天民间市政参与提供某些历史借鉴，一定能受到读者欢迎。

2017 年 11 月 29 日

目　　录

导论 …………………………………………………………………… (1)
　一　选题的缘起与问题的提出 ……………………………………… (1)
　二　学术前史回顾 …………………………………………………… (3)
　三　研究的总体思路、基本内容与方法 …………………………… (30)
　四　相关概念、研究时段及地域说明 ……………………………… (32)

第一章　近代中国民间市政参与的社会背景与认识基础 ………… (38)
　一　剧变中的城市：近代中国民间市政参与的大舞台 …………… (39)
　二　市民与市政：近代国人对民间参与市政的认识 ……………… (48)

第二章　体制层面之外的近代中国民间市政参与 ………………… (64)
　一　组织层面的市政参与 …………………………………………… (64)
　二　参与或影响市政规划和市政决策 ……………………………… (78)
　三　参与市政经费的筹措 …………………………………………… (95)
　四　参与具体的市政建设与市政管理 ……………………………… (103)
　五　社会舆论的市政参与 …………………………………………… (141)

第三章　争取城市自治：体制层面的近代中国民间
　　　　市政参与 …………………………………………………… (158)
　一　纷纷成立自治性社团 …………………………………………… (158)
　二　争取恢复地方自治运动 ………………………………………… (161)

· 1 ·

三　争取成为特别市运动 …………………………………… (173)
　　四　争取警政权和警捐监督权 ……………………………… (184)
　　五　试图建立稳定的武装商团等商属武装部队 …………… (194)

第四章　近代中国民间市政参与的特点 ………………………… (205)
　　一　参与过程深受地方自治运动的影响 …………………… (205)
　　二　参与主体众多，类型多样 ……………………………… (208)
　　三　参与范围广，涉及层面多 ……………………………… (213)
　　四　参与空间大小与中央及省市政府权势强弱密切相关 … (217)
　　五　始终无法突破官治的控遏而实现自治 ………………… (219)
　　六　城市个体差异与区域差异大 …………………………… (225)

第五章　民间市政参与对近代中国城市社会发展的影响
　　　　——一个以现代性为尺度的探讨 …………………… (229)
　　一　民间市政参与推动了近代中国市政的转型 …………… (230)
　　二　民间市政参与促进了近代中国城市官民关系法制化、
　　　　契约化 ………………………………………………… (237)
　　三　民间市政参与深刻而复杂地影响了近代中国的城市化 … (239)
　　四　商界市政参与的示范效应与中国城市现代性的滋长
　　　　——以上海救火联合会为例 ………………………… (256)
　　五　西化与本土化：不同民间市政参与模式的示范性竞争与
　　　　近代中国城市的现代性 ……………………………… (270)

结语　有关近代中国民间市政参与的几点反思 ……………… (275)
　　一　有序的民间市政参与有赖于法治和市政当局高效的
　　　　施政 …………………………………………………… (275)
　　二　充分整合本土资源是成功学习西式市政的必要条件 … (278)
　　三　不应将近代中国民间市政参与过程中的拥武诉求视为
　　　　常态 …………………………………………………… (280)

四 近代中国不存在罗威廉所说的无须法律认可的城市
自治 ………………………………………………… (282)

参考文献 ………………………………………………… (285)
  一 基本史料与文献 ………………………………… (285)
  二 论著 ……………………………………………… (289)
  三 论文 ……………………………………………… (292)

图表目次

一 附表

表2—1 20世纪30年代前期汉口市政机构中官民合组的委员会组织表 ………………………………（74）

表2—2 汉口特别市临时参议会参议员组成表 …………（76）

表2—3 1912年《国民新报》《申报》有关汉口重建问题的主要报道 ……………………………………（143）

表2—4 1930年《道路月刊》第30卷第2期所载市政著述篇目表 ……………………………………（149）

表3—1 北京政府时代特别市市制源出简表 ……………（173）

表5—1 上海、松江、苏州、无锡等地救火会相互参观演龙的情况表 …………………………………（261）

二 附图

图2—1 《建议政府筹设国立市政学院》 …………………（93）

导　论

一　选题的缘起与问题的提出

(一) 选题的缘起

当前中国城市高速发展，城市事务日趋繁重，城市问题也日趋复杂。城市发展面临的这些新形势，固然是城市政府理应关注和面对的，不过城市政府的精力终究有限，并且诸多城市事务越来越需要市民的配合与参与。作为城市一分子，市民也有责任对新形势、新问题给予积极的关注，有权利参与到关系切身利益的城市事务中，这就涉及一个城市事务的公众参与和市民市政参与问题，公众参与和市民市政参与因此成为时下热门话题。点开网页，不乏公众参与城市事务之类的话题。国内"市民市政参与"方面的学术会议，也引来了国际学术机构的襄助和国际学术界的关注。[①] 这说明公众参与和市民市政参与问题已经成为世界性话题。随着中国改革的深入，社会民主化进程的趋进，公众参与和市民市政参与问题还会持续受到关注。因此，民间市政参与问题是一个颇具时代感的课题。

考诸近代历史，民间市政参与问题也不失为一个有价值的研究课题。当我们回顾中国历史、考察近代中国城市的发展进程时，不难发现，"民间市政参与"其实早已不是什么新的历史现象，近代中国存在着多层次的民间市政参与。其中，不仅参与市政的民间主体众多，而且

[①] 潘长勇：《"市民市政参与"国际学术会议》，《国际学术动态》2010年第4期。

涉及的市政事务多种多样。当代中国城市发展所面临的形势虽然已与近代中国城市发展面临的形势有很大的差别，但是今天的城市是由近代城市演变而来，不管它们如何演变，城市事务的处理归根究底，也都是要着眼于城市本身的发展，以为市民谋幸福为旨归。因此，对近代中国城市的民间市政参与问题进行研究，应该是一个颇具现实意义的学术探讨。

就学理而言，市政不仅仅是城市地方当局、市政当局或市政府单方面的事情，也是所有城市人或市民的事情。因此，市政研究不能只关注官方的市政作为，还应该给予民间市政参与以充分的关照，这样的市政研究才算是比较完整的市政研究。

就既有的研究而言，有关近代中国民间市政参与问题的研究，还处于一种散在的状态，因此，这一领域还存有很大的研究空间，研究近代中国民间市政参与问题具有显明的学术价值。

就笔者的研究基础而言，以近代中国民间市政参与作为研究对象，并非聚沙成塔之举。笔者此前完成的专著《近代汉口市政研究（1861—1949）》（中国社会科学出版社 2017 年版），对近代汉口市政尤其是清末民初汉口市政，进行了比较系统的考察，并且已经比较深入地涉足近代汉口的民间市政参与问题。近几年来，笔者又对其他城市尤其是上海的民间市政参与方面的一些资料进行了比较认真的爬梳。有了这样的研究基础和资料功夫，笔者对近代中国民间市政参与问题的研究比较有信心。

（二）问题的提出

中国原本不存在且自始至终不存在西式的作为市民自治共同体的市和市民自治型市政，这是学术界所公认的事实。但是，近代中国人曾经尝试着——也就是学习办理西式市政，这也是不容否认的事实。关键的问题是：近代中国人的这种尝试究竟是在怎样的背景下展开的？又是如何展开的？呈现出怎样的特点？又给近代中国城市社会乃至近代中国究竟带来了什么样的影响？这是本书所关注的基本问题。

二 学术前史回顾

本书学术前史的回顾，拟从两个层次展开：其一，近代中国城市史研究概况；其二，近代中国民间市政参与研究的现状。

（一）近代中国城市史研究概况

但凡撰写中国近代城市史相关著述的，对于近代中国城市史的研究概况少有不予检索一番的。更有近代中国城市史研究的前辈或先进诸如熊月之、何一民、戴一峰等，他们不时关注中国城市史研究的进展，对于近代中国城市史研究也多有综述。鉴于整个近代中国城市史研究综述工作的浩繁，笔者在此只拟在前贤研究的基础上，予以概括性梳理。

有研究者认为，率先对中国近代城市进行研究的是西方学者，第一批有关城市史的论著并非出自历史学家之手，而较有影响的研究成果产于20世纪20年代。[①] 诚然，较早的中国近代城市史研究既不出自国人之手，也不始于史学界。不过，较有影响的研究成果产出的时间当较20世纪20年代更早。清末在华从事海关和外事工作的外国人有关中国城市的诸多调查报告中，就不乏对中国城市的系统而翔实的研究。例如，日本驻汉领事水野幸吉1907年撰成的《汉口：中央支那之事情》，其内容极为丰富，包括：汉口的地理、气候、卫生、衣食住行、汉口之过去现在及将来（实际上叙述汉口开埠以后工商业等方面的发展及作者的展望）、经济（诸如工业、畜牧与渔猎、金融货币及度量衡、商业机关、对外贸易及税关、交易的物产）、公益及公共机关、邮政制度、航运、铁路。[②] 该著纂述成体系，是一部比较系统研究清末汉口城市的专

[①] 任吉东：《从宏观到微观 从主流到边缘——中国近代城市史研究回顾与瞻望》，《理论与现代化》2007年第4期。

[②] ［日］水野幸吉：《汉口：中央支那事情》，刘鸿枢、唐殿薰、袁青选译，光绪三十四年（1908）上海昌明公司发行。

著。对于当时的人来说，这是当代汉口城市研究。时过境迁，它就变成近代早期汉口城市史研究了，成为我们今天研究近代汉口城市史的必备书目。因此，部分清末在华外国人对于中国城市的调研报告，其实就在最早的较有影响的中国近代城市史研究成果之列。当然，它们并不是外国人有意识的史学研究成果，而是他们为了收集中国开埠城市的经济等方面的资讯的产物，换言之，是外国人为本国收集中国城市情报的成果。但我们不能否认，这也是一种形式的中国近代城市史研究。

  在此之后，较有影响的中国近代城市史研究成果增多。如有关上海研究的成果，有1908年由伦敦劳逸德出版公司出版的赖特主编的《二十世纪香港、上海及中国其他商埠志》，是一部记述香港、上海、汉口、天津等众多中国通商口岸的长达848页的大部著述，其中专述上海的就达324页，内容相当广泛，因史料价值高而广为后来的研究者征引。有1909年出版的裘昔司的《历史上的上海》（后翻译为《上海通商史》，商务印书馆1915年版）[1]，主要介绍了19世纪下半叶上海的历史。[2] 还有兰宁、库寿龄撰写的2卷本《上海史》（分别出版于1921年、1923年），其中下卷叙述了1857—1900年上海的历史。[3] 再如研究北京的有喜仁龙的《北京的城墙和城门》（伦敦，1924年），"从中国北方筑墙城市写到北京旧址上的早期城市，并且着重考察和研究了北京城内外的历史与现状，留下了珍贵的照片和城门实测图"[4]。不难看出，这些研究成果的历史意识已十分浓厚。

  20世纪20年代，国内兴起了市政改革运动。由于研究市政和城市历史的需要，中国本土的近代城市史研究于20世纪20年代中后期应运而生了。例如：《上海租界问题》（王揖唐，商务印书馆1924年发行）、《沪租界前后经过概要》（王揖唐，1925年发行，出版单位不明）、《南

---

[1] 胡怀琛：《关于上海的书目提要》，上海市通志馆1935年版，第14页。
[2] 熊月之、周武主编：《海外上海学》，上海古籍出版社2004年版，第5页。
[3] 同上书，第8—9页。
[4] 任吉东：《从宏观到微观 从主流到边缘——中国近代城市史研究回顾与瞻望》，《理论与现代化》2007年第4期。

京特别市之过去与将来》（见陆丹林编《市政全书》，中华全国道路建设协会1928年刊印）、《宁波市之过去现在和将来》（宁波政府秘书处编1929年编刊）。

如果说此时的中国近代城市史研究还不成气候的话，那么，到了20世纪30年代之后，就别有气象了。而对近代上海城市史的研究，亦当别论了。1932年、1934年，文海出版社有限公司印行的上海通志馆编纂的《上海通志馆期刊》第一卷、第二卷，上海通社1936年、1939年编纂的《上海研究资料》及《上海研究资料续编》上，发表了一批研究近代上海城市史的论文。其内容涉及上海的沿革、外事、财政金融、实业、文化教育、体育娱乐、名胜古迹、风土人情、古今名流，以及气象、地质等。但抗战以后，战乱和时局的动荡，减杀了中国近代城市史研究的大好势头。

总体来看，不论是在华外国人还是国人，对于20世纪40年代以前的中国近代城市史的研究，均集中于通商口岸，尤其是沿江沿海城市。而江浙城市中，最为集中的是上海。

20世纪50年代之后，市政改革运动偃旗息鼓，时势的转移直接导致了国内的中国近代城市史研究迅速退潮，有分量的研究成果寥若晨星，即如《武汉今昔谈》（黎少岑著，湖北人民出版社1957年版）这样的城市史研究著述也是凤毛麟角，其余不过史话之类的少量通俗读本。[①]直至20世纪80年代，国内的中国近代城市史研究才又在海外的中国近代城市史研究的影响下，随着中国城市化浪潮的重起而再度趋向繁荣。

而20世纪50年代之后海外的中国近代城市史研究，则不时产出佳作，诸如：罗兹·墨菲的《上海：现代中国的钥匙》（哈佛大学出版社1953年版）、伊懋可的《1905—1914年上海的士绅民主》（剑桥大学未刊博士学位论文，1967年）、伊懋可与施坚雅合编的《中华帝国晚期的

---

① 如《太原史话》（山西人民出版社1961年版）、《南京史话》（中华书局1963年版）、《广州史话》（中华书局1963年版）。

江南城市》（斯坦福大学出版社1974年版）、施坚雅主编的《中华帝国晚期的城市》（斯坦福大学出版社1977年版）、玛丽露丝·科尔曼的《民国政府时期中国的市政纲领：1927—1937年的南京》（哈佛大学博士学位论文，1984年）、罗威廉的《汉口：中国城市的商业与社会（1796—1889）》（斯坦福大学出版社1984年版）和《汉口：一个中国城市的冲突与社区（1796—1895）》（斯坦福大学出版社1989年版）、诺曼·迈纳斯的《帝国统治下的香港》（香港：牛津大学出版社1987年版）、安克强的《1927—1937年的上海：市政权力、地方与现代化》（加州大学出版社1993年版）、司昆仑的《中华帝国晚期城市的警察改革：成都1902—1911》（哈佛大学博士学位论文，1993年）、魏斐德的《上海警察：1927—1937年》（加州大学出版社1995年版）、钱曾瑗的《中国的国家、管理与现代性：1900—1927年的广州》（斯坦福大学出版社1999年版），等等。[①] 可见，海外中国近代城市史研究在相当长的时段内最关注的还是上海等开埠通商城市。只是到后来，随着西方城市史研究的转向，更多的海外中国近代城市史著作关注探讨城市下层社会、城市文化，并且海外学者也呼吁将研究的对象扩展到中小城市。海外中国近代城市史研究的理论和范式也主要经历了从近现代化到国家—社会、市民社会—公共领域再到现代性、新社会文化史的转化。

20世纪80年代以后，国内的中国近代城市史研究重新起步并蓬勃发展。其重要标志是上海、天津、武汉、重庆四大城市的近代城市史研究成为"七五"期间国家级研究课题[②]，"八五""九五"等国家级重

[①] 参见［美］史明正《西文中国城市史论著分类要目》，范瑛译，《城市史研究》第23辑，天津社会科学出版社2005年版。

[②] 其结题成果主要有：张仲礼主编的《近代上海城市研究》（上海人民出版社1990年版）、隗瀛涛主编的《近代重庆城市史》（四川大学出版社1991年版）、罗澍伟主编的《近代天津城市史》（中国社会科学出版社1993年版）、皮明庥主编的《近代武汉城市史》（中国社会科学出版社1993年版）。

量级项目成果①，及上海、北京、武汉等城市通史面世。而在此前后，上海社会科学院历史研究所、四川大学城市研究所、天津社会科学院历史研究所等城市史研究基地陆续成立，城市史研究学术会议陆续召开，城市史志的编纂常规化，城市史刊物问世，还建立了相关网站。对于城市史研究理论本土化的探索也取得了一定的成绩，形成了社会学派、功能、结构派、综合分析派等理论派别。研究的范式总体上趋同于海外学界，但在运用时间上相对滞后；研究的领域不断拓宽和深入：中国近代单体城市史研究成果陆续面世，这方面的研究既趋于普遍化又趋向深入，中国近代群体城市、区域城市、不同类型的城市甚至近代城市整体均被纳入研究领域之中。② 目前中国近代城市史研究的主要热点领域有：城市社团社群史研究，区域城市史、边疆城市史研究，城市灾害史、环境史、医疗卫生史研究，城市社会变迁、社会冲突、社会生活史研究，城市化及城乡关系史研究，城市文化研究。③ 笔者认为，有关中国近代城市文献的整理与数据库的开发、城市声音影像、重要相关人物和民间市政组织及其活动、城市法制史、城区史等，也开始成为新的研究热点。

---

① 有张仲礼、熊月之、沈祖炜主编的《长江沿岸城市与中国近代化》（上海人民出版社2002年版）、张仲礼主编的《东南沿海城市与中国近代化》（上海人民出版社1996年版）、隗瀛涛主编的《中国近代不同类型城市综合研究》（四川大学出版社1998年版）、何一民主编的《近代中国城市发展与社会变迁（1840—1949）》（科学出版社2004年版）等。

② 以上综合何一民、熊月之、戴一峰、毛曦等学者的中国城市史研究综述成果，如何一民的《20世纪后期中国近代城市史研究的理论探索》[《西南交通大学学报（社会科学版）》2000年第1期]、《中国近代城市史研究述评》（《中华文化论坛》2000年第1期）、《21世纪中国近代城市史研究展望》[《云南大学学报（社会科学版）》2002年第1卷第3期]及熊月之、张生的《中国城市史研究综述（1986—2006）》（《史林》2008年第1期）、戴一峰的《城市史研究的两种视野：内向性与外向性》（《学术月刊》2009年第10期）、毛曦的《全球城市史视域中的中国城市史研究——读乔尔·科特金〈全球城市史〉引发的思考》（《史学理论研究》，2007年第4期）、《中国城市史研究：源流、现状与前景》（《史学理论研究》，2011年第1期）等。

③ 中国近代城市史研究的这些热点领域，不仅体现在近年来出现的相关成果方面（包括专著、已刊论文及未刊硕士和博士学位论文），也体现在近年来国家社科基金项目及后期资助项目中立项的中国近代城市史研究项目所涵盖的领域上。

与此同时，国内城市史学界对上述成绩并不感到满足，学者们呼吁进一步打通中国近代城市史与古代城市史、当代城市史之间的断限壁垒，进一步拓宽视野，寻求城市史研究理论的本土化突破，注重史料的发掘，更多地采取外向的、联系的、多向度的研究趋向，投以全球史的研究眼光，采用整体研究、跨学科研究、比较研究等研究方法，宏观与微观相结合，历史与现实相观照。21世纪国内的中国近代城市史研究十分值得期待。

在这样的大趋势下，有学者呼吁中国近代城市史研究者关注市民自治及市民对城市政治参与面、广度与深度，钩稽整理市政建设与市政管理中有关政府与民间组织之间关系的史料，从市民与政府尤其是市民与城市关系的角度，进一步探讨市民的公共观念、自治意识、民主意识。[1] 事实上，在此前后，相关研究如近代中国民间市政参与方面的研究，已悄然成为了近代中国城市史研究的一个新生点，并可能发展成为一个新生面。

（二）中国近代民间市政参与的研究成果

至目前为止，有关近代中国民间市政参与的研究成果主要集中在以下几个方面：

1. 不同民间组织的市政参与

近代中国民间市政参与的主体有两大类，即群体与组织性的民间市政参与和个体性市政参与。其中，群体与组织性的民间市政参与对近代中国市政的影响较个体市政参与要大得多，对于这类市政参与的研究成果也多得多。而目前受到研究者关注的参与市政的近代民间组织和群体主要有商人及商会（商界）、民间消防组织、民间慈善组织等。

（1）商人及商会（商界）的市政参与

江浙商界的市政参与较多地受到学界关注。朱英运用市民社会的理

---

[1] 涂文学：《开展中国近代市政史研究的思考——以1930年代的汉口为中心》，《城市史研究》第28辑，2010年。

导　论

论，论述了清末民初上海、苏州等城市的商办自治团体，其主体意识觉醒及其参与市政的情形和影响，认为商办自治团体的成立，使市民社会的自治权利在商会原有自治的基础上，得到了进一步的扩大。其具体表现在：不但使市民社会在很大程度上掌握了市政的建设与管理权，而且承担了包括学务、卫生、治安、户籍管理、道路工程、农工商务、公共事业、善举、财政税收，以及其他循例向归地方绅董办理的所有事宜；其势力和影响层层渗透扩展到城市生活的各个领域，成为城市社会生活中最具影响的在野社会力量，比较迅速地推动了城市的近代化发展。[①] 这是国内较早揭示地方自治与民间市政参与关系的研究成果。

王恩重论述了上海绅商如何建立民办市政机构及其对城区建设的影响，认为闸北、南市绅商主动建立市政机构的行为，与公共租界华人掀起的参政运动，同样反映了民族主义的高涨。[②] 周松青探讨了清末民初上海的地方精英——多数是商界头面人物，他们在参与地方自治运动的时候，如何组织市政机构，在道路、交通、教育、社会保障诸方面如何作为，他们组织的地方自治机关如何与地方政府处理关系，及如何争取市政自主及其失败，等等。[③] 他还深入探讨了民国中期和末期，以商界为主的上海各界精英，在实践地方自治的过程中，是如何通过民意机构（按：在民国中期先后为上海特别市参事会和上海特别市临时参议会，在抗战胜利后先后为上海市临时参议会和上海市参议会）参与市政的。他对民意机构的参政效果总体评价是相当积极的。[④] 这些论述虽然不是直接探讨上海商界的市政参与，但是，由于地方自治落实到城市，其基本内容就是市政，因此，他对于近代上海地方自治的深入研究，实际上是目前有关中国近代上海商人或商界市政参与的最重要成果

[①] 朱英：《转型时期的社会与国家——以近代中国商会为主体的历史透视》，华中师范大学出版社1997年版。
[②] 王恩重：《近代上海绅商与闸北城区建设》，《历史教学问题》1996年第4期。
[③] 周松青：《上海地方自治研究（1905—1927）》，上海社会科学院出版社2005年版。
[④] 周松青：《整合主义的挑战：上海地方自治研究（1927—1949）》，上海交通大学出版社2011年版。

之一。

张海林在探讨苏州现代市政建设时，论述了苏州商人等社会力量在城市消防和卫生管理方面的作用，认为商办的消防队和卫生机构的建立，借鉴了西方市政经验，它们属于现代市政组织形态，它们的出现标志着苏州城市向现代方向进步。① 孙京指出，镇江商会在市政建设的过程中积极为市政建设筹措资金。② 潘标在探讨杭州商人与公共事务的近代化时，论述了杭州商人参与杭州水电等公用事业的建设，参与城市消防与治安管理及举办慈善事业等城市公共事务的情况。③ 沈松平、张颖对宁波商人在1920—1937年在改善城市交通、加快近代公用设施建设、发展卫生事业、优化城市生态环境、加强社会控制、开展社会救济等方面的市政参与进行了比较详细的论述。④

宋美云对天津商会参与整治城市公共环境的论述，实际上比较深入地涉足了天津商会的市政参与问题。她指出天津商会创办了天津防疫保卫医院，成立了维持市政会、街市退修研究会等组织，它们从三个层面参与了天津城市环境的整治，即协助政府参与整治、主动与政府取得联系、向政府建议并亲自主持。她认为："商会的参与方式和参与程度，将决定政府目标实现的进程。……城市公益事业最重要的内容之一是公众的积极参与，使他们拥有知情权、参与权和监督权，从而有效地维护自己的利益。同时，由于商界的参与和介入，从根本上保证了政府政策的有效性和持久性。"在此基础上，她以性质为区分标准将天津商会的市政参与方式进行了区分。⑤ 宋

---

① 张海林：《苏州早期现代化研究》，南京大学出版社1999年版。
② 孙京：《民国镇江市政建设研究（1929—1937）》，南京师范大学硕士学位论文2013年。
③ 潘标：《民国杭州商业与商人研究（1912—1937）》，华中师范大学博士学位论文2014年。
④ 沈松平、张颖：《宁波商人与宁波近代市政》，《宁波党校学报》2004年第3期。
⑤ 宋美云：《论城市公共环境整治中的非政府组织参与——以近代天津商会为例》，朱英、郑成林：《商会与近代中国》，华中师范大学出版社2005年版。

美云对近代天津商会市政参与的论述,对于我们从整体上审视近代中国商界的市政参与具有一定的启发意义。韩占领则对中国纳税人公会和保管团积极参与天津英租界市政管理的情况进行了论述,认为民间市政参与一定程度上维护了租界居民的权益,使英租界的市政制度具有民主色彩。① 宋瑞琴探讨了清末民初天津商会的市政参与对城市社会生活的影响。②

山东开埠城市商人及商会的市政参与活动也受到学界关注。聂家华论述了开埠之后济南消防发展的情形及商办水会对市政的影响,指出济南消防因而形成了官主民辅、两方面结合的格局,商埠消防力量得以强化,水会从组织形式和整体功能上,已由传统社区互助框架下的民间互助组织,转变为城市现代市政组织的组成部分。③ 桂晓亮则在论述济南商埠商会时指出,商办市政一般来说主要指的是一些工程量少,技术难度小,与商民关系非常密切的工程建设。商办市政也得到了市政厅的支持。而商办市政中最为典型的就是水会的建立。水会的出现弥补了政府消防行政的缺陷,保护了商民,对商埠建设发挥了重要作用。此外,济南商埠商会还积极关注城市卫生和交通运输。④ 这些有关商办市政的论述,显然属于商会(商界)市政参与的范围。曲春梅对烟台、青岛和威海卫三地商人参与市政管理的情况进行了比较研究,认为近代胶东商人通过商会组织,积极参与市政管理等地方公共事务,促进了地方社会的进步与发展。但是烟台商会由于市政无统一管理机构,且政府行政管理力量缺失,不仅要在市政管理方面承担起治安与卫生管理以及市政

---

① 韩占领:《1929—1941年天津英租界市政管理研究》,天津师范大学硕士学位论文2012年。

② 宋瑞琴:《天津商会与清末民初天津城市社会生活》,河北师范大学硕士学位论文2006年。

③ 聂家华:《开埠与济南早期城市现代化(1904—1937)》,浙江大学博士学位论文2004年。

④ 桂晓亮:《济南商埠研究(1911—1928)——以商埠商会为例》,山东师范大学硕士学位论文2007年。

工程建设的重要职能，还直接负责基层政府机关的行政管理，甚至还要支付当地政府机构的行政费用，其参与市政管理的程度远远超出其职能范围，在市政管理方面所起到的作用相当重要。而青岛华商在德占期间，通过负责华人事务的中华商务公局推出的四位董事列席参事会，代表市民参与市政。威海卫商埠商会也积极参与了英国殖民政府治下的地方市政建设与管理活动。但威海卫和青岛商人及其商会，在参与市政管理的深度与广度上，都远远不及烟台商会。① 像这样就一定区域内不同城市的民间市政参与进行的比较研究，在当前的城市史学界实不多见。

周子峰指出，20世纪20年代地方商绅、侨商与厦门海军官僚共同参与了厦门市政建设，形成了厦门市政建设运动，而市政会时期（1920—1924）商绅的市政参与，构成了厦门市政运动的主要内容。② 何其颖论述了华侨侨商积极投身厦门的市政建设，以及对促进厦门城市建设和经济发展所起重要的作用。③ 此外，曾祥祯指出，抗战时期泰和商民自愿或被迫地为市政建设提供的资金，成为泰和市政建设资金重要来源。④

需要指出的是，商人与商会（商界）的市政参与突出地反映在消防领域，商办消防是近代民办消防的主力。

（2）消防组织的市政参与

消防组织的民间市政参与是目前学界频频着墨的研究领域。上海和汉口的民办消防分别是全国和内地民办消防中力量最强的，其民间消防

---

① 曲春梅：《近代胶东商人与地方公共领域——以商会为主体的考察》，《东岳论丛》2009第4期。
② 周子峰：《近代厦门市政建设运动及其影响（1920—1937）》，《中国社会经济史研究》2004年2期。
③ 何其颖：《鼓浪屿租界与近代厦门经济与市政建设的发展》，《中国社会经济史研究》2005年第4期。
④ 曾祥祯：《抗战时期泰和市政建设与管理研究（1939—1944）》，江西师范大学硕士学位论文2010年。

导　论

市政参与也最受学界关注。

小浜正子论述了清末民国时期以商人为基本主体、以上海救火联合会为主的上海民间消防组织及其活动，剖析了该组织与上海市政府的关系，从而揭示了在近代不同历史时段，尤其是在清末民初，上海各救火会参与消防市政的基本情形，以及这种参与对近代上海公共性所产生的影响，由此从一个侧面揭示出，南京国民政府时期国家与社会之间在公共领域内进一步相互渗透的关系。① 笔者则以上海救火联合会为论述中心，探讨了清末民初上海商界市政主体意识觉醒及市政参与，认为上海救火联合会的成立、发展及其市政参与，是上海商界市政参与的成功范例，对近代上海市政建设与市政管理做出了积极贡献。上海商界市政参与所产生的示范效应，在增进中国城市尤其是江浙地区城市现代性滋长方面，起到积极作用。关注这种通过区域性社团交流网络产生的示范效应，对于我们深入研究中国城市的现代性问题，探求近代中国城市史研究的新路向，均有着积极的意义。②

学界对近代汉口除沦陷时期之外各时段的民办消防都给予了关注，并较好地揭示了近代汉口民间消防市政参与的历史轨迹、与此相应的消防领域中官民力量的消长及两种消防之间的关系。陈新立论述了清代汉口善堂等民间组织参与消防的情形，认为罗威廉高估了民间消防市政参与的地位与作用，低估了官府和国家在城市消防中的地位与作用。③ 笔者将近代尤其是民初汉口以汉口各团联合会为主的民办消防，置于商人自治型市政的范畴内，进行了深入细致的分析，认为汉口民办消防组织在民国中期以后，失去了此前在城市消防管理中的主导地位，变成了官办消防的附属组织。④ 胡启扬论述了 1927—1937 年汉口保安公益会（按：其前身就是汉口各团联合会）参与城市消防的情形，指出保安公

---

① ［日］小浜正子：《近代上海的公共性与国家》，葛涛译，上海古籍出版社 2003 年版。
② 拙文：《清末民初上海商界的市政参与及其示范效应研究——以上海救火联合会为中心》，朱英主编：《近代史学刊》第 14 辑，社会科学文献出版社 2015 年版。
③ 陈新立：《清代汉口的火灾研究》，武汉大学硕士学位论文 2006 年。
④ 拙著：《近代汉口市政研究（1861—1949）》，中国社会科学出版社 2017 年版。

益会改组完成以后，民间消防力量在整体上得到提升，并继续在汉口城市消防中发挥着主要作用。同时，政府通过制定大量的城市管理和消防法规，对整个城市消防力量和应灾机制进行规范，并不断强化官办消防机构及政府对市政消防事务的直接参与。民间虽然保持了在汉口城市消防中的实际主导地位，但这种地位不断被削弱，民间因之由城市近代化事业的主动推进者转变为被动参与者，官办机构则日益取代民间组织在管理城市公共事务中的地位，社会力量已难以对其形成有效制衡，市政管理因之偏离了城市近代化的方向。[①] 刘琼对民国末期汉口消防的研究认为，在抗战以后的汉口消防双轨制中，官办消防警察占主导地位，但民间消防组织起着主力作用，二者之间互相配合互动，均对稳定城市社会，保障城市安全，促进城市的近代化发展做出了重要贡献。[②]

学界还对广州、南昌等城市的民办消防进行了专门研究。陈享冬认为整个民国时期广州的消防体制始终是一种混合消防体制，广州的民办消防与官办消防之间的关系处于不断变动之中：民初两者各自为政，既协作配合，又存在矛盾；民国中期以后，随着近代市政体制的确立并不断完善，公安局逐步加强了对各种民间消防组织的控制，并最终将其置于自己的严格控制之下；民国末期，随着政府对城市近代化资源的控制及对整个城市社会影响的日益加深，民间消防组织因受官办警察的绝对支配，缺乏自主权利，市民逐渐成为城市近代化事业被动的、不自觉的参与者，而未能积极主动地发挥自身的重要作用。[③] 彭志军对民国时期南昌消防事业的论述，清晰地展现了南昌民办消防尤其是商会救火会与商团、商会的关系及相应的组织变化，认为民办和官办消防力量都有一定程度的发展，而商办消防组织的性质，随着商会性质的演变，政府力

---

① 胡启扬：《民国时期的汉口火灾与城市消防（1927—1937）》，华中师范大学博士学位论文 2012 年。

② 刘琼：《1945 年 8 月—1949 年 5 月武汉消防事业研究》，华中师范大学硕士学位论文 2009 年。

③ 陈享冬：《民国时期的广州消防研究》，广州大学硕士学位论文 2006 年。

量对其影响的不断加大，而发生了改变，最后变成了半官半民的消防组织。①

（3）善堂善会的市政参与

中国近代的善堂善会也曾参与市政，而在这方面的研究成果中，以梁元生对清末善堂善会与市政之间关系的论述最为深刻，也最有说服力。他的研究揭示了清末上海商界积极投身慈善事业从而参与市政的缘由，即清末许多善堂处理的事务已经不仅仅限于救济范围，而且牵涉地方公益乃至市政事务，慈善事业因而与社会公众事务或市政相糅合，变成了整个社会的公众事务，与市政有千丝万缕的关系，故善堂组织和慈善事业实际上为商人提供了一个管理公众事务甚至侧身市政（即参与市政）的机会，以及与地方官员士绅共议联治的平台。②也就是说，商人之所以愿意参与善堂善会事务，投身慈善事业从而参与市政，很大程度上是出于其争取社会地位和声誉，争取在地方资源分配及权力运用方面处于有利地位的考量。

小浜正子对近代上海民间慈善事业发展演变的纵向梳理，在一定程度上揭示出近代上海慈善事业与市政的关系，实际上也涉及善堂善会的市政参与问题。她指出，在19世纪，上海的同仁辅元堂开展了与市政相关的事业。清末地方自治运动中，同仁辅元堂将市政工作交给上海城厢内外总工程局办理，善举成为市政的起点，并开始被纳入社会事业中。③

此外，相关民间协会的市政参与也开始进入研究者的视野。笔者梳理了20世纪20年代初30年代前期中华全国道路建设协会市政参与的主要表现、影响，分析了该组织成功参与市政的原因，并指出，近代中国城市与国家现代性的获得，很大程度上就是通过来自社会的民间力量

---

① 彭志军：《民国时期南昌消防事业研究》，南昌大学硕士学位论文2008年。
② 梁元生：《慈惠与市政：清末上海的"堂"》，《晚清上海：一个城市的历史记忆》，中山大学出版社2000年版。
③ ［日］小浜正子：《近代上海的公共性与国家》，葛涛译，上海古籍出版社2003年版。

的市政参与实现的。①

2. 民间市政参与与市政体制变动的关系

民间市政参与的状况与市政体制的发展变化密切相关,因此,有关民间市政参与与市政体制变动之间的关系问题,是近代城市史研究领域的一个比较重要的问题,也是应该受到关注的问题。

近代汉口民间市政参与与市政体制变动问题已受到学界的关注。罗威廉运用公共领域的理论,深入考察了张之洞督鄂之前的汉口城市的商业与行会,认为19世纪的汉口已开始了最具近代性的变化进程,明确的城市意识兴起,自我觉醒的阶级差别出现,基于行会的商人集体自治从经济领域向非经济领域扩展,即行会参与到消防、道路建设、治安、福利、教育等领域,逐渐形成了一个以行会为中心的、实质层面上的市政管理机构,它表明19世纪的中国已出现实质上的城市自治,而这是代表中国城市本土化发展达到最高水平的地方——汉口城市社会内部发展的结果,它在1911年的辛亥革命中得到了全面的发展。② 罗威廉还着意论述了汉口的善堂、水龙局等民间慈善、公益组织的发展演变及其所发挥的社会功能,诸如参与或主导城市消防、治安、道路建设、社会福利等公益活动或市政改良活动,使得19世纪汉口的非官方公共领域逐步扩展,形成了大众福利领域中全城范围内的社会自治体系。而中央政府在城市管理中所起的作用实际上是间接的,从而进一步论证了他有关汉口在19世纪已经实现了城市自治的观点。③ 在论述的过程中,罗威廉并未将"市政"存在的标准局限于是否具有"市"的建制,同时又承

---

① 拙文:《中华全国道路建设协会的市政参与与近代中国城市化研究——一个以道路月刊为中心的考察》,《江汉大学学报(人文科学版)》2014年第6期;《果与因:中华全国道路建设协会的市政参与与近代中国市政发展研究——一个以道路月刊为中心的考察》,《江汉论坛》2014年第12期。

② [美]罗威廉:《汉口:一个中国城市的商业和社会(1796—1889)》,江溶、鲁西奇译,彭雨新、鲁西奇校,中国人民大学出版社2005年版。

③ [美]罗威廉:《汉口:一个中国城市的冲突与社区(1796—1895)》,鲁西奇、罗杜芳译,中国人民大学出版社2008年版。

导 论

认中央政府不可能以法律的形式来确认汉口自治,而是依据他的论证逻辑,认定汉口实质上已经被官府作为一个独立的行政管理单位,汉口居民在那个时段已经形成了地方认同感,行会、善堂等日渐发展的城市社会内部力量的市政参与,实际已将既有的官治性的市政管理体制,改变成了商业社会自身主导的城市自治。显然,罗威廉极力想通过论析民间市政参与活动导致的非官方公共领域扩展,证明近代(19世纪)汉口市政体制变化,以及20世纪初年的辛亥革命爆发,其动因的内生性。他的观点既得到了中国近代市政史研究领域学者的积极呼应,也受到了尖锐的批评。

涂文学以20世纪30年代汉口市政改革为论述中心,在探讨城市早期现代化时,对汉口商人的市政参与给予了特别的关注。他认为汉口在前现代具有深厚的市民自治传统,汉口市政直到民初一直由民间主导,而民国中期以后的市政体制变革,导致城市政府与商人角色发生转换,汉口商人丧失了对城市事务的参与甚至话语权,汉口市政由民间主导转变为政府主导,官僚治市取代了商人自治。他的论述在很大程度上认同了罗威廉的观点。同时,他批评国内市政史研究西化的痕迹太重。[①]

笔者则对罗威廉的观点提出了商榷,认为民间市政力量在汉口的兴起是官府与民间互动的结果,日趋积极的民间市政参与未必导致罗威廉所说的那种转变——城市自治取代官治,其所力图论证的19世纪汉口乃至中国存在着的实质性城市自治,不过是虚像;罗威廉并未从根本上摆脱西方中心史观,国内学者应关注城市史研究理论的本土化问题。笔者还探讨了民国时期商界市政参与的变化与近代汉口市政体制变动之间的关系,认为民初汉口市政处于商人自治与官治并行的过渡状态,民国中期之后,市政府借助于国家的社团立法与市政立法,确立起市政主导权,市政府的官治挤压了商人自治:汉口商人组织被迫重组,商人的市政参与逐渐丧失自主权和主动性,商人自治型市政发生了蜕变,民间在

---

① 涂文学:《城市早期现代化的黄金时代——1930年代汉口的市政改革》,中国社会科学出版社2009年版。

· 17 ·

消防、社会救济等领域，主要是以一种附从的辅助者身份，或仆从者的角色，而不是像民初那样以相对独立的市政主体参与市政，从而丧失了民初曾拥有的在某些市政领域或方面的主导地位。①

张利民对清末上海与天津地方自治和城市管理机制的比较研究，也涉及民间市政参与与市政体制变动的关系问题。他将清末上海和天津的城市管理的模式分别概括为民办和官治，认为天津地方自治的开展是官治的结果，上海地方自治的开始是民间积极参与市政和官方支持的结果，上海的自治机构可以视为具有一定近代性质的以城市为单位的行政管理机构（按：市政机构）的雏形。② 他的比较研究让我们看到，上海与天津两种城市管理模式的分别，实际上既是不同市政体制下民间市政参与的不同结果，也是不同城市的官府赋予各自民间力量以不等的市政参与权所产生的结果。

市民的市政参与意识与市政体制变革有着密不可分的关系，少数研究成果对市政参与意识与市政体制变革之间的关系进行了探讨。孙颖分析了近代广州市政主体意识觉醒的原因，认为清末地方自治开展以后，广州出现了一批热心研究自治、提倡自治、进行市政改革的社会群体，他们撒下了市政观念的种子，相当一部分市民对市政有了一个初步的概念或者认识。到20世纪二三十年代，市政体制的根本性变革促进了市民市政意识的觉醒。③ 邱红梅对近代汉口市民市政主体性意识的形成、表现及其作用进行初步的探讨，认为汉口市民市政主体性意识的形成，经历了一个由部分市民开明绅商开始觉醒，发展到各种市民团体觉醒，再到市民群体觉醒的渐变过程，而市民的市政主体性意识是汉口市政建

---

① 拙著：《近代汉口市政研究（1861—1949）》，中国社会科学出版社2017年版；拙文：《湖北新政前夕汉口的民间市政参与问题研究——兼论罗威廉的"19世纪汉口自治说"》，《江汉大学学报（人文科学版）》2011年第5期。

② 张利民：《艰难的起步——中国近代城市行政管理机制研究》，天津社科院出版社2008年版；《清末天津与上海地方自治的比较——从近代城市管理机构建立的角度》，《城市空间与人国际学术研讨会论文集》，2006年。

③ 孙颖：《民国时期广州市政体制演变研究》，广州大学硕士学位论文2005年。

导　论

设的基石，也是政治民主化和城市现代化的表现，它在汉口的市政建设中发挥巨大的推进作用。① 张德美认为，绝大多数市民的主体意识——民主意识尚未觉醒，是1922年北京城市自治运动失败的主要原因之一。②

近代中国租界华人争取市政参与权的参政运动，也是近代中国民间市政参与的重要组成部分，这场运动的目标，就是要打破洋人对租界市政管理权的垄断，维护华人的市政权利。其实质就是华人要求变革租界市政体制。在近代中国各租界中，上海租界的市政影响最大，华人的实力也最强，其市政主体意识十分浓烈，学界对近代租界华人参政运动的探讨，主要集中于上海租界华人参政运动问题。民国人蒯世勋简明扼要地回顾了租界华人参政运动。③ 卢汉超指出华人参政运动是上海人民对租界制度的抵制和斗争的一个重要组成部分。华人参政是指租界内的中国居民要求对租界事务拥有发言权，争取在租界的行政机构中设有自己的代表。④ 小浜正子认为，上海租界华人参政运动旨在使华人享受同等的行政服务，并创立能够代表华人利益的制度。最终，20世纪30年代的上海公共租界中，华人不论作为都市行政的主体还是客体，都大大加重了分量，而工部局只能做出让步和改变。⑤

3. 民间市政参与的制度化、合法性及参与限度问题

近代中国民间市政参与既然与市政体制变动息息相关，那么，在民间市政参与的过程中，既有的国家法制和市政制度，是否为民间参与市政提供制度性保障？是否赋予民间以参与的合法性？又在多大限度内允许民间参与市政？这些都是值得探讨的问题。

---

① 邱红梅：《试论近代汉口市民的市政主体性意识》，《湖北社会科学》2007年第8期。
② 张德美：《1922年的北京自治潮》，《中国政法大学学报》2011年第4期。
③ 蒯世勋：《上海公共租界华人参政运动的回顾》，《播音二周刊》1937年第26期（1937年4月）。
④ 卢汉超：《上海租界华人参政运动述论》，唐振常、沈恒春：《上海史研究》二编，学林出版社1988年版。
⑤ [日]小浜正子：《近代上海的公共性与国家》，葛涛译，上海古籍出版社2003年版。

近代中国城市社会发展进程中的民间市政参与研究

何一民在探讨近代中国城市管理现代化趋势的时候，对近代中国市民阶层参政议政兴起与发展的经过进行了梳理，认为清末民初是以地方绅商为代表的市民阶层参政议政的早期。清末立宪自治运动之后，部分城市居民有了选民资格，各地城市市民（选民）已开始参政议政的实践。民国以后，城市公民资格得以确立，市民有了更多的参政权力。南京国民政府正式确立了市公民具有"选举、罢免、创制、复决"诸权。而近代合议制度初步形成，是近代城市行政早期现代化历程中的一个明显进步。何一民对近代中国民间市政参与制度化问题的论述，侧重于法律条文的分析。①

刘春林纵向梳理了青岛近代市政建设的历程，论述了市政当局对促进民间市政参与及其制度化所做的努力：德占时期，青岛商界的市政参与主要由1902年成立的华人议事会——中华商务公局代表实现。沈鸿烈执政青岛时期，以市长为首的市政府，在促进民间参与市政方面，进行了制度化的安排，如：资助专门的市政研究机构和团体，使之发挥城市智囊团的作用；设立经济讨论会、卫生事务讨论会、编纂委员会等，使市民得以参议市政。在市政当局的积极推动与鼓励下，民间参与市政经费筹措和市政工程建设，官商之间构成了较好的协作关系。②

王云骏对1927—1937年南京市民的政治参与进行了探讨，认为南京市民组织与政府的合作，构成了市民参与的主要方面。而市民组织对政府的抗争，试图建立一种社会权力的制衡，构成市民组织的现代意义。但是，近代中国始终未能实现国家政治制度与经济制度的根本变革，无法对市民社会的扩展提供真正的制度性保障，本属自愿结合的市民组织，成为国家政权实行社会控制的工具，这是整个民国时期社团组

---

① 何一民主编：《近代中国城市发展与社会变迁（1840—1949）》，科学出版社2004年版；何一民：《简论民国时期城市行政民主化与法制化的发展趋势》，《西南民族学院学报（哲学社会科学版）》2003年第1期。

② 刘春林：《青岛近代市政建设研究（1898—1949）》，吉林大学博士学位论文2010年。

织贯穿始终的一个特点。① 也就是说，参与的制度化缺陷，是造成市民直接参与市政的愿望难以实现的真正原因。王煦、李在全则指出，由于现实政治并没有为近代中国市民直接参与市政决策提供空间，故而民间市政建议行为只能是一种个别的，而非制度化的现象。②

佟银霞对刘纪文主政南京市政时期（1927—1930年）南京市民参政的论述，也涉及近代中国民间市政参与的制度化、合法性问题。她认为南京市民参与市政的权限扩大，市政参与意识增强。市民通过市参事会参与市政，通过市民团体诸如工会、商业协会参与市政、监督市政。市政体制的变动，市政改革的推行，使市民在享受宽敞马路带来的舒适中，达到了对新的市政的认同，开始通过团体形式积极参与市政、监督市政，并担负起建设市政的责任。同时，南京商民的觉悟也在实践中不断提高，不断以合理合法的方式提出意见、建议，主动地参与市政、监督市政。③

黄海波通过对1905—1909年上海城厢内外总工程局的地方自治实践进行梳理，指出该局成为官方权力以外的民间权力中心，体现了上海华界地区市政管理体制的大胆创新。不过，如果从严格意义上说，该局的这一地位并未得到法律的确认，它只是一个"非法"的民间市政管理机构。④

白华山深入分析了上海市民是如何通过体制内组织，如建设讨论委员会、财政讨论委员会、上海市临时参议会——参与市政的，指出中小商人的缺席和失语，充分表明市民参政的有限性和参政市民的有选择

---

① 王云骏：《民国时期城市市民参政意识刍议——以南京城市社团组织（1927—1937年）为个案》，《江苏社会科学》2002年第1期。
② 王煦、李在全：《20世纪20至30年代北京民间市政建议和计划》，陈乐人主编：《北京档案史料》2008年第3期，新华出版社2008年版。
③ 佟银霞：《刘纪文与民国时期南京市政建设及管理（1927—1930）》，东北师范大学硕士学位论文2007年。
④ 黄海波：《权威及其限制：1905—1909年上海城厢内外总工程局的地方自治实践》，上海大学硕士学位论文2003年。

性，真正意义上的市民参政在近代中国是不可能存在的。而上海临时市参议会的设立，实则为上海市地方协会与市政府的合作提供了可能，上海工商界通过临时市参议会，成功地实现了与政府的合作，一定程度上达到了参政的目的。在国民党政府的强力干预下，上海临时市参议会在上海政治生活中的影响正逐渐减弱。①

安克强则将市政纳入地方与中央关系的视野中进行研究，分析了市参议会为什么没有成为城市居民参与市政的理想组织，认为恰恰是1930年国家颁布的市组织法剥夺了城市居民参与和指导他们城市发展的权利，其根源在于国民党政权不想再看到在大城市出现任何对其权力的挑战和反抗。②

学界对近代中国民间市政参与制度化、合法性及限度问题的探讨，深化了近代民间市政参与与市政体制变动的关系问题的认识。

4. 民间市政参与的类型、方式与模式

有关近代中国民间市政参与的类型与方式问题，只有少数研究成果对此给予了关注。笔者按照市政主体的不同，将市政类型划分为官办型、商人自治型和商营型三大类。其中，商人自治型和商营型实际上就是民间市政参与的两大类型。③ 宋美云以性质为区分标准，将天津商会的市政参与分为三种方式，即组织性参与、政策性参与及组织间合作。这对于从整体上审视近代中国商界的市政参与具有一定的启发意义。④ 罗桂林按城市公共产品的不同供应方式，将1927—1937年南京福州市政分为"官办""商办""公办"与"官民合办"四种：市政工程为"官办"方式，电气事业为"商办"化，消防事业为"公办"传统，救

---

① 白华山：《上海政商互动研究（1927—1937）》，上海辞书出版社2009年版。
② ［法］安克强：《1927—1937年的上海——市政权、地方性和现代化》，张培德等译，上海古籍出版社2004年版。
③ 拙著：《近代汉口市政研究（1861—1949）》，中国社会科学出版社2017年版。
④ 宋美云：《论城市公共环境整治中的非政府组织参与——以近代天津商会为例》，朱英、郑成林：《商会与近代中国》，华中师范大学出版社2005年版。

济事业为"官民合办"。① 而陈常妹则将商人经营南昌水电公用事业的管理模式分为两种，即商办官督到官办商协。②

此外，部分研究成果论述了民间市政参与与城市规划之间的关系。郭文毅、吴宏岐对民间学者季平有关西京（即西安）的城市规划建议进行了评议，认为季平的西京市区分划方案，是目前所见有关西安最早的具有现代科学意义的城市规划设计方案，但其可操作性不强。③ 王煦、李在全则对20世纪20—30年代北京民间的城市规划建议和方案进行了研究，认为它们在相当程度上反映了民意，具有明显的公共性、全局性和专业性特征，以及相当的进步意义，为市政当局提供了城市规划参考。④ 张文宁对宁波近代城市规划历史分期的论述，则论及绅商组织的路政工程局参与城市的规划建设。⑤ 邹东则梳理了广州城市规划实施过程中的民间市政参与，包括民间对政府市政规划和建设工作的批评；媒体参与——《时事日报》规划建设的大型工程项目，引起媒体的广泛关注；市民以行政诉讼的方式参与市政等。⑥

还有个别成果则比较综合地论述了个体城市市政发展过程中的民间市政参与问题。如：王煦对民国时期北京市政建设中的民间参与因素进行了深入解析，既梳理了北京市政发展过程中各个方面的民间参与市政，又对民间参与因素对北京市政建设及其现代化带来的影响——积极促进作用与消极制约作用进行了评估，指出民间参与因素具有多样性和

---

① 罗桂林：《现代城市的建构——1927—1937年福州的市政管理与公共事业》，厦门大学博士学位论文2006年。

② 陈常妹：《民国时期城市公用事业管理模式研究——以南昌水电管理为例》，南昌大学硕士学位论文2007年。

③ 郭文毅、吴宏岐：《抗战时期陪都西京3种规划方案的比较研究》，《西北大学学报（自然科学版）》2002年第5期。

④ 王煦、李在全：《20世纪20至30年代北京民间市政建议和计划》，陈乐人主编：《北京档案史料》2008年第3期，新华出版社2008年版。

⑤ 张文宁：《宁波近代城市规划历史研究（1844—1949）》，武汉理工大学硕士学位论文2008年。

⑥ 邹东：《民国时期广州城市规划建设研究》，华南理工大学博士学位论文2012年。

复杂性。①

（三）既有研究存在的不足

近代中国民间市政参与研究虽然产生了一些成果，但是由于研究尚处于起步阶段，因而难免存在这样或那样的不足。具体而言，主要存在以下方面的不足：

第一，学界对近代中国民间市政参与问题的研究尚未形成充分自觉探求的领域意识。

目前，有意识地就近代中国民间市政参与展开论述的成果很少。不但专著付诸阙如，而且专文亦为数寥寥。如前所述，专文仅见卢汉超有关上海租界华人参政运动的述论，宋美云有关天津商会参与城市公共环境整治的论述，王煦、李在全对于20世纪20—30年代北京民间市政建议和计划的研究，王煦对于民国时期（1912—1937）北京市政建设中的民间参与因素的梳理与论析，邱红梅对于近代汉口市民市政主体性意识及王云骏对于民国时期南京市民参政意识的研讨，以及笔者对于近代汉口商界、上海商界以及中华全国道路建设协会的市政参与的探讨。专文数量少，反映出自觉研究近代中国民间市政参与问题的学者为数寥寥，具有明确的领域意识的历史研究者，更属凤毛麟角。

即便是专文论述，有的也对近代中国民间市政参与缺乏充分自觉的认识。有的专文仅仅将民间参与市政作为影响市政发展的因素，而非将其作为影响市政发展的另一个重要方面——唯一的相对于官办市政的重要方面。换句话说，研究者对于民间市政参与还只有初步的认识，尚未充分地认识到近代中国民间市政参与的独特性以及在近代中国市政发展史上的重要性。有的专文在内容上实际是论述民间市政参与，但在概念上却缺少明确的表述，如论述天津的民间（主要是商会）市政参与，但在文中使用的是"非政府组织参与"这个概念。关键概念使用上的

---

① 王煦：《民国时期北京市政建设中的民间参与因素（1912—1937）》，北京师范大学硕士学位论文2007年。

差别，实际上反映出研究者对于民间市政参与问题有所认识，但又未充分自觉的研究状态。

相关研究成果却并不少见。众多的民间市政参与相关研究，散见于大量研究善堂善会、商会及救火会之类的民办消防组织等社团组织的成果中。但民间的市政参与往往被置于地方自治、公益事业、公共事务、地方公共事务、公共领域、地方公共领域的范畴内，缺乏研究领域的独立性。这固然与研究者既定研究的对象不同有关，但也从一个侧面反映出学界对近代中国民间市政参与问题缺乏自觉探求的领域意识。

第二，对近代中国民间市政参与问题的研究尚处于一种散在的状态，缺少整体关照。

起步阶段的近代中国民间市政参与研究，其所涉及的民间市政参与主体中，群体主要是商界，民间组织主要有商会、水会（消防会）、善堂善会等。与此相应，所论及民间参与的市政领域，主要集中于消防、社会救济、道路修筑以及基于地方自治的市政管理，其他方面的论述则极为零散。

所涉及的个体城市主要有首都北京及上海、汉口、天津、苏州、济南、广州、南京、青岛、厦门、宁波、杭州等开埠城市。

所涉及的城市区域主要是江浙、山东、津京、福建等沿海与沿江的部分相对发展的地区。

相关理论性问题的探讨主要包括民间市政参与的制度化与合法性问题、民间市政参与的类型、方式与模式问题，另外还涉及市政参与与城市现代化、城市现代性问题。

总体说来，学界对近代中国民间市政参与问题的研究还处于一种散在的状态。这种散在的起步状态，既是中国近代城市史研究不断深入的反映，也是中国近代城市史研究还没有足够深入的结果。应该说，就近代中国民间市政参与研究整体而言，这些散在的研究也都是十分必要的，它们一起构成了该研究领域最初的基础。但是，作为与市政官办相对而言的民间市政参与，其研究所涉及的市政领域、个体城市、城市区域以及理论问题，及相应产生的研究成果，与既有的官办市政研究相比，简直是小巫见大巫。这样的研究境态，与前述的缺少研究该领域的充分自觉意识一起，决定了既有的研究不可能对近代中国民间市政参与进行整体关照。

对近代中国民间市政参与研究缺少整体关照，在很大程度上也意味着，我们既有的官办市政研究缺少紧密相关的同时也是最不应该忽视的学术参照。没有了这样的学术参照，我们的近代中国市政史乃至近代中国城市史研究，就很难具有真正的整体性。

第三，在史料利用方面尚需拓展。

既有的近代中国民间市政参与相关研究成果，其所利用的史料主要包括商会档案（如苏州、天津等城市商会的档案），慈善组织及救火组织的档案与活动报告等，官方文书（如政府公报尤其是市政府的公报、市政府下属部门的工作报告、官修地方志等）、政府机关档案、资料汇编，部分民国时人的市政著作，以及市政专刊。不过，深入挖掘和利用近代报纸中的资料的研究成果尚不够多。

不难看出，绝大多数相关研究所利用的史料，与近代中国城市史内其他领域例如近代中国城市建设史尤其是近代中国市政史研究所利用的史料（包括相关市政专门史料），并没有太大的差异，甚至还要窄狭许多。应该说，这是近代中国民间市政参与研究起步阶段在史料利用方面，存在的一个很明显的不足。

事实上，随着近代中国城市史研究领域内子领域的不断分化，相关子领域所能利用的研究资料应该更加广阔，而不是更加狭窄。并且，不同的子研究领域，因其研究领域各具特殊性，故而某一子研究领域所利用的史料，一般而言，在核心史料的利用方面，应该与其他子研究领域存在分异或侧重。例如，近代中国民间市政参与研究，与近代官办市政研究，是近代市政史研究领域内的两个大的子领域，它们所运用的史料就应该有一定的分异：后者更多地要利用与市政相关的官方文书，尤其是市政府公报、市政府机关的工作报告、资料汇编等。而前者则不能如此，因为这些官方文书中，往往极少记载民间参与市政方面的信息。这就需要我们在史料利用方面努力拓新。

导　论

第四，相对于整个中国近代史研究而言，在理论的运用和研究方法的使用上，没有取得明显的突破。

所有近代中国民间市政参与方面的相关研究，其所涉及的主要理论，不外乎近现代化理论、国家与社会理论、市民社会理论、公共领域理论等。这种状况自然既与近代中国民间市政参与研究主要胎息于近代中国史研究腹中不无关系，又是近代中国民间市政参与领域的研究尚处于起步阶段而不得不然的结果。个别专文在论证时，虽然具有了现代性的理论意识，也较好地做到了由史到论，但是，论证中理论基础的相对欠缺，制约了史论结合的充分展开。此外，个别相关研究成果［周松青的《整合主义的挑战：上海地方自治研究（1927—1949）》］，虽然借用了整合主义的理论框架，这在近代中国城市史研究领域也许算得上有所突破，但是，这种理论框架是否适用于专门性的近代中国民间市政参与研究，尚有待实证。

同时，使用的研究方法主要是史学的实证法，少数成果使用了比较的方法，如有的将近代青岛与烟台、威海卫进行比较，所得出的结论，给人留下了深刻的印象。这说明了研究时合理使用比较方法的有效性。显然，在研究方法上，还有待丰富。

因此，从根本上讲，既有的近代中国民间市政参与相关研究成果，在理论的运用和研究方法的使用上，并没有明显突破。在理论的本土化方面，亟待探索。

第五，由于在概念上存在分歧，导致民间市政参与在研究范围上存在很大的差异。

"市政"是有关研究近代中国民间市政参与时，必定涉及的一个概念。在既有的近代中国民间市政参与相关研究成果中，研究者们所持的"市政"概念，存在着严重分歧，有的局限在最为窄狭的市政工程建设方面；有的则相对宽泛，不仅包括了具体的市政工程建设，还包括了市政管理。有的从行政学的角度看待市政，有的则从更为宽泛的政治学的角度看待市政，如此等等。与此相应的，所涉及的民间市政参与的范围自然就有窄有宽，差异很大。

此外，我们的研究视野还不够开阔。我们的论述基本上局限于近代中国的民间市政参与本身。

（四）有待拓展和深化的研究领域

如前所述，目前近代中国民间市政参与研究处于缺乏充分自觉的领域意识的散在状态，这种状态势必影响我们对于近代中国市政发展乃至近代中国城市发展全貌的认识。为了尽快促进对近代中国民间市政参与问题的研究，笔者认为，在研究内容方面，我们可以采取以下两方面的拓展与深化：

一方面，要开展整体性探讨，其内容之一，就是对民间市政参与主体及其市政作为进行全面梳理。

从既有的中国近代城市史的研究成果来看，过去我们主要是关注政府（国家、官方）是如何办市政的，而且很多研究成果将它（们）作为唯一的市政主体，很少有意识地关注市政发展过程中民间（社会）力量或市民的参与；即或是有所关注，也通常是作为被控制或被管理的对象而存在，从而容易使近代中国城市史或近代中国市政史研究失之偏颇、浮泛，同时也容易使研究陷于模式化。实际上，任何时段的城市史研究、市政史研究都应该有着丰富的"社会"内容，不论是我们将国家视为社会的相对存在，还是认为国家存在于社会之中，城市史和市政史的研究，最终都应该有着丰富多彩的社会史研究。而离开了城市社会的基本主体——市民及其组成的各种社团、组织去研究城市，这样的研究注定了将是残缺不全的，是缺少立体感或整体性的。

而要清楚地了解近代中国民间市政参与的整体情况，我们就必须对近代中国民间市政参与的主体进行全面的梳理。

从总体上看来，近代中国民间市政参与的主体，除了个体之外，就是社会团体和社会群体。前述的商会、水会（消防会）、善堂商会等均属于社会团体之列，商人属于群体之列，也就是说，主要涉及（按：这里的"涉及"主要是相对于有意识的专门性研究而言的）商界。事实上，近代中国的民间组织众多，界别也决非只有商界，近代中国的学术团体、宗教社团等非职业的团体及其个体或群体，还有学界、新闻界等，均曾参与市政。所以，我们研究近代中国市政史，还应该对这些参与市政的民间主体及其市政作为，进行梳理。这样我们才能做到全面梳理近代中国的民间市政参与。

整体性探讨的内容之二，对近代中国民间市政参与的发展进程与历史影响进行全面评估。

既有的研究主要对商界的市政参与及其作用进行了一定程度的探讨，但是由于主要局限于商界，且因缺少进行专门性研究的领域意识而对商界的市政参与尚未有一个系统的梳理。在这种情况下，也不可能对近代中国民间市政参与进行综合评价。因此，我们需要在比较系统梳理参与主体及其市政作为的基础上，再对近代中国民间市政参与所产生的社会影响做出比较全面的评估，包括近代中国民间市政参与在整个中国近代市政发展乃至城市发展进程中所起的作用，在近代中国市政演进和城市化、城市现代化进程中所处的地位，近代中国民间市政参与过程中官民关系的演变，近代中国民间市政参与存在地域差异，不同时段的民间市政参与的情况发生了变化，不同地域与不同时段的民间市政参与各自具有怎样的特点，如此等等。这样做，必将大大丰富近代中国市政史和近代中国城市史研究。

另一方面，要实行重点突破。我们应对某些民间组织或群体的市政参与活动进行专门研究。不同类别民间市政参与主体，他们（它们）在近代中国城市发展进程中，有的以革新市政为职志，有的以争取市政管理权为主旨，有的则并非自觉的市政参与主体，如此等等，因而他们（它们）对于近代中国市政发展产生的影响是各不相同的。大体说来，积极主动或自觉介入近代中国市政发展进程的民间组织或群体，其对近代中国市政发展产生的影响应该更值得关注。因此，对于这样的民间组织或群体的市政参与活动，我们应该展开专门研究。

当然，我们的专门研究，不应该只局限于近代中国市政史本身，而应该置于近代中国城市发展乃至近代中国历史发展的宏大进程中。因为只有如此，方可以使我们对近代中国民间市政参与的整体研究得到充实和深化，才可能使我们的研究在具体历史研究的基础上获得理论上的提升。

三　研究的总体思路、基本内容与方法

（一）研究的总体思路与基本内容

全书除导论之外，将主要围绕以下问题展开，即近代中国民间是在怎样的社会背景下参与西式市政的？近代中国的民间市政参与又是如何展开的？有何特点？究竟给近代中国城市社会乃至近代中国带来了怎样的影响？具体论述将按以下几个部分展开：

第一章，论述近代中国民间市政参与展开的社会背景与认识基础。

本部分从主体意识的觉醒、城市自身发展的需要、城市与新兴市政改革势力间的关系、市政当局的需要、新式社团和报纸杂志的兴起以及民族主义意识的激励诸方面对近代中国民间市政参与的社会背景展开论述。围绕着"市政与市民"的关系问题论述近代中国民间市政参与的认识基础，既包括政府官员对民间市政参与问题的认识，也包括民间社会各界（如商界、学界等）对民间市政参与问题的认识。

第二章，论述体制层面之外的近代中国民间市政参与。

本部分分别从市政组织、具体的市政建设与市政管理（包括道路交通、消防、治安、公共卫生、公用事业、社会救济等）、社会舆论诸层面，以及市政规划与决策、市政经费的筹措等环节，对近代中国民间市政参与展开论述。

本章与第三章，共同构成近代中国民间市政参与的基本内容，是总体评价近代中国民间市政参与的基础。

第三章，论述体制层面的民间市政参与——争取城市自治。

本部分将就近代中国民间争取城市自治运动问题进行探讨，并将研究的时段集中于民初，参与主体集中于商界为主的城市社团组织，论述以上海与汉口两个城市为中心展开，具体内容包括成立自治性社团，争取恢复地方自治，要求成立或恢复市政会、市政厅，争取成为特别市运

动,试图建立稳定的商属武装部队,争取警政权和警捐监督权。

第四章,论述近代中国民间市政参与的特点。

本部分在此前论述的基础上,探讨整个近代中国民间市政参与的特点,认为近代中国民间市政参与过程深受地方自治运动的影响;参与主体众多,类型多样;涉及的范围广,层面多;参与空间大小与中央及省市政府权势强弱密切相关;但集权主义政治传统的阻遏,政府从根本上掌握着市政体制变革的制动权,以及以商人为核心的民间市政参与力量自身存在致命的缺陷,使近代中国民间市政参与始终无法突破官治的控遏而实现自治;城市个体之间、区域城市之间以及城市内部华租两界之间差异大。

第五章,就民间市政参与对近代中国城市社会发展产生的影响进行评估。

本部分在现代性的分析框架之下探讨民间市政参与对近代中国社会发展产生的影响,认为近代中国民间市政参与促进了中国城市现代性的滋长:在微观上促进了近代中国城市具体市政建设与市政管理领域的现代化,在宏观上推动了近代中国市政体制由传统向现代的转型,还促进了近代中国城市官民关系法制化、契约化,并深刻而复杂地影响了近代中国城市化。其深刻性表现为:从物质层面积极促进了近代中国的城市化,在道路交通方面不仅大大地拓展了近代中国城市的地理空间,还大大加快了城市市郊及周边市镇的城市化进程,推动了城市生产方式的工业化、自动化,促进了城市人生活方式的现代化,增强了近代中国城市人的市民意识,如此等等,皆表明民间市政参与实际上已经成为推动近代中国城市化的最重要的原动力之一;其复杂性表现为:近代中国民间市政参与并不总是积极地促进城市化进程,也并非总是能够增进城市的现代性。我们对于近代中国民间市政参与的评价应避免简单化——不能简单地肯定或简单地否定城市化进程中的民间市政参与。此外,发达城市的商界市政参与的示范效应,及不同民间市政参与模式的示范性竞争,也深刻影响了近代中国城市现代性的滋长。从近代中国民间市政参与的情况来看,近代中国市政发展的进程实际上是一个传统市政西化与西式市政本土化交织互渗的过程。正是在这个过程中，中国城市现代性得以滋长。在近现代社会，民间市政参与的广度和深度在很大程度上是衡量一个城市乃至整个国家现代性强弱的重要尺度。就近代中国而言，虽然民间市政参与的广度和深度随着民国中期以后国家力量的增强而有所减弱，但近代中国民间市政参与的价值是难以否认的，即近代中国城市与国家现代性的获得，很大程度上就是通过来自社会的民间力量的市政参与实现的。

结语：有关近代中国民间市政参与的几点反思。

本部分对近代中国民间市政参与过程中存在的经验教训与得失进行了总结，同时对国外学者的观点进行了回应，认为有序的民间市政参与必须借助于法治和市政当局高效的施政；整合本土资源是成功学习西式市政的必备条件；不应将近代中国民间市政参与过程中的拥武诉求视为常态；近代中国城市不存在罗威廉所说的无须法律认可的城市自治。

（二）研究的基本方法

本书整体上将采用宏观概括与微观探究相结合的论述方法，具体论证将主要采用史学实证法、比较法。

四 相关概念、研究时段及地域说明

（一）基本概念界定及相关说明

1. 对"市政"概念取广义的界定

在学术界，"市政"是一个充满分歧的概念。如果我们的研究只需要在非常具体的某个局部的市政领域展开，就达到了论证的目的，那么，即便是最狭窄的市政概念也无可厚非。但是，就民间市政参与这个研究领域而言，它注定需要在宏观的市政视野下展开，因为"民间"的存在或出现，是有潜台词的，那就是官方（官府）的存在。如果以民间对应社会，官府对应国家的话，那么，我们对于近代中国民间市政参与的研究，势必涉及国家与社会之间的关系问题。即便是将国家也视为社会的一部分,我们在论证的过程中,也将涉及民间与国家之间的互动,以及这种互动对社会产生影响的问题。因此,我们的论证都必将涉及宏观的政治问题,对于"市政"的界定,不能局限于管理学或行政学的范围,而应该是归属于政治学的范围。换句话说,我们应取广义的"市政"概念,从广义的市政层面展开相关研究。

笔者认为,市政是指公共权力机关或民间组织对城市公共事务进行的管理,它是国家治理的有机组成部分。

2. 地方自治、城市自治、商人自治及其与市政的关系

(1) 地方自治

"地方"是相对中央而言的,"自治"的本义就是自己管理自己。自治可以分为两种:一般团体自治和地方自治。地方自治是指在一定的区域之内,由本地居民根据法律或中央政府授权,选举自治团体或自治机关,自主决定和处理本地公共事务的一种管理形式和管理制度。它是相对于由国家委任官吏直接处理地方事务的官治而言的,是一种间接处理国家事务的管理体制。地方自治包含有三大要素,即区域、居民和自治权。[1] 地方自治存在不同的层级,省自治、州自治、市自治、县自治、乡自治都属于地方自治。

(2) 城市自治

城市自治简称市自治,是指城市作为自治团体相对独立地处理城市内部事务的一种城市管理体制。城市自治源于西方,它是地方自治的一种类型。城市自治包括三大要素,即城市区域、城市居民和城市自治权。城市自治权是由产生于城市内部的有着共同目的而形成的组合体,以城市为施治范围,以城市全体居民为施治对象,代表城市利益而行使的最高统治权。城市自治是城市管理体制民主化的一种表现形式。

(3) 商人自治

商人自治就是商人自己管理自己的事务。商人自治可以分为两个层次:商人社团的小范围内的自治和以商人为核心的城市社会力量以城市

---

[1] 冷隽:《地方自治述要》,中正书局民国二十四年(1935)第3版,第17页。

· 33 ·

为活动范围的自治。

市政只存在于城市，故并非所有的地方自治事务都可以称为市政。市政是城市自治的基础，也是城市自治的核心内容，无市政即无城市自治，但市政民主化的结果未必就是城市自治。商人自治是由城市官治迈向自治的一种过渡阶段；以城市为活动范围的商人自治，其核心内容也是市政；商人自治是市政及城市社会民主化的重要表现。

3. 近代中国的确存在"市政"与"民办市政"

在本书展开论述之前，确认近代中国的确存在"市政"与"民办市政"，是十分必要的。

按理说，对于近代中国民间市政研究而言，近代中国是否存在"市政"与"民办市政"，这应该不是问题。但是，就笔者所知，目前研究中国近代史的中国学者，有的并不认为近代中国历史上存在"市政"，其最重要的理由就是：中国历史上其实不存在西方那种以城市为单元的地方自治体，即不存在以城市为自治区域的建制"市"，因而就根本无"市政"可言。基于这样的认识，"民办市政"那就更不是近代中国历史上存有的事实。"市政"与"民办市政"就只是出于论证需要而权且借用的概念。这样的观点和认识实在是太吊诡了！因为持论者其研治近代中国史的态度显然是强调本土化的，即不想把西方的概念套用到中国近代史研究中。但是，其衡量近代中国是否存在"市政"的标准却又是十足的西化——中国不存在西方那样的"市政"。

那么，我们是否可以确认近代中国存在"市政"和"民办市政"呢？

笔者认为，要回答这个问题，须看当时人是否存有明确的"市政意识"，是否自认为他们在城市里所做的相关事务就是"市政"，并且明确地意识到是向西方学习"市政"。如果答案都是肯定的话，那我们又有什么理由去否认近代中国的确存有"市政"和"民办市政"呢？从现有的资料来看，笔者认为，对此做出肯定的回答并不是什么难事。

在清末，清政府为了挽救统治危机，开始向西方学习，实行立宪，推行地方自治运动，其中的一项重要内容就是在城市推行地方自治，于

导　论

是颁布了《城镇乡地方自治章程》，官方在开展城市改革的同时，还鼓励城市绅商积极参与。各地在推行城市自治的过程中，地方官府通过官报译介西方各国地方自治和市政，这其实就是中国人学习西方市政在理论上的一个重要表现。例如：《湖北官报》就译介了俄国的地方自治和俄国市政[1]；在介绍匈牙利地方自治时，不仅介绍了匈牙利市政，还论及了"俄国之市政"[2]；在介绍德国市政时，编译者在编后发表按语曰："今日朝野士大夫争言地方自治矣。地方自治尤莫先于市政，而英、德种族固最寓自治性质者也，爰译录之以见一斑。"[3] 即明确指出推行地方自治首先应该从城市开始，应该先着手搞城市自治——办市政。而民间在试行地方自治的时候，也明确表示是"试办市政"[4]。所谓"试办市政"，就是学习西方办理市政。民间"试办市政"，也就是"民办市政"。

到了民初，无论是官方，抑或是民间（如商界、学界等），在论及市政主体的时候，常不免将官治与民治（或自治）对称，将官办市政与民办市政并提。如孙传芳在向闸北商界解释为何要由官府来办理闸北市政时，就曾提到"闸北同浦东、吴淞、沪西各区的市政，暂时官办民督，南市的市政，民办官督"[5]。而商界和学界都反对官派淞沪商埠督办，认为一经官派督办，就是等于传统的"官治"——官办市政，如果由民选督办，就是民办市政。董修甲是既做学问又做官的市政专家，他在上海作市政演讲的时候，就曾讲过"市政应官办或民办"的问题，他认为中国的市政有三种形式，即完全官办、完全民办、官民合办。[6]

---

[1]《俄罗斯地方自治概论》，《湖北官报》第152期，宣统二年十月二十六日。
[2]《匈牙利地方自治概论》，《湖北官报》第149期，宣统二年十月十一日。
[3]《德国之市政》，《湖北官报》第153期，宣统二年冬月初一。
[4]《苏城观前大街市民公社简章　宣统元年五月（1909年6月）》，《辛亥革命史丛刊》编辑组编：《苏州市民公社档案》，载《辛亥革命史丛刊》第4辑，中华书局1982年版，第60页。
[5] 参见《孙传芳昨校阅闸北救火会操演》，《申报》1926年5月10日第14版。
[6] 参见《中国公学请董修甲演讲市政》，《申报》1926年5月12日第14版。

· 35 ·

尽管他所说的"官民合办"与商界所说的"官民合办"未必一致，但他也是将市政主体以官与民相对的形式来区分。从孙传芳、董修甲的言论及商界、学界对官派督办的态度可知，至少相当一部分生活在城市的商人、学界人士等，他们存有明确的"市政意识"，希望实行不同于传统官治的"民办市政"，也就是西式市政——实行西方的城市自治。而他们在城市中以民间身份进行的市政实践，也就是"民办市政"。

4. 关于"民间市政参与"

本书所论述的民间市政参与，是指非政府组织层面的、以改变和影响市政发展为目的，在市政规划与决策、市政经费的筹措等环节，市政工程建设、市政管理乃至市政体制变革等层面开展的活动。这些活动当然是在城市展开，但在空间上并不局限于某一城市，活动的参与者也不一定是法定的市政管理者。

（二）论述的起始时段

本书论述的时代为"近代中国"，具体起止时段则确定在1903—1949年，即以1903年上海和宝山两地绅商报请两江总督批准，创办上海第一家商办市政机关——其实也是中国第一家商办市政机关——商人集股创办的"汇通公司"为起点[①]，以史学界通用的中国近代史下限——1949年为论述下限。从近代中国民间市政参与的实际情形来看，1903年也只是一个相对起始时间。不过，如果因为追溯论述的需要，本书的论述时段上限，将不机械地局限于1903年。

（三）论述涉及的地域范围

从理论上讲，本书涉及的是近代中国这个地域范围内的城市，但是

---

① 学界一般认为上海第一家商办市政机关为"闸北工程总局"，其成立的时间在1900年。但是，据张笑川结合档案史料、地方志、报纸报道、当事人的回忆及相关研究的综合考证，认为上海第一家商办市政机关成立的时间应为1903年，名称应为"汇通公司"（参见张笑川《清末闸北开辟"通商场"再探》，《史林》2009年第2期）。本书采用是说。

导 论

就既有的研究基础和写作的可操作性而言，任何对不同城市民间市政参与的探寻终归是有限度的，本书拟以上海、汉口这两个城市为中心，尽可能论及更多其他的城市，如北京、天津、广州、苏州、青岛、厦门等。这既是从自身研究基础出发的一种可行的选择，又是基于近代中国民间市政参与实际情形的一种考量。因为上海是中国最大的城市，研究宏观视域内的近代中国城市史课题，就不能不研究上海。诚如《申报》上的一篇短小的杂评所言，"上海，一雏形之中国，中国，一放大之上海也。何以言之？为通商口岸，万国衣冠，各省人士荟萃一隅，其所传所行要皆开全国风气之先，故觇中国者，先觇上海亦无不可"[①]。上海是中国民间社团组织最多的城市之一，也是近代中国民间市政参与最为活跃的城市。汉口是近代中国内陆最大的城市，既具有中国内陆城市的封闭性，又具有开埠城市的开放性，其民间市政参与也比较活跃。笔者曾对近代汉口市政有过专门研究，对近代汉口民间市政参与的研究已有较好的基础。[②] 在此基础上，开展以近代上海与汉口为中心的民间市政参与研究，既可以较好地展现近代中国民间市政参与的丰富情态，又可以较好地揭示不同地域范围内不同城市间民间市政参与的共性与差异。

[①] 无用：《杂评二·中国与上海》，《申报》1922年4月10日第14版。
[②] 参见拙著《近代汉口市政研究（1861—1949）》，中国社会科学出版社2017年版。

第一章

近代中国民间市政参与的社会背景与认识基础

作为一种地方政治类型和地方政治体制的"市政",在19世纪后期的中国逐渐为国人所注意,他们主要是留学生和曾经游历欧美尤其是日本的知识分子和官员。20世纪初年,随着地方自治运动在中国城市的兴起,城市自治思想和市政知识得到日益广泛的传播,"市政"这种源自西方的政治概念,其接受面也随着民间市政参与的日益频繁,逐渐下移至广大的市民阶层。到了20世纪20年代初,当城市自治运动再次兴起并在一些城市掀起热潮的时候,"市政"也一度成为报章上的"热词"。1922年6月,《申报》上一篇名为《市政比赛》的500字的评论短文,其中"市政"用词就达11处之多。① 而同一年《燕都报》上一

---

① "'上海'二字,在行政区域上为一县,在条约上为租界及其政权所及之一部。然一般社会所称之上海,非如上述二者之狭义,殆将上海附近之地域类以上海目之。昨日为吴淞市政筹备处开幕之日,记者愿就市政二字略陈所感。上海附近之市政,有南市,有闸北,有吴淞,有公共租界,有法租界。此五处机关俱各掌理一切市政者,就创办之年期言,要以外人所主办之租界,为得风气之先,编制处理,自较适当。然世界政治苟后起者而能精心擘画,惨淡经营,冰水青蓝,未必后之不如前者也。顾记者所希望于各机关者,办理市政之要旨,积极的为兴市之利,消极的为革市政之弊。兴利革弊之要旨,无内地租界,一也。在五机关以壤地毗连,主其事者各励精图治,奋斗猛进,社会之幸福宁可数计?我国自办之市政尤与国际上有莫大关系,友邦之所以不肯遽撤领事裁判权而我留租界者,为此前缺乏办理市政之能力。即或揭市政之帜,徒鹜形式,不重精神;徒糜帑金,不举实绩耳。使我所办之市政不下于租界,或更加驾而进之,则本大会所议国际原则以观友爱为怀之列邦,讵愿久靳此区区领事裁判权而不撤?故上海一带之市政,今日已形成一比赛之局势,后先奔走,鉴别至微劳者,执鞭责在当局,记者姑覶拭以观之。"见《市政比赛》,载《申报》1922年6月5日第14版。

第一章　近代中国民间市政参与的社会背景与认识基础

篇文章中的一句近 80 字的话语,其中"市政"用词就达 5 处之多。①作为政治语词的"市政",随着城市自治运动的发展而变为"热词",这既是近代中国城市社会急剧变化、城市体制变革深化的生动反映,也是近代中国民间市政参与不断深入的一个反映。

一定的行为基于一定的社会基础,也基于一定的认识基础。那么,近代中国民间市政参与的展开,是基于怎样的城市社会基础?又是基于怎样的市政认识基础呢?这是我们在探讨近代中国民间市政参与议题时,值得思考的问题。总的说来,剧变中的近代中国城市社会,为民间市政参与提供了大舞台;近代国人对于市政与市民关系的认识,构成了其民间市政参与认识的基本面。

一　剧变中的城市:近代中国民间市政参与的大舞台

近代中国城市的市民参政意识与城市主体意识觉醒,城市自身的发展,新兴市政改革势力在城市的集结,城市事务的日趋复杂,报纸杂志等城市新事物的兴起,所有这些一个个城市社会巨变的面向,与城市社会不断被强化的民族主义意识一起,为近代中国城市社会民间参与市政构筑了大舞台。

(一) 城市的觉醒直接推动民间参与市政

清末以来的城市政治风潮(如抵制美货运动等)的发生与政治运动(如立宪—自治运动)的展开,以及城市民众维护自身利益和团体利益乃至国家利益的需要,促使城市民众参政意识增强。辛亥革命后,

---

① "市政就是我们的幸福,我们争市政就是争幸福。换言之,谁要把持我们的市政,就是压制我们的幸福,我们为自己的幸福起见,当然要争市政,更当然要反对把持市政的人们。"(姜国栋:《北京市政是北京市民全体的》,《燕都报》1922 年 8 月 5 日,转引自张德美撰《1922 年的北京自治潮》,《中国政法大学学报》2011 年第 4 期)

专制帝制的崩解，使得意识形态领域的控制相对宽松。《临时约法》等一系列进步法令的颁布，又赋予了人民结社、集会、言论自由的权利，激发了各界民众自由结社的热情和政治参与意识，一时间"集会结社，犹如疯狂，而政党之名，如春草怒生"①。其中，商人便是最活跃的群体之一，汉口商人演说道："诸君均商界中人，幸勿在商言商，须知士、农、工、商，皆属国民分子，无分阶级。"②上海商人则宣称，"我商人年来对于埋头商业不问政治之陋习，确已逐渐破除"③。这些都反映出商人的活动已经溢出了商业领域，商人的政治参与意识已经觉醒了。

市民参政意识的增强，自然地反映到市政领域。因此，在民初，城市民众尤其是商界积极争取恢复自治，争取建立商人主导的市政机构，争取建立特别市。

市民参政意识的觉醒还体现为他们对西式民主理念的接受与民主原则的运用。西式的权力与义务对等原则、"不出代议士，不纳捐税"的代议政治理念与政治原则，逐渐深入市民心中。而坚守这样的原则，也意味着争取市政参与权。1920年，上海公共租界华人在争取市政参与权时，对于西人"因华人纳税人在中国他处未尝有参政权，故在上海亦不应有参政权"的说辞痛加挞伐："试问强词夺理或激怒人心之论调，尚有甚于此乎？！吾外人年年岁岁灌输于中国人心中之代议政治之高尚理想，今已如何？……须知'不出代议士，不纳租税'为颠扑不破之根本关节，吾人决不能撞破或逾越之。"④ 1921年，京兆同志会在争取城市自治和市民的市政参与权时，声称，"自救维何？自治而已。自治维何？曰参政而已。……总之，京兆乃北京人之京兆，本届省会选举更为京兆人生死关头，尤宜众志成城，急图自救。事而有济，则依法选举，俾赓续人民参政之机关。如其否也，则宪法未定以前，京兆暂不出

---

① 善哉（丁世峄）：《民国一年来之政党》，《国是》第1期（1913年5月）。
② 《纪武汉官商之募债会》，《申报》1915年4月24日第6版。
③ 转引自马敏《商人精神的嬗变——近代中国商人观念研究》，华中师范大学出版社2001年版，第217页。
④ 《上海人要求市政权之西讯》，《大公报》（天津）1920年1月13日第2版。

第一章 近代中国民间市政参与的社会背景与认识基础

代议士，以免虚縻巨款"①。实际上，这样的参政意识也是城市主体意识的体现。城市主体的觉醒表明近代中国城市正在觉醒。

近代中国城市的觉醒直接推动市民参与市政。1912年，闸北市民为维护华界市政主权，对付外人扩展租界，同年组织市民公会。在成立大会上，警务长蒋楚九演说道，"凡身居闸北之人，即可谓闸北地方之主人翁，各宜担负保全之责"，表示愿意为维护市政主权出力。② 在华界市民争取上海特别市运动的时候，租界市民开始筹谋争取未来的上海市政参与权，上海各路商界总联合会福建路分会会长邬志豪说，1919年成立商总联时，"纯为谋市政发展，商业改良，唤起市民，有自治之精神，享自由之幸福，同参市政，无分畛域……且上海为我上海市民之上海。本会为上海市民代表之机关……应请速组市政筹备会，合群策群力，详细计划，以备将来之采用"③。汉口绅商刘歆生放言："都督创造了民国，我则创造了汉口。"④ 他在清末民初，一直积极参与市政，诸如参与规划汉口市政，参与汉口重建等。

（二）城市自身发展促使民间参与市政

"大城市逼人而来了！"⑤ 这是近代中国人感受全国各地城市快速发展后发出的感叹声。的确，近代中国城市不仅数量增多，人口也在不断地增长，城市化进程逐渐加快，城市在社会治安、道路交通、公共卫生、社会保障等诸多方面都较传统社会面临着更多的挑战：城市需要为更多的人口提供居住空间，需要新的交通方式以满足快节奏的城市社会

---

① 《京兆人亦讨论自治 主张另组区议会》，《大公报》（天津）1921年6月23日第2版。
② 《闸北市民公会开会成立》，《申报》1912年10月29日第6版。
③ 《组织市政筹备会之建议·邬志豪致商总联会函》，《申报》1925年3月7日第13版。
④ 陈师：《汉口地皮大王刘人祥的始末》，皮明庥、冯天瑜等编：《武汉近代（辛亥革命前）经济史料》，武汉地方志编纂办公室1981年印行，第253页。
⑤ 胡适：《市政制度序》，载《胡适文存》，上海东亚图书馆民国十九年（1930）版，第1183页。

需要，需要更多的治安力量来保卫居民安全，维护社会秩序的稳定；需要更有效的方式满足居民对饮水的需求，更先进的卫生设施与卫生管理保障公共卫生；需要采取更多的措施保障城市居民尤其是弱势群体的生存。如此等等，都表明随着城市的发展，城市越来越表现出不同于乡村的利益诉求，传统的城乡合治的行政管理体制，越来越不适应近代中国城市发展的需要。

近代中国城市越来越需要建立起适合自身发展需要的基础设施和管理体制，以加强城市管理，满足自身发展的需要。显然，传统的官治和心力皆有所不济的近代官治，皆不足以满足这样的需求，城市社会的民间参与也就必不可少。

工商业尤其是商业获得较快发展是近代中国多数城市社会进步的基本事实，工与商不再如其在传统社会中那样，位居"四民"的后位，商人力量的发展，使他们拥有更多的自信，"一国如一家，然商人好比长子，官吏好比次子，农、工好比三子"，官吏、农、工都不能赚钱，"惟商人权子母活，力最厚，故一旦家中有事，次子、三子只能供其驱使，若出纳银钱，则不能不惟长子是赖"。[①] 与此相应，他们当然希望拥有更多参与城市事务的机会，更多处理城市事务的话语权，甚至建立自己主导的市政管理机构，掌控市政话语主导权。

（三）城市成为新兴改革势力实践市政的用武之地

怀有强烈参政意识的以归国留学生为主体的新式知识分子，他们将改造国家的注意力放在了城市。到了20世纪20年代，他们成为市政改革新兴势力，其翻译和著述的市政学著作主要是"关于城市政府和城市行政方面的书籍"[②]。

市政专家、中华市政协会总干事桂崇基认为，要改造中国社会、经济、政治，就应从自治入手。"市政为自治之基础，尤为吾人生活有密

---

① 《纪武汉官商之募债会》，《申报》1915年4月24日第6版。
② 赵可：《市政改革与城市发展》，中国大百科全书出版社2004年版，第117页。

切之关系。夫市政之支配在城市，而城市为文化发展之中心"，以前中国城市政权操控在行政官之手，但行政官并不专注于市政，所以非人民自治不为功，而"实行自治，必先有市政府"。① 也就是说，改造中国应该从自治入手，而自治的基础在市政，市政又是在城市里举办的，所以要改造中国，必须先改造城市，举办市政。官员不关心市政，那人民就自己办市政。按照这样的逻辑，有志于改造中国的知识分子，就应该关注市政，实践市政，城市就是改造中国的最佳场地。而与桂崇基有类似观念的新式知识分子还大有人在。②

所以，在桂崇基那个时代，留学归国的新式知识分子基本上选择了以城市作为安身立命之地。正因如此，以他们为核心成员组成的市政相关社团，诸如：中华全国道路建设协会、中华市政协会、中华市政学会、中国市政问题研究会及分会、中国市政研究会及其分会、中国市政工程学会及分会、中国战后建设协进会及上海分会，等等，都落户于大大小小的城市——尤其是大城市。也正是这些留学归国的新式知识分子在城市的集结，形成了新兴的市政改革势力。

城市，成为新兴改革势力实践市政的用武之地，同时也是他们追求强国梦的用武之地。

（四）市政当局需要民间参与市政

随着城市化的加快，人口的日益集中，城市社会需求的日趋扩大，市政当局担负的市政职能日益扩张。然而，近代中国市财政普遍困难，难以独担重负，市政当局当然就需要民间的支持和参与。再者，市政管理势必涉及管理者与被管理者或共同参与者之间的关系，如果双方的关系隔膜，沟通不畅，市政管理就会遇到更多的阻力。市政当局需要市民参与市政，以便双方沟通和协作。所以，开明的市政当局，往往采取措

---

① 《青年会昨晚演讲市政》，《申报》1926年4月15日第13版。
② 参见《民国时期市政思想中的强国理念》，金民：《民国时期近代市政思想研究（1921—1937）》，武汉大学硕士学位论文2008年，第61—72页。

施引导市民参与市政。

　　1914年,朱启钤主政北京市政公所时,制定了《公修道路简章》,实际上就是鼓励民间参与北京市的道路建设;① 京兆地方自治制度也鼓励绅董参与,其中规定"因本地已习惯,关于自治各事,向隶绅董,办理得法者,仍责成之"②,将部分市政管理权交给绅董们。这样做,既给市政公所减了负,又在一定程度上满足了民间参与市政的欲求。民国中期上海市政府颁布了《上海市政府市民请求修建道路桥梁码头驳岸规则》,其目的之一就是引导民间合法参与市政工程建设。③

　　市政当局如果在城市公用事业与公益事业等方面感到心有余而力不足,那么,他们也需要民间的参与和协助,或者将城市公用事业和公益事业交给民间办理,或者与民间进行合作,共同办理。当然,它需要保留的是对民间市政参与的监管权。

　　如果说上述情形是市政当局需要出钱、出力式的参与的话,那么,下列情形就是官方需要民间发声式的参与。

　　1927年,宁波市政府希望市民对市政府热心拥护,严厉督促,并与市政府"通力合作"④。宁波市政府还特地在市政府门口设置了意见箱(当时称为"纳言箱"),并制定了《设置纳言箱投递规则》,规定建言人实名投递,由市长亲自检阅,意见书经检阅后如认为可行,即在本市政府周刊内发表,分别筹办。⑤ 1932年,南京市政府为了"博采群言,期收集思广益之效,周察民隐",以免"下情壅于上闻",也设置了意见箱。市长石瑛还承诺"每日亲自启锁,开箱收阅意见书后,当负责保守秘密,将所陈意见,对于市政认为应兴应革者,当尽量采择施

---

① 《提倡公修马路之先河》,《申报》1914年7月18日第3版。
② 《京师试行模范自治之概况》,《申报》1915年7月27日第6版。
③ 《上海市政府市民请求修建道路桥梁码头驳岸规则》,《工商半月刊》1930年第2卷第13期,第18—20页。
④ 《发刊词》,《宁波市政公报》1927年第1卷第1期,第1页。
⑤ 《设置纳言箱投递规则》,《宁波市政公报》1927年第1卷第4期,第11页。

行"①。1929年，汉口市政府出版的《新汉口市政公报》中，专门开设有"市民之声"专栏，收集市民的议决案和建议，倾听市民对于市政的心声。在首次刊出专栏时，对市民的意见的反馈信息也同时刊出。②

当然，不同城市的市政当局面临的困难会不同，有的市政当局所面临的困难可能会超出了前述那些。例如，上海和汉口这样租界势力强盛的城市，华租两界之间因市政利益冲突，难免交涉，而租界往往恃强侵夺华界市政主权，市政当局又往往难以独当一面时，自然也需要和依靠民间参与市政，维护市政主权。

（五）新式社团、报纸杂志的兴起为民间参与市政提供了便利

民间市政参与需要活动平台与空间，需要力量集结，需要舆论鼓吹，等等。而剧变中的近代中国城市社会就具有了这样的活动平台与空间，方便市政参与力量的集结，方便市政舆论的鼓吹。

据研究，清末上海所产生的主要新式社团组织，在1900—1911年就达200余个，分15类，即政治类、外交类、商业类、教育类、学术类、医学卫生类、工程实业类、国学类、艺文类、青年类、女学女权类、社会公益类、同乡类、宗教类以及其他类。③ "上海的新式社团，绝大多数由本地人和寓沪人士所创设，乃是一种自立自主的行为，且对周边地区同类社团的成立起到了积极的示范作用。"④ 有趣的是，"其他类"中的4个团体，除了上海农务公会之外，其他3个（包括舆论折衷社、上海日报社、中国报界俱进会），都属于报刊舆论。而据笔者所知，至少自由职业类和新闻舆论类也可以被列入近代中国新式社团中。事实上，正是近代报纸杂志的兴起，才使得近代报人有了自己的社团组织。

从清末民国时期上述类型（包括自由职业类和新闻舆论类）社团

---

① 《设置市民意见箱案》，《南京市政府公报》1932年第108期，第55页。
② 《市民之声·吴君来信》，《新汉口市政公报》1929年第1卷第6期，第202—205页。
③ 《清末上海主要新式社团组织一览表（1900—1911）》，方平《晚清上海的公共领域（1895—1911）》，上海人民出版社2007年版，第147—160页。
④ 同上书，第161页。

活动的内容来看，除了宗教类、国学类、艺文类、农务类基本不涉及市政之外，其他类型的社团均或多或少，或深或浅地关涉市政。其涉及较深者，如政治类、学术类、商业类、医学卫生类、工程实业类、社会公益类、新闻舆论类。因此，众多的新式社团的兴起，实际上为近代中国民间市政参与提供了平台。

近代报纸杂志在中国的兴起，实际上起于戊戌变法时期。此后，报纸杂志在民初得到了巨大的发展，其突出的表现是民办报纸的勃兴。民报的兴起打破了官媒的话语垄断，改变了旧有的信息传输方式和传统的文化格局，从文化层面加剧了政治国家与民间社会的疏离与对峙，从体制上为社会成员自由地获取信息和表达意愿提供了可能，并以其特有的"公共性"构成了一个相对独立的领域——公共领域，从而具有舆论上的独立性、自主性、公开性、批判性。[①] 这样极具主体性与开放性的公共领域，为民间的市政舆论参与提供了便利的活动平台与空间。

市政专家董修甲在论及政府应该如何减少市民与市政府之间的误会，建构官民沟通的渠道时，他列举了六种"机关"："（一）曰新闻纸，（二）曰市政研究会，（三）曰商会，（四）曰工会，（五）曰纳税同人会，及其他同样性质之组织，皆市民自组之机关也。"[②] 实际上，他列举的这些所谓的"机关"，都是民间可以参与市政的活动平台和空间，归纳起来也就是两个方面：社团组织和报刊舆论。应该说，作为市政专家的董修甲，的确开出了解决官民间市政隔阂的"良方"。

（六）民族主义意识激励着民间参与市政

近代中国的民族主义随着国门的洞开、条约体系下列强势力在中国的扩张，以及救亡图存的巨大的忧患意识的共同作用下，不断地得以强

[①] 方平：《晚清上海的公共领域（1895—1911）》，上海人民出版社2007年版，第95—107页。

[②] 《市政研究论文集》（中华市政学会丛书之一），青年协会书报部民国十八年（1929）发行，第53页。

第一章 近代中国民间市政参与的社会背景与认识基础

化。而租界的存在以及由此形成的华租两界市政的巨大差距，也是国人民族主义意识不断强化的一个重要因素。同时，租界的存在及其市政示范，也刺激着国人去参与市政：制造市政改良舆论，谋求市政革新，设法参与市政实践。

上海是租界势力最盛的城市，华租两界的道路状况不可同日而语。对此，上海的头号报刊《申报》尖锐地批评说："华界向无路政可言……道路之狭窄如故，崎岖如故者，要居多数……观租界之道路，再观华界，辄令人感叹不止焉。"①

汉口是长江中游租界最盛的城市，华租两界的卫生存在天壤之别。对此，汉口的《市声周刊》辛辣地批评道："设蒙尔目，充尔耳，以游行汉皋，亦能别租界与非租界，了若指掌……盖汉埠内地，市民寡识，市政不修，其空气有特别不洁者。"② 闭着眼睛、塞着耳朵游走在汉口的街道上都知道哪是租界哪是华界，因为华界市政腐败，空气太污浊了！

上海和汉口的媒体对本城市市政的怒其不争，其实是一种以反求正式的促其争，一种舆论层面上的市政参与。

李平书等上海绅商，鉴于上海取消自治后"路工、卫生等要政，日就苟简，一与租界比较，弥觉相形见绌"③，一致要求中央恢复自治，其实就是争取市政举办权以便改良市政。并且，"今为进行市政期间，非有自治曷以与租界竞争事业而谋发达？"④ 恢复自治，办理市政在他们心中成为战胜租界市政的不二法门。汉口绅商在民初就要求将汉口火车站总站（按：循礼门原有一规模狭小之车站）迁移至歆生路，以振兴华界商市。⑤ 可见，租界市政的示范作用所强化的民族主义意识，激

---

① 豫：《杂评二·路政》，《申报》1922年12月9日第15版。
② 陈方之：《汉口市之卫生（内地租界之比较）》，《市声周刊》第2期（1923年9月23日）第3面。
③ 《电请恢复自治》，《申报》1921年1月15日第10版。
④ 《上海施行自治之呈请》，《大公报》（天津）1921年9月26日第2版。
⑤ 《鄂省会决议迁移汉车站》，《申报》1917年9月25日第7版。

· 47 ·

励着城市绅商参与市政。

二 市民与市政：近代国人对民间参与市政的认识

要了解近代国人对民间参与市政的认识，从根本上来说，就是要了解近代国人对市民与市政的关系的认识。当然，不同身份的近代国人对民间参与市政的认识是不同的，尤其是官员与市民两者对民间市政参与的认识可能更不相同。并且，近代不同历史时段的国人对民间市政参与的认识也会存在差异。民国学者萧文哲曾经对中国历史上的市制进行了一番梳理，认为古代中国市制为官治市制，民初市制纯为自治性质，国民政府时期的市为地方行政区兼自治团体，所以"我国市制在清末以前为市官治时期，自清末以至于民国十七年为市自治时期，厥后迄今，则为市行政兼自治时期"[①]。应该说，他对于近代中国市政变迁大势的把握是比较到位的。不过，民国中后期的市从根本上说还属于行政市，自治属性比较弱，因为市的权力源泉在中央政府（国家）而不在市民（基层社会）。根据这样的理解，我们实际上可以将清末民国时期国人认识民间市政参与的语境进行一个区分，即清末民初（1900—1927 年）主要为地方自治语境，民国中后期（1927—1949 年）主要为国家行政语境。下文将在这样的大前提下，对近代国人的民间市政参与认识进行梳理。

（一）清末民初：地方自治语境下国人对民间参与市政的认识

1. 官员：多视民间参与市政为官治的辅助

清末推行地方自治的过程中，官员对自治的角色定位主要是辅助官治，即"以自治辅佐官治"，尽量将自治纳入官治之下。根据这样的定位，民间参与市政就是辅佐官治。

[①] 萧文哲：《我国现代市制之过去与将来》，《东方杂志》第 37 卷第 5 期（1940 年 3 月），第 18 页。

第一章　近代中国民间市政参与的社会背景与认识基础

到了民初，官员们对民间市政参与的认识因其对地方自治的看法不同而存在分歧。绝大多数官员还是将自治视为官治的辅助。内政部发文说，"自治为地方要政，下以利民生，上以辅官治"①，"地方自治为民治大同之基，可以辅官利民"②，这反映了中央行政部门官员的主流看法。在地方大员中，四川省长戴戡认为，"地方自治发展国民能力，辅佐官吏不逮，为今日立国急务……实使人民参与行政以辅官治也"③。有的官员极端专制，甚至根本就不愿意承认自治有别于一般的行政统系，如湖北督军兼省长王占元就认为自治要义在辅官治所不及，"自治权重，则官厅等于虚设……自治制度系属行政统系"④。因此，官员们绝大多数将自治看作从属于官治，对于民间参与市政的认识也就承续了清末的主流认识。根据这样的认识，民间对市政的参与应该是客位参与。即便如此，开明的官员还是鼓励民间参与市政，认为市民应该参与市政，以适当的方式表达自己的利益诉求。⑤

也有个别官员认为自治应该是"完全自主之自治"⑥。根据这样的认识，民间对市政的参与不应该是客位参与，而应该是主位参与了。

民初的广州成立了市政府，市政当局的舆论强调，"市民要有新市政的精神，尊崇和服从本市规律，永不把欺诈或怯懦辱及我们自己的都市，勿放弃责任，接近忠诚与政府合作，向本市的神圣事业奋斗！"⑦ 强调了市政府主导下的民间合作，其实质仍是视民间市政参与为官治的辅助。

2. 民间：市民应该参与市政并以自治市政为目的

在清末民初地方自治的语境下，民间对于民间市政参与的认识十分丰富，而自清末至民初，民间对于市政参与的认识总体上有了明显的

---

① 《提前实行地方自治之议复》，《申报》1915年5月29日第6版。
② 《立法与自治之前途·催办地方自治》，《申报》1915年6月20日第6版。
③ 《蜀直两省长之自治主张》，《申报》1917年5月2日第6版。
④ 《苏鄂滇三省长之自治意见》，《申报》1917年5月4日第6版。
⑤ 《北京市政请缓之批词》，《申报》1914年7月11日第3版。
⑥ 《特别委员会讨论自治六月前实行》，《申报》1917年3月14日第6版。
⑦ 《如何达到都市计划成功的路》，《广州市市政公报》1925年第161期，第1—3页。

深化：

　　清末绝大多数民众对民间市政参与的认识，就是"以自治辅佐官治"。这是因为民间对于地方自治还比较陌生，对于城市自治还缺乏足够的自觉。当朝廷在最终下令实施立宪改革，在各地举办地方自治，明确"以自治辅佐官治"的改革立意之后，民间对政府推行的改革普遍持肯定和欢迎的态度，市民对市政参与的认识基本上局限在中央政府所界定的"以自治辅佐官治"的层次上。

　　当然，清末也有少数先觉者认为应该以自治代替官治。如康有为认为，"今吾中国地方之大，病在于官代民治，而不听民自治也，救之之道，听地方自治而已"，"夫自治之制，天理也，自然之势也"。①

　　到了民初，随着商界力量的增长，地方自治运动的断续展开，城市自治思想的传播，民间对市政参与的认识大为深化：

　　民初民间对市政参与最重要的认识是，市政应由人民自己办理，官治应辅助自治。具体而言，市民视参与市政为实践城市自治，"今欲求自治，著乎之点，即不可不先从事于市政"②，"市政本系地方事业，应由地方人民自治"③。自治就是参与市政，"自救维何？自治而已。自治维何？曰参政而已。然欲实行参政，必自选举公开始"④。市民有资格主办市政，这是天赋和法定的人权。如：北京市政公所为内务部附属机关，往往以内务总长或次长为市政公所的市政督办，市民就认为市政"不能尽委诸官僚之手"，舆论也质疑说"何以必须内务总长始可以督办市政耶？或者官僚以外与不在官场而有相当资格之人者，遂终亦不能言市政耶？"⑤ 言下之意，老百姓（非官员）也有资格任督办，即认为市民有资格主办市政。为什么呢？因为"中华民国主权在民，自治为国

---

　　① 康有为：《公民自治篇》，张枬、王忍之编：《辛亥革命前十年间时论选集》第一卷（上册），生活·读书·新知三联书店1960年版，第181—184页。
　　② 《民呼、民吁、民立报选辑（1）》，河南人民出版社1982年版，第289页。
　　③ 益公：《平民讲话·市政与市民》，《京话日报》第3330号第6版。
　　④ 《京兆人亦讨论自治主张另组区议会》，《大公报》（天津）1921年6月23日第2版。
　　⑤ 《市民议改善市政》，《大公报》（天津）1921年6月20日第2版。

第一章 近代中国民间市政参与的社会背景与认识基础

民应有之职权，目为立国之大本"①，"斯为法治国家之通例，亦即我父老昆弟之天赋之人权也"②。市民参与市政依据的原则就是"不出代议士，不纳捐税"。③ 既然市政应由人民自治，那么官治与自治的关系就应该颠倒了，"盖专制时代之自治，可云助官治，而民国则以自治为立国基础，而以官治助之，主客之观，理应易位"。④ 因此，市政官民合办不过是一种权宜办法，但终应归民办。如苏松芬认为，"所谓官民合办者，由官厅委任人员办理，而一方仍予市民举派代表参与市政之机会也。……官办、民办，证之北京与上海闸北市政，毫无成绩，绝不可采。惟在官民合办之广州市，则灿然可观，此应采取者也。然此不过仅一种权宜办法，究竟非适合于民治主义。故广州市于暂行条例中，特定为五年内之过渡办法。过此仍依民选官督之政策进行"⑤。李祖虞认为，"夫市政之实行，本应以市民为主体……而市民要非无权参预，即沪上名流所以以筹备市政相号召者也。顾市制之中，关于施政机关之组织，实为要点。其人员应由中央任命耶？抑应由市民公选耶？就正规言，当然应由市民之公选。而就现在形势论……市政人员，莫若定额较广，采用委员制，而去独裁制"⑥。即他们都认为采用"官民合办"的委员会制市制只是权宜之计。

不过，也有少数人认为官民合办才是最好的市政。如董修甲就认为市政可以分为官办、民办和官民合办，而官民合办——官民一体参与市政才是最理想的市政。⑦ 这是他当时比较北京、上海、广州市政得出的

---

① 《京兆市民自治热》，《大公报》（天津）1920 年 9 月 29 日第 1 版。
② 《京兆人亦讨论自治 主张另组区议会》，《大公报》（天津）1921 年 6 月 23 日第 2 版。
③ 有的城市居民对哪些人有资格参与市政存在分歧：有的认为应该区分土著客籍，有的认为非市民没有"与闻市政"的资格。《全武行之北京市民公会》，《大公报》（天津）1922 年 7 月 5 日第 2 张第 3 版。
④ 讷：《杂评二·自治与官治》，《申报》1916 年 8 月 21 日第 10 版。
⑤ 苏松芬：《中国举办市政之前提》，《道路月刊》第 19 卷第 2 号，"论说"，第 57 页。
⑥ 《李祖虞之淞沪市政问题意见》，《大公报》（天津）1925 年 2 月 12 日第 2 张第 5 版。
⑦ 参见《中国公学请董修甲演讲市政》，《申报》1926 年 5 月 12 日第 14 版。

结论。瞿绍伊认为，市政有官办民督的市政，有民办官督的市政，都是地方自治的基础。但是，欲求市政发达，归根到底，"市政之建设，人民与官厅，须有合作之精神"。①

市政不应该由官僚政客等把持，官办市政不应该无视地方人民的市政参与权。北京市民批评官僚政客土豪流氓，假冒市民名义组织机关，"施其包办把持之野心，冀攫我市政置之于其自己掌握、把持而利用之"，而实际上商界占京都市民大半，且各种税捐，商界负担了十之八九，所以"京都市政与商界关系最为密切，断不容若辈操纵把持，祸市害商"。② 汉口商民认为汉口重建就是办理市政，纯属地方人民自治，应该以地方人民公益为前提。经费如何筹措，计划如何规定，均应该听取地方人民表达意见，而中央闭户造车，不征求汉口人民的意见，等于将汉口人民视如无物。③ 上海商人认为市民既然担负了地方的完全责任，自然就应该有监督市政的权力，而要使监督产生效果，就应该发行市政公报。④

此外，民初商界还认识到，民间参与市政应注意培养人才。因为"养成人才，为市政之先导"⑤。改良市政，必须具有专门学识经验人才，才能"递演渐进"。⑥

从总体来看，清末官与民（除了少数先觉的知识分子外）之间对于民间市政参与的认识比较一致。民初官与民在有关民间市政参与问题的认识上则存在着较大的差距。尽管民初官方颁布的法律文书上规定市政应该自治，然而从中央到地方的官员大多仍然希望城市自治不脱离原有的行政架构；而民间则希望将地方自治的原理贯彻到底，在中国实现城市自治。

---

① 《瞿绍伊昨在浦东同人会演讲市政》，《申报》1926年7月5日第14版。
② 《京都市商界白话宣言》，《商业日报》1922年7月18日第2版。
③ 《鄂人反对汉口商场督办》，《申报》1920年3月2日第2版。
④ 《编刊市政公报之意见书》，《申报》1912年9月22日第6版。
⑤ 《汉商请派员设立清理局》，《申报》1913年4月9日第6版。
⑥ 《委任筹备市政员》，《大公报》（天津）1922年4月19日第2张第3版。

第一章　近代中国民间市政参与的社会背景与认识基础

（二）民国中后期：国家行政语境下国人对民间参与市政的认识

民国中后期，一般市民都接受了党国政治这样的事实，时势的转移也不允许他们再有开展地方自治运动的可能。因此，民间对于市政参与的认识，以学理的探讨居多。并且，在这一阶段，官员与学者已很难做截然的区分，有学而优则仕者，有由仕途复归民间者，他们都可能是市政专家。故此间官员与民间人士对于民间市政参与的认识共识较多，可以一起进行综合梳理。大致说来，主要包括以下三大方面的内容：

1. 市政府和社会力量应该为市民（国民）参与市政创造条件

就市政府方面而言，引导市民参与市政，消除官民之间的隔阂，是市政府职能范围内应做的事情。市政府应该创造条件，方便市民参与市政。就社会而言，市政不只是市政府的事情，社会也应该发挥作用，为市民参与市政创造条件。

市政专家纷纷主张给市民普及市政知识。冯畏勤认为，道路建筑，属于城市的外貌；市政知识的灌输，属于城市之筋骨。[①] 市政专家张锐认为，要谋求中国市政之改良，"极应注意于民众对于市政兴趣之鼓励提倡。欲鼓励提倡民众对于市政之兴趣，首在能使民众了解中国市政之事实"。具体而言，有这样一些基本的方法与策略，诸如：扩大中华市政学会的组织，以集中个人之力尽力发表鼓吹、灌输新市政知识，让市民了解中国市政之实况以寻求改进之方法；最好由中华市政学会单独刊行全国性的专门市政刊物；编译市政书籍，提高编译质量，既注意市行政技术的讨论，又注意市政常识的普及；各市政府也应该注重宣传工作，认真做好市政报告；各市每年举行过市政日一天，各学校各机关在此日宣讲、讨论市政；各中学的公民学课程应注重市情教育；各市组织

---

① 冯畏勤：《关于改革市政的条陈》（1929年6月28日），《北京档案史料》1997年第2期。亦载陈乐人主编《二十世纪北京城市建设史料集》上，新华出版社2007年版，第28页。

市民协会以谋普遍市政知识,监督市政当局。① 陈良士认为,要促进全国市政进步,首先最应该注意的就是"国民市政学识之增进",因为"欲举办市政,根本问题,在乎教育市民以市政常识"。如果国民缺乏市政常识,那么,即使市政府"财政极充,人才极备,事终不可行"。② 王晋伯也认为,"举办市政之根本问题,在于教育市民以市政学识"③。他还针对不同教育程度者(包括毫无教育者、有小学文化程度者、有中学文化程度者、有大学文化程度者)及政府行政人员,分别确定了不同的普及市政知识的办法。④ 李宗黄也认为应该灌输市政常识,并归纳了普及市政常识的宣传方法,"不外以周报、或月报、或壁报、或布告、或图书、或诗歌、或新剧、或电影、或开演讲会、或编市政丛书、或办图书馆、或群众运动等等"。⑤ 陈念中认为,灌输市政常识是必要的,但必须以培养市政人才为先决条件,否则,如置车马前,市政会因为缺少市政人才的引导而难以进行。⑥

政府要办好市政,就应该让市民有参与市政的权能,扶植人民参与市政。不论是学者还是官员,一般都会根据孙中山有关直接民权的论述和西方市政民主的原则,指出市政本来应该自治或民办(民有)。如蔡江澄根据孙中山和林肯有关民权的理论,指出"要市政合乎市民的利益与需要,当使市政为市民所有,市民能直接运用民权"。⑦ 汉口市长刘文岛在汉口市临时参议会成立时(1929年8月1日)说,本来从原则

---

① 张锐:《促进市政的基本方策》,《中国建设》第2卷第5期,第217—218页。
② 陈良士:《国民市政常识之培植》,陆丹林:《市政全书》,全国道路建设协会民国十七年(1928)版,第69页。
③ 王晋伯:《举办市政之根本策略》,《市政评论》第2卷第11期(1923年10月),第20页。
④ 陈良士:《国民市政常识之培植》,陆丹林:《市政全书》,全国道路建设协会民国十七年(1928)版,第69—70页。
⑤ 李宗黄:《市政指南》,商务印书馆1928年版,第29页。
⑥ 陈念中:《国民市政常识之培植》,陆丹林主编:《市政全书》,全国道路建设协会民国十七年(1928)版,第253页。
⑦ 蔡江澄:《市政与市民》,《道路月刊》第28卷第2号(1929年10月),第25—26页。

第一章　近代中国民间市政参与的社会背景与认识基础

上讲，地方自治机关是应当由选举产生的，市政府应该有市参议会。但是根据实际情况，只能采用变通办法，成立市临时参议会，来指导和监督汉口的市政。① 胡适在1931年批评说，"当今国人似乎至今还没有提倡市民参政的决心。故新市与新特别市规模虽大，设局虽多……而市民参政至今不会有实行的机会"；而不由民选而产生市参议会和市长的新市制，本质上还是官办的市政制度，决不能造成市民。没有市民，也绝没有新市政可说，要革新市政，"第一要务在造就市民，造成市民的方法……在于逐渐实行市民参政"。② 1932年，市政专家董修甲也指出，"市府既为自治事业，欲市政成绩显著，必须与市民合作。虽在训政时期，不能成立议会，但仍可呈准中央设置临时民意机关，聚市各界代表于一堂，将市府所办之事，随时公布周知"，以便市民与市府合作。③ 陈受康则指出，"市政的兴革，应视为市民共有的事务，让市民有参与批评的权能，才能唤起大众的热诚和兴趣。等到市民的兴趣焕发，大家便乐意去拥护和协助市政府的建设行动；同时，也很诚恳地去鼓励和监督市政。此即所谓市政公开"，这就是实行自治的方法。但是，中国尚在市民经验浅薄的时期，市民参政的限量不能骤然开放过宽（不合理的开放），只求市民对于市政有公开评议的机会，能将所见供专家参考而已。他又说："所谓市政公开，就是消除官僚包办。如果我们能做到让市民有监督政府的实力，有批评政府的自由，有约束管理违法的方法，便可算公开的。"④ 殷体扬认为，与其欢迎市民发表正当的意见，不如

---

① 《本府成立临时参议会的意义　刘市长在参议会成立典礼时演词》，《汉市市政公报》第1卷第3期（1929年9月），"特载"，第3页。
② 胡适：《序三》，白敦庸：《市政举要》，大东书局民国二十年（1931）版，"序"，第3页。
③ 董修甲：《中国市政问题》，《清华周刊》第38卷第7、8期合刊（1932年），第834页。亦见董修甲《国民经济建设之途径》，生活书店民国二十五年（1936）版，第182—183页。
④ 陈受康：《改革我国市政的先决条件》，《市政评论》第4卷第7期（1936年6月），第2—4页。

给市民以参与市政之机会,依法组织市民代表机关。①

如果市政府设立有让市民参政的机关——市(临时)参议会这样的代议市政机关,而市民还是没有参与市政的"实在权能",那怎么办呢?那就应该根据主权在民的原则,扶植人民参与市政。蒋慎吾的研究表明,根据1928年国民政府法制局起草特别市组织法和市组织法草案的书面说明可知,这一点已经成为此前"各方人士"的共识。该局的书面说明的主要内容之一,其大意是:市政本来是人民自治范围,但在训政时期,市政仍然不能脱离官治,"然而斟酌地方情形,使市民多少参预市政,以为四权训练之基础",所以拟订的方案中,在特别市政府现有组织之外,新设置以市民代表组成之参议会,为市政审议机关,使市民有间接市政参与权的机会,但是设置的时间待定。②

民国末期,还有专家在呼吁政府扶助市民参与市政。哈雄文从都市计划和建设的角度论证了市政应该由市民来推动,市政府仅处于辅助地位,认为"都市计划是为大多数市民福利的土地控制使用!其方法是以科学的控制实施一切都市的建设,使市民得到'安居乐业'和'身心愉快'的效果……人类社会由'集权''专制'而进于民主,国家政治由'中央集权'而进于'地方自治',所以都市计划和建设的出发点,是离不开市民的,一切当以市民的需要为前提,应由市民来推动,政府仅立于扶助的地位"③。

2. 市政是市民的事情,市民应积极参与市政

"市政者,市民之市政"④,开明的市民自是推动市政前途的最大

---

① 殷体扬:《对沪市召开市政讨论会之商榷》,《市政评论》第5卷第4期(1937年4月),第3页。

② 蒋慎吾:《近代中国市政》,中华书局民国二十六年(1937)10月版,第28—30页。

③ 哈雄文:《都市发展与都市计划》,《市政建设》第1卷第1期(1948年10月),第7页。

④ 董修甲:《市政问题讨论大纲》,上海青年学会书报部民国十八年(1929)发行,第371页。

第一章 近代中国民间市政参与的社会背景与认识基础

力量。① 市民应该热心市政，市政才办得好。② 市民对于市政，也应有深确的认识。因此就积极方面而言，市民可以赞助市政府的一切刷新的计划；就消极方面而言，则亦不至为市政计划之阻梗。③

市民应该做一个开明的好市民，与市政府好好合作办理市政。"市政与市民的关系，是太密切了，比一国的政治对于国民，还要密切的多，一切市政设施，苟没有市民诚意的热烈的合作，就难有良好的结果，纵有相当成就，也一定是事倍功半的，所以'开明的市民'已经成为近代经营都市的'唯一要件'……其具体解决措施就是：'第一要了解市民和政府的关系，有彻底的同情；第二要有充分的市政常识；第三要有积极的改革性。'如能具备这三项条件，那就各种美德，如谅解、合作、责任心、牺牲心、公共心等，自然相因而生，纵令市政进行上有什么困难，也就迎刃而解了。"④

市民应当研究市政，促进市政改良。殷体扬认为，在市民方面，要成为开明的市民，参与市政，就应多多组织市政学术团体，市内工商各界公会，更要切实研究与本身有关的市政问题，如果人人都能有参加研究的机会，结果必有许多良好意见，贡献市政当局采纳，像这样上下打成一片，才配得上说市政就是地方团体自治的事务。⑤ 言下之意，这样才真正算得上市民参政、市民自治。在民族危机日趋严重的时候，市政

---

① 陈受康：《改革我国市政的先决条件》，《市政评论》第4卷第7期（1936年6月），第2页。

② 董修甲说："模范市政之要素共有三点：（一）须有热心与开明的市民；（二）须有优良之市制与主持得人；（三）须有适宜之市政府内部组织。此三要素，唇齿相依，不可留一而去其他。而一市之行政得失，全赖三要素之能否运用适宜。"［董修甲：《市政研究论文集》（中华市政学会丛书之一），青年协会书报部民国十八年（1929）发行，第48页。］与他的观点完全一致，殷体扬认为："模范市政的基本因素有三：（一）须有热心和开明的市民，（二）须有贤明的市长，（三）须有适宜的市政府内部组织，这三者如能运用得当，市政才能有发展希望。"（殷体扬：《北平市的新建设》，《复兴月刊》1934年第2卷第9期）

③ 杨哲明：《市政管理ABC》，世界书局民国十七年（1928）版，第90页。

④ 《怎样改造首都市政》，《申报》增刊《首都市政周刊》第22期，1928年6月5日第1版。

⑤ 殷体扬：《为何要谈市政》，《市政评论》第3卷第12期（1935年6月），第14页。

专家主张市民不仅有良好的素质——知道自己的权利和义务,还应当团结起来,研究如何可以做良好市民的道理,与促进良好市政的方法,"因为救国之道,莫过于此了"。① 殷体扬认为,市政原是为市民而办的,又是市民自治的事务,市内应兴应革的事项,不但要自己起来改革,还要要求政府替他们改良,至于市政府的法令,大家也要充分了解,以便自动的遵行而不给市政府增添困难。②

3. 理想的市政应该市民自治

在民国中后期官员和学者的心中,理想的市政还是市民自治的市政。抗战之前,有学者认为现代政治组织已进入全体市民市政时期,"市政就是全市民众的事,应当由市民全体管理,方合市政的原则"③。抗战胜利后,有市政专家认为,今后我国市政之发达,是必然的趋势。而"遍考欧美市政发展之过程,莫不以市自治为鹄的,而在我国,清季姑不论,即自民国成立以来,一切条文法规,一涉市政,莫不以市自治为言,可见市行政与市自治原密不可分。今三十年来之市行政,仅有市行政而无市自治,不可谓非我国市政之缺点。民十九国府公布之市组织法对于方地【地方】自治组织,规定特详,良有以也"④。这实际上还是心心念念于市民自治。直到民国末期,还有学者大声疾呼,应该让市具有自治的地位,而不应该"成了县的尾巴",丧失独立地位。⑤ 因此,从民初直到民国之终,国人对于市民自治的市政理想没有改变。

(三)近代上海等城市商界有关民间市政参与的认识

上海自开辟租界后,租界市政呈现出良好的发展态势,很快对华界

---

① 董修甲:《市政与民治》,大东书局民国二十年(1931)版,第79页。
② 殷体扬:《市政问题的研究》,《市政评论》第1卷(合订本,1934年6月),第2页。
③ 蔡江澄:《市政与市民》,《道路月刊》第28卷第2号(1929年10月),第25—26页。
④ 沈怡:《三十年来中国之市行政》,周开发主编:《中国工程师学会三十周年纪念刊》,中国工程师学会民国三十五年(1946)发行,第5页。
⑤ 孙克宽:《市万不宜"准用县之规定"》,《市政建设》1948年第1期(1948年10月),第9页。

第一章　近代中国民间市政参与的社会背景与认识基础

呈现出积极的示范效应。鉴于"外权日张，主权浸落；道路不治，沟渠积淤"① ——市政主权的日渐旁落、华界市政与租界市政的霄壤之别，华界不论是官府还是民间，都急切地希望改良市政，清末上海的市民意识由此得到萌发并不断滋长。而随着地方自治运动在清末的开展，以及这场运动随着民初政体的转换而断续地展开、华界市政改良的不断尝试，上海市民的市政主体意识不断强化，他们参与市政的欲望也日趋强烈。其中，上海商界作为中国最大的工商业城市中最活跃的一个群体，其市政主体意识与参与市政的欲望尤其强烈，他们对于民间市政参与的认识逐渐变得越来越明晰，那就是：市政应该民办；市民有参与市政之必要；市政应由地方绅商共同组织等。

根据唐振常先生的研究，上海租界的市政设施刺激了上海的华人与华界。从19世纪60年代起，上海市民意识开始萌发，地方人士即不断提出意见，要求上海市政当局力求改革，在华界采用租界先进的市政管理与设施。②

1905年冬（光绪三十一年十月），上海绅商李平书、姚文枬等受租界市政发达的启示，同时也有意借鉴武昌、天津的市政经验，在得到地方政府的支持下，积极参与地方自治，成立城厢内外总工程局。③ 从此之后，上海商界的市政主体意识随着地方自治运动的展开而快速滋长，以至于一旦城市自治权或市民市政参与权遭受侵害时，上海商界就会做出比较强烈的反应，从中我们可以获知其对于民间市政参与的认识。

1914年2月，袁世凯下令取消地方自治，上海南市和闸北的自治

---

① 杨逸纂：《上海市自治志》，（中国台湾）成文出版社有限公司1974年影印版，第129页。
② 唐振常：《市民意识与上海社会》，《上海社会科学院学术季刊》，1993年第1期，第140页。
③ 参见杨逸纂《上海市自治志》，（中国台湾）成文出版社有限公司1974年影印版，第129页，及李平书等《李平书七十自叙·藕初五十自述·王晓籁述录》，上海古籍出版社1989年版，第53页。

也随即取消，上海市政厅和闸北市政厅均被撤销，取而代之的分别是上海工巡捐总局和闸北工巡捐分局，上海市政厅筹募的公债银十余万两也转而由上海工巡捐局承继。对此，上海商界十分无奈，同时也做出了自己的反应——就在自治机关与官办机构交接的过程中，南市商界纷纷向市政厅董事催还债款。南市漳泉会馆致函市政厅索还公债，声称该馆当初之所以愿意购买公债，一是因为地方自治因公益而需款；二是因为主持市政厅的绅商热心任事，为众商所信任。现在既然停办自治机关，改为官办，就应偿还以前的公债，"盖所借之款乃借与自治机关，非借与官治机构"。米业公所仁谷堂董事也加入催还公债的行列，催还的理由是公债是借与市政厅的，现在既然"市政取消，改为官办"，市政厅就应该立即清偿公债。① 而华成总公司亦因自治机关改归官办，也向市政厅索还其向该公司的押款规元 25000 两。② 南市商界的这些催债行为虽然直接针对的是即将为官办机构所取代的市政厅，但他们索款的理由却都是不愿意将钱借给不属于地方自治的官治机构。这种做法实际上是以一种消极的方式显示了他们对官方接办市政的不满，不信任，不支持，透露出来的是上海商界日趋张扬的市政主体意识，以及市政应该民办的市政参与理念。

  1916 年，袁世凯在一片唾骂声中去世，中央政府遂又宣布恢复地方自治。地方政府未能落实恢复地方自治政策，上海南市绅商于是呈请恢复地方自治，声称上海从清末举办地方自治至上海市政厅被取消，"办理自治，先后十年……现在共和再造，国会重开，各级自治机关亦经国会议决即行回复……上海全市人民，急盼自治复苏，有如饥渴，并以本地方市政繁重，与他处情形不同，谓宜速行规复……众意佥同……"③ 显示出强烈的市政主体意识。由于地方军政各方的阻挠与故意拖延，上海的地方自治机关未能及时恢复。对此，上海的舆论也表示出强烈的不满

---

① 《米业公所索偿公债》，《申报》1914 年 3 月 9 日第 10 版。
② 《停办自治机关余闻》，《申报》1914 年 3 月 4 日第 10 版。
③ 《请复上海市自治机关文》，《申报》1916 年 11 月 20 日第 10 版。

第一章 近代中国民间市政参与的社会背景与认识基础

及对上海市政前途的担忧。《申报》评论说："夫使上海而终于军政时代，使上海之市民而永无自治之权利，则亦已耳。苟不尔者，则市政固自治范围之内也，而奈何改组？而奈何假借改组之名以永久官治？"①阅之不难窥见其中隐含的市政理应由市民自治的市政参与观念。

1919年五四运动以后，上海公共租界华人因不满工部局抵制华人参政，开展了长达数年的华人争取市民权——市政参与权的运动，此即轰动一时的上海公共租界华人参政运动。对此，上海舆论多予以坚决支持，甚至宣称："租界纳税华人之选举理事，为市民参与市政之发端"，"市民有参与市政之必要"。② 可以说，此言道出了上海商界的心声。

1922年10月，上海公共租界各马路商界纷纷组织联合会。稍后，又在此基础上成立市民公会。次年10月14日，公共租界华人纳税人会宣告成立，其重要后盾就是各马路商界联合会。纳税华人会成为以华商为主体的公共租界华人争取租界市政参与权的中坚组织。该会及华商以西方议会政治民主的原则——"不出代议士，不纳租税"作为运动的口号和斗争武器。可以说，华人参政运动极大地强化了上海商界的市政主体意识，更加彰显了上海商界的市政参与理念。

此后，上海的地方自治运动渐入高潮，上海商界的市政主体意识也伴随着地方自治运动再度兴起而高张。上海商界认为，商会"为各业领导之集合机关，应有参与市政之权"，"市政事宜由地方绅商共同组织"③。上海各马路商界总联合会更宣称："上海为我上海市民之上海"，呼吁迅速组织市政筹备会，群策群力，详细筹划商埠市政。④ 此间，包括商界在内的上海各界，组织上海市纳捐人会、淞沪市政协会、市政联合会等社团组织，极力主张上海成立特别市，且抗拒官派市政督办，要求市长民选。上海商界市政主体意识的觉醒，最终导致了其与学界、工

---

① 《杂评二·上海市政之将来》，《申报》1917年3月14日第11版。
② 《杂评二·选权与市政》，《申报》1922年4月12日第14版。
③ 《谢蘅牕对于沪事之意见》，《申报》1925年2月4日第14版。
④ 《组织市政筹备会建议》，《申报》1925年3月7日第13版。

人阶级结成联盟,于1927年3月联合成立了上海市临时政府。至此,上海商界的城市主体意识达到了清末以来的顶点,也将其市政参与认识化为了实践。

与上海商界相比,汉口商界对于民间市政参与的认识比较缺乏诸如"市民有参与市政之必要""市政事宜由地方绅商共同组织"之类的明确表述,但是从他们在汉口重建问题上对市政当局的诘责,也可以看出其对民间参与市政的认识。他们说:"要知道建筑马路一事,势在必行,该筹办处又甚颟顸,不知世事,不达人情。诸君……不可不急筹办法:一,质问借债,借何国债?以何项抵押?人民有无干预权?一,建筑处办法细则应否宣布以示大公?"① 他们还提出对于城市重建事务,"汉口人民公举正人实行监督"②。当他们得知张国淦被任命为汉口市政督办后,表示:"夫共和政体,国家大政者,皆须取决于民意。况建筑商场一事,关系民等利害尤极切肤。中央既未争得吾民同意,而贸然任命张国淦为汉口市政督办,此民等之不能承认者又一也","商场建筑,即市政之组织,有所谓巴黎市政,有所谓日本东京市政,规模宏大,必有取法,纯粹为地方人民自治,亟应以地方人民公益为前提。经费如何筹措,计划如何规定,均须取地方人民一种表示。讵中央闭户造车,出不合辙,等汉口人民如无物也"。③ 在汉口商界看来,他们不仅有权参与城市重建,有监督权、决定权,并且城市重建根本上就应该是汉口人自己的事情,汉口市民才应该是市政的主办者。

北京市民则表示自治就是参政,北京市政是北京市民全体的事,"市政就是我们的幸福,我们争市政就是争幸福。换言之,谁要把持我们的市政,就是压制我们的幸福,我们为自己的幸福起见,当然要争市政,更当然要反对把持市政的人们"。④ 因此,他们认为自己理所当然

---

① 《汉口业主之同盟》,《民立报》1912年5月1日第8版。
② 《业主会详记》,《国民新报》,1912年5月15日第4版。
③ 《鄂人反对汉口商场督办》,《申报》1920年3月2日第2版。
④ 姜国栋:《北京市政是北京市民全体的》,《燕都报》1922年8月5日,转引自张德美撰《1922年的北京自治潮》,《中国政法大学学报》2011年第4期。

有市政参与权,并且这种市政参与权是不容侵夺的。

最终,在高涨的城市自治运动大潮中,上海、汉口、北京等各相关城市对民间市政参与的认识均得到了提升。

近代中国民间市政参与就是在这样的社会背景和认识基础上展开的。

第二章

体制层面之外的近代中国民间市政参与

民国市政专家董修甲曾经将市政的范围归纳为七个方面,"即:卫生、防卫、教育、工程、财政、公共营业、慈善事业是也。"[①] 这是就市政建设与市政管理的具体方面而言的。其中"防卫"相当于城市治安、消防,"公共营业"相当于公用事业,"慈善事业"相当于社会救济。本书对于民间市政参与的具体建设与管理方面,基本就限定在这个范围之内。不过,所论述的范围又不仅仅局限于这些个具体的层面。

从笔者所阅及的资料来看,近代中国民间市政参与涉及有市政组织层面、具体的市政建设与市政管理层面、市政舆论层面及市政体制变革的层面,此外还有市政规划与决策、市政经费筹措等市政环节。有体制外的参与,也有体制内的参与。有个体的参与,也有群体的和组织的参与。如此等等,均可以彰显出近代中国民间市政参与从内容到形式的丰富多样,从市政主体到市政客体的多彩多姿。

一 组织层面的市政参与

近代中国民间市政组织层面的参与主要表现为三种方式:一种是建

---

① 董修甲:《上海市政》,《道路月刊》第9卷第2号(1924年4月),"附录",第9—10页。

立民办市政组织；一种是成立研究、传播市政的民间组织；还有一种是加入官办的市政组织。

（一）建立民办市政组织

民间建立的市政组织包括两大类：一种是民间自主建立的市政组织；另一种是民间依法成立的自治性组织。

1. 民间自主建立的市政组织

上海作为最早兴办地方自治的城市之一，在《城镇乡地方自治章程》颁布以前，上海绅商就积极地投身于地方市政建设，并建立了民办市政组织。

上海闸北的"汇通公司"为近代中国最早的商办市政组织，成立时间为1903年。① 上海绅商陈绍昌、祝承桂等人为了抵制租界的扩张，申请自行筹措款项，开辟商场，"拟于新闸浜北二十七保十一图等地方，建造桥梁，兴筑沿河马路，承办一切事宜"②，经两江总督批准，闸北绅商于这一年创办了闸北工程总局。张利民认为："这是中国城市中最早的地方自治组织。……上海地方自治机构的出现，体现了社会力量的崛起和通过民间社团治理城市的呼声日切，代表着一些接触西方制度较早城市的自发行为。"③ 张笑川认为："从地方自治的角度来看，闸北地区1903年出现的'汇通公司'，比南市1905年成立的'城厢内外总工程局'时间要早，可以称之为上海地方自治的'嚆矢'与'滥觞'，也无愧于'中国人自己筹办的第一个近代城镇区域的管理机构'之美誉。"④

---

① 蒋慎吾所载时间为1900年，而据张笑川考证得知，实际时间为1903年。参见张笑川《清末闸北开辟"通商场"再探》，《史林》2009年第2期。

② 蒋慎吾：《上海市政的分治时期》，《上海市通志馆期刊》1934年第2卷第4期，第1249页。

③ 张利民：《清末天津与上海地方自治的比较——从近代城市管理机构建立的角度》，《城市空间与人国际学术研讨会论文集》，2006年，第162页。

④ 张笑川：《清末闸北开辟"通商场"再探》，《史林》2009年第2期。

近代中国城市社会发展进程中的民间市政参与研究

1905年10月16日,南市地方绅士郭怀珠、姚文枬、李平书、叶佳棠、莫锡纶等集议创办总工程处以办理市政,得到上海道袁树勋的大力支持。同年11月3日城厢内外总工程局成立。该局内部行政体系分为两大部分,即以议事会为代议机关,以参事会为执行机关,以李平书为总董,莫锡纶、郁怀智、曾铸、朱佩珍为办事总董,以姚文枬等32人为议事经董,下设户政、警政、工政三科等办事机构。① 诚如小浜正子所言,"总工程局的实质是民办城市行政机构"②。1907年农历八月,上海绅商组织成立了一个联合消防机构,即"上海内地城厢内外救火联合会"。当然,此前成立的30余个救火会也是民办市政组织。

在1919年至1920年间,天津商会为配合政府当局的市政建设,诸如先后疏通挑挖明沟、水沟245处,修补铁桥、浮桥,以及各项土、石桥梁31座,成立了维持市政会、街市退修研究会等组织,主动配合政府挖河修堤、修整街道、添设浮桥等,还按照政府的规定承担了诸如筹款、协调、拆迁等事务。③

1920年,为了发展厦门——"开山填海、拆除旧城、兴建新城市",由工、商、学各界知名人士和富绅、归侨林尔嘉、黄奕住、洪晓春、黄庆元、周殿薰、李禧等20人组成"厦门市政会",向华侨和在京、津、沪、穗、港、澳、台的厦门富商以及本地巨贾筹款集资,在厦门开展市政建设。该会负责厦门建设工程的审议和筹款。④ 厦门建立市政会是模仿福州,以该会为议决机关。厦门市政会原定会董21人,后增至31人,由厦门总商会、厦门教育会及玉屏、紫阳两书院等团体投

---

① 《上海市政的分治时期》,《上海通志馆期刊》1934年第2卷第4期,第1224—1226页。
② [日]小浜正子:《近代上海的公共性与国家》,葛涛译,上海古籍出版社2003年版,第30页。
③ 宋美云:《论城市公共环境整治中的非政府组织参与——以近代天津商会为例》,朱英、郑成林:《商会与近代中国》,华中师范大学出版社2005年版,第288页。
④ 严昕:《厦门近代城市规划历史研究》,武汉理工大学硕士学位论文2007年,第20、50—51页。

票选出，会所设于厦门总商会。市政会下设总务、工程及会计3科，后因措施不当，工作停顿。①

在宁波，老江桥经常发生险情，各界屡次筹议改建。1927年，宁波市政府成立后，市民又向市政府呼吁改建，但是由于政府没有财力承担改建工程费用，于是由宁波本地和旅沪的宁波商人成立了"改建老江桥筹备委员会"，作为筹备改建的组织。②

从前述民间建立市政组织的情况看来，绅商和商会一以贯之地在其中起着核心作用。

2. 民间依法成立的自治性组织

1909年，随着地方自治在全国的推行，很多城市都依照《城镇乡地方自治章程》，成立了自治性的民办市政组织。

在清末的汉口，从1909年开始推行地方自治以后，前前后后成立了36个以保安、消防为主旨的自治性民办市政组织，诸如：公益救患会、上段商防保安会、永宁商防保安会、堤口下段保安会、下段商防保安会、清真社商防保安团、商防保安会四安社、商防保安会万全社、商团永清消防会等，到1911年，又成立了联合各团的汉口各团联合会。③

在苏州，市民响应地方自治，从1909年起，先后成立一些市民公社。其中，以观前大街市民公社成立最早，时间为1909年6月，该会章程记载，该公社"以联合团体，互相保卫，专办本街公益之事为宗旨"，就是要在公社范围内"试办市政"。④ 以其为榜样，四隅公社、金阊下塘东段市民公社、道养市民公社、阊门外山塘市民公社、金阊市民

---

① 周子峰：《近代厦门市政建设运动及其影响（1920—1937）》，《中国社会经济史研究》2004年2期。
② 张日红：《二十世纪二、三十年代宁波市政工程建设经费收支初探》，《宁波教育学院学报》2009年第5期。
③ 《新立之社团》，见张寿波《最近汉口工商业一斑》，上海商务印书馆宣统三年（1911）版，"公共之机关"，第8—16页。
④ 《辛亥革命史丛刊》编辑组编：《辛亥革命史丛刊》第4辑，中华书局1982年版，第60—61页。

公社、苏州齐溪市民公社、金阊下塘东段桃坞市民公社、阊门马路市民公社等先后建立。它们都声称建立组织是为了办理区域内市政或地方公益事宜。

在哈尔滨，滨江商务会于1909年筹款在新平街51号建立了商务消防会。① 这也应当是自治性的民办市政组织。

……

民国中后期，城市地方自治之类的组织逐渐蜕变，自治性弱化。

（二）成立研究市政的民间组织

1. 地方自治研究会之类民间研究组织

这类组织由讲求地方自治的社团组织成立，其研究的重要内容之一就是市政，因为对城市而言，介绍地方自治就是介绍城市自治，介绍市政。例如：

湖北地方自治研究会该会1908年成立，出版的《湖北地方自治研究会杂志》，其中有很大一部分内容就是介绍市政研究方面的信息，诸如：《地方自治原理》《地方自治之定义及性质》《创办汉口市政刍议》《国家警察与地方警察之性质及其界说》《欧西地方自治大观》《日本自治制组织之得失》《城乡地方自治章程评释》《伦敦自治政府》《论地方警察费》等，其中介绍地方自治就必定涉及城市自治②，涉及市政。

（1）市政学会汉口各团联合会该会系汉口各团联合会于1920年成立的一个研究市政组织。

（2）上海地方自治研究会。该会成立于1916年，其研究的重点就是市政经费与市政工程建设。③

---

① 张忠：《哈尔滨早期市政近代化研究（1898—1931）》，吉林大学博士学位论文2011年，第215页。

② 参见《湖北地方自治研究会杂志第1—10号（1908.11—1910.7）》，上海图书馆编：《中国近代期刊篇目汇录》第2卷下，上海人民出版社1982年版，第2529—2532页。

③ 《地方自治研究会纪事》，《申报》1916年10月19日第11版。

第二章 体制层面之外的近代中国民间市政参与

（3）淞沪市政研究会。该会于1926年在上海成立，以研究市政问题，促进淞沪自治为宗旨。①

（4）天津市政研究会。该会于1921年由天津绅商学各界组织，旨在研究市政进行之方法，自认为民意机关。②

2. 协会、学会之类的民间市政研究组织③

这类组织的学术性和专业性很强，最著名的有以下几个：

（1）中华全国道路建设协会

该会于1921年在上海成立，并于次年发行《道路月刊》，其宗旨最初为"专谋全国道路之早日建设完成"，后调整为"专谋全国路市之早日建设完成"（按：这里所说的"路市"是指路政与市政），其事务范围为：编译路市书报，普遍宣传；介绍路市交通专门人才；受理路市计划、建设各问题之咨询；介绍、订购路市所需要机器、材料与运输各车辆。④

（2）中华市政协会

该会最初由留学美国学习市政专业的同学发起，联络留学欧美学习政治、经济、教育、工程、医学各科学生，于1924年冬在纽约成立。该会以调查市政状况，研究市政学术，力谋市政进行为宗旨。具体而言，就是研究欧美市政制度，取长补短，以找到适合于我国的都市行政与都市制度。其会务确定为：调查各地市政实况；研究各项路政问题；辅助各处市政之改进；编译关于市政之书报；介绍专门人才；接洽关于市政问题之咨询；提倡市政事项；推广公民教育；筹设市政图书馆；促

---

① 《淞沪市政研究会成立》，《道路月刊》第19卷第3号，"调查"，第5页。
② 《天津市政研究会成立》，《大公报》（天津）1921年7月19日第2版；《市政研究会开会》，《大公报》（天津）1921年8月11日第2版。
③ 关于这类组织，赵可的著作中已经有一些介绍，但是数量有限。本处在其介绍的基础上，在数量上有所增补，并有所侧重地丰富了相关信息。见赵可《市政改革与城市发展》，中国大百科全书出版社2004年版，第119—123页。
④ 《道路协会章程摘录如左》，《道路月刊》第41卷第3号（1933年10月），"征求会员大会特件"，第5页。

进其他一切地方自治事项。① 1931年，该会又酝酿筹组全国市政协会。②

（3）中华市政学会（中华全国市政学会、中国市政学会）

1926年9月14日，中华市政协会改为中华市政学会。该会以联络市政同志，调查市政状况，研究市政学术，促进市政发展为宗旨。③ 会务包括调查市政实况；研究市政问题；辅助市政发展；编译市政书报；介绍市政专门人才；答复市政问题之咨询；促进其他关于市政及地方自治事项。④ 1940年，该会与中国市政研究会合并。

（4）中国市政问题研究会及分会

1933年9月，中国市政问题研究会成立于北平，并在《华北日报》发行副刊《市政问题》周刊。1934年5月，该会独立发行《市政评论》半月刊。1936年，《市政评论》迁往杭州，该会以市政评论社名义发行月刊。1937年，《市政评论》迁往上海发行。1941年，《市政评论》迁往重庆，恢复发行。1945年，《市政评论》于上海复刊，该会以市政评论社和中国市政协会上海分会的名义发行月刊。由此可知，中国市政问题研究会至1945年已经更名为中国市政协会。1949年11月，《市政评论》终刊。

1945年3月17日，中国市政协会上海分会成立于上海，以联络市政人才、研究市政学术、促进市政建设为宗旨，以研究工作为中心工作之一。其下设置七个委员会，即市财政委员会、市警察委员会、市公用委员会、市土地委员会、市卫生委员会、市教育委员会、市工务委员会，职责为讨论当前最切要之市政问题。⑤ 该会除了发行《市政评论》

---

① 《留美学生组织中华市政协会》，《道路月刊》第14卷第1号（1925年），"调查"，第13—14页。
② 自在：《市政协会之组织》，《道路月刊》第34卷第1号（1931年），"短评"，第7页。
③ 《中华市政学会章程》，陆丹林主编：《市政全书》，全国道路建设协会民国十七年（1928）版，第37页。
④ 《改组后之中华市政学会》，《道路月刊》第22卷第1号（1928年），"调查"，第1页。
⑤ 《市政资料·中国市政协会上海分会成立来二年工作报告》，《市政评论》第10卷第1期（1948年1月），第36页。

第二章 体制层面之外的近代中国民间市政参与

月刊之外，还于 1948 年开始在《新夜报》发行副刊《现代市政》周刊。①

（5）中国市政研究会及其分会

1938 年，中国市政研究会成立于成都。② 1940 年与中国市政学会合并为"中国市政建设协会"，但会务活动限于"仅座谈几次，出版市政通讯，而无多表现"。抗战胜利后，于南京立会，根据部批，将会名改为"中国市政研究会"。该会以研究市政学术，协助国家全面市政建设为宗旨，活动任务为：关于市政学术之研究事项；关于市政学术之编辑事项；关于市政人才之培植、储备及介绍事项；关于国家全面市政建设之协助事项；其他有关市政之探讨协助事项。该会决定由分会出版《市政建设》月刊。③

1948 年，青岛分会成立。现在可知该会出版了《市政建设》（月刊）第 1 卷第 1、2 期。④

上海分会出版了《市政建设》（月刊）第 1 卷的第 3 期。

（6）中国市政工程学会及分会

1943 年 9 月 21 日中国市政工程学会在重庆成立，同年开始出版《市政工程年刊》。该会以"战后的都市建设，本会负有重大责任"，"以市政工程之观点，研究战后国都建设之地点，建议政府采择"，"以联络市政工程同志，研究市政工程学术，促进市政建设之发展为宗旨"，其任务是：编印与发行市政工程刊物；接受市政机关之委托，研究及解答关于市政工程上之问题；举办市政工程之学术演讲、试验、研究及展览事项；征集国内外市政建设书报图书资料；关于市政工程改进之建议

---

① 雯辉：《市政近讯》，《市政评论》第 10 卷第 7 期（1948 年 7 月），第 19 页。
② 《市政研究半月刊》第 1 卷第 3 期封面上注明该刊为中华市政研究会会刊。而根据赵可的研究来看，中华市政研究会就是中国市政研究会。见赵可《市政改革与城市发展》，中国大百科全书出版社 2004 年版，第 122—123 页。
③ 《本会沿革与本刊使命》，《市政建设》第 1 卷第 1 期（1948 年 10 月），第 46 页。
④ 《中国市政研究会章程》，《市政建设》第 1 卷第 1 期（1948 年 10 月），第 47 页。

事项；关于市政工程人员之登记介绍及学术进修事项。①

中国市政工程学会北平分会出版了《市政与工程》（双周刊）、《市政与工程年刊》。

（7）中国战后建设协进会及上海分会

该会总会于1944年在重庆成立。

在上海一市，该会会员较集中，到1944年6月底，已有新旧会员800余人。同年7月，中国战后建设协进会上海分会成立，"其首从研究工作着手，过后再行推进其他实际建设事业"，在上海的各项研究工作中，市政建设方面，首先搜集复员一年来各项市政资料，编印成册，出版《市政建设专刊》，最初刊出的内容是"复员一年来市政实施概况"，计划第二辑刊出的内容是"未来大上海建设计划"。②

（8）复旦大学市政学会

该会由上海复旦大学法学院市政系（1925年有"市政组"的设置，1929年秋由组改为系，归属法学院）同学所组织。③ 1930年9月19日通过会章确定，以联络感情，研究市政学术，调查市政实况为宗旨。④ 1934年，该会出版部出版了《市政期刊》，但很快就因故终刊。

（9）国立政治大学之市政调查会

该会于1925年附设于江苏吴淞国立政治大学，以调查欧美各国市政状况，编译市政著述，提倡市政改良为宗旨。其章程规定职务为：答复中央或地方团体关于市政之咨询；收受国内各市关于市政改良设计之委托；发行中英文市政月刊或特刊；举行市政成绩展览会及市政演讲会。⑤

此外，值得一提的是，近代中国还存在一些社团组织，它们并不专

---

① 《本会成立经过》，《市政工程年刊》，重庆市政工程学会1943年编行，第89—92页。
② 潘公展：《发刊词》，《市政建设专刊》第1期（1947年），（未标页码）。
③ 《市政系概况》，《市政期刊》第1期（1934年），第51页。
④ 《复旦大学市政学会章程》，《市政期刊》第1期（1934年），第9、11页。
⑤ 《政治大学之市政调查会·国立政治大学附设市政调查会简章》，《道路月刊》第16卷第1号（1926年2月），"调查"，第3页。

门为参与市政而产生或存在，但是它们也以不同形式参与了市政。例如：中国工程师学会及其分会。该会总会出版《中国工程师学会年刊》，其中一部分就涉及市政工程。该会于1931年由中华工程师学会与中国工学会合并而成。总部设在上海，但奉詹天佑创立"广东中华工程师学会"和颜德庆等创立"中国工学会"时的民国元年（1912）为创始年。① 其分会在1948年达40余个，遍布全国，甚至还有美洲分会。② 再如：中华全国基督教青年会，在民初和民国中期都曾组织专家举办市政演讲会，宣讲市政常识，介绍国内外市政发展状况。③

（三）加入官办市政组织

近代中国民间还以个人、民间组织代表或民意代表的身份，加入官办市政组织的方式参与市政，以便协助进行市政决策和市政管理，进行市政监督。

1. 以个人身份参加官办市政组织

如董修甲曾担任汉口特别市政府参事和杭州市政府参事；上海绅商姚志让、朱子尧、莫子经、顾馨一、钱贯三、吴子敬、陆崧侯等，接受上海工巡捐总局局长聘请，担任该局名誉董事，"以便随时磋商地方事宜"。④

2. 以民间组织代表身份加入官民合组的委员会式的市政组织

首先，以民国中期的汉口为例。如，1929年武汉特别市政府发行市政公债时，专门成立了一个公债基金保管委员会，这个委员会一共15人，除了市长委派的1人、市财政局正副局长为当然委员及聘请市

---

① 《中国工程师学会简史》，《新世界》1945年第6期，第8页。
② 《中国工程师学会暨各地分会职员暨通信处》，《纺织染工程》1948年第10卷第10期，第48页。
③ 王正廷介绍说，该会之公民教育"特别注重市政，聘请专家主持其事"，参见自在（王正廷笔名）《市政协会之组织》，《道路月刊》第34卷第2号（1931年7月），"杂俎短评"，第7页。
④ 《续志工巡捐局聘请名誉董事》，《申报》1915年1月24日第10版。

党部代表 2 人之外，其余人员分别为市长聘请的民间社团组织的代表，其中汉口商会 2 人，武昌、汉阳两商会各 1 人，汉口银行公会 1 人，钱业公会 1 人，汉口业主会 2 人，武昌业主会 1 人。① 在此委员会中，汉口商会与汉口业主会派出的代表分别为 2 人，可见这两个民间社团在市政参与中的地位。

20 世纪 30 年代前期的乞丐收容委员会、汉口市救济委员会、冬赈委员会、汉口市堤工委员会、汉口市浮棺收葬委员会的组织情形皆与此类似。具体情况见表 2—1：

表 2—1　20 世纪 30 年代前期汉口市政机构中官民合组的委员会组织表

市政机构名称	人员来源
乞丐收容委员会	1933 年 10 月 3 日成立，由武汉警备司令部、汉口市政府、公安局、善堂联合会、保安联合会、华洋义赈会、红十字会、红卍字会、市商会、银行业同业公会、业主集会办事处、华商赛马公会各派员组成。②
汉口市救济委员会	成立于 1934 年，系并改乞丐收容委员会与妇女救济院而成的组织。参与机构、团体与乞丐收容委员会相同。③
冬赈委员会	每年冬成立。1935 年的冬赈委员会就是由武汉警备司令部、汉口市政府、公安局、善堂联合会、保安联合会、万国慈济会、红十字会、红卍字会、市商会、银行业同业公会、钱业同业公会、业主集会办事处等机构或组织派员组成。④

---

① 《武汉特别市市政公债基金保管委员会》，《汉市市政公报》第 1 卷第 1 期（1929 年 7 月），"法规"，第 4 页。
② 《汉口市政概况》（1932.10—1933.12），湖北省档案馆藏，档号 LSA2.2—5，"汉口市政府之组织"，第 3 页。
③ 《汉口市政概况》（1934.1—1935.6），武汉市档案馆藏，档号 bB13/3，"社会"，第 2 页。
④ 《汉口市政概况》（1935.7—1936.6），武汉市档案馆藏，档号 bB13/4，"社会"，第 84 页。

第二章　体制层面之外的近代中国民间市政参与

续表

市政机构名称	人员来源
汉口市堤工委员会	在汉口防汛必要时就会组织起来。1935 年，湖北省政府命令组织汉口市堤工委员会，并指定参加机构为：江汉工程局、汉口市政府、汉口市商会、农会和业主会。
汉口市浮棺收葬委员会	成立于 1935 年 4 月，内设委员 7 人，由市府委派 2 人，市临时参议会、市商会、善堂联合会、市公安局、市立医院各推派 1 人，专门负责浮棺收葬。①

说明：此表依据拙著《近代汉口市政研究（1861—1949）》（中国社会科学出版社 2017 年版）第 506 页中相关内容制作。

表 2—1 所列的这些官民合作的委员会式组织，都是汉口市政府的附属组织，分别有数量不等的民间社团组织的代表参与，而其中必定参与的一个民间社团组织是汉口市商会，由此可见市政府对汉口市商会的重视以及汉口市商会在民间市政参与中的地位。

再以民国末期的上海市为例。1945 年 10 月，上海市工务局开始筹划设立上海市都市计划委员会，1946 年 8 月，该会正式成立。会内委员共有 20 余人，除市政府各局长为当然委员外，市政府还聘请了本市工商、金融、政法、技术专家为委员。该委员会为上海市政府的直属机构。② 毫无疑问，上海市商会、银行公会是选派委员的主要社团中的 2 个。

复以民初的广州市为例。1927 年，广州市土地局征收土地税，设立土地评价委员会，设委员 3 人，由省、市政府各派 1 人，另由商会选派 1 人组成。③

由上述可知，市商会成为官民合组的委员会式市政组织中的常角和

---

① 《汉口市政概况》（1934.1—1935.6），武汉市档案馆藏，档号 bB13/3，"社会"，第 1 页。
② 《上海都市计划委员会》，《上海市年鉴》（1947 年），"行政"，第 F21 页。
③ 《广州市政最近概况》，《申报》1927 年 3 月 9 日第 6 版。

要角。

3. 以民意代表身份加入临时市参议会（市参事会）或市参议会（市参事会）

加入市政府成立的临时或正式的市参议会。例如：1927年汉口特别市政府根据国民政府颁布的《市参议会组织条例》成立的市临时参议会，就是由汉口特别市党部推举的2名代表加上11个民间社团组织推举的代表，另加市长聘任的代表组成。① 具体情况见表2—2：

表2—2　　　　汉口特别市临时参议会参议员组成表　　（单位：人）

参议员来源	代表人数
汉口特别市党部	2
汉口特别市工会	3
汉口特别市商民协会	2
汉口特别市总商会	3
汉口特别市银行公会	1
汉口特别市业主会	1
汉口特别市新闻记者联合会	1
汉口特别市教职员联合会	1
汉口特别市律师公会	1
汉口特别市青年联合会	1
汉口特别市妇女协会	1
汉口特别市保安联合会	1
市长聘请若干人	?
总计	18+市长聘请人员

资料来源：《临时参议会之组织》，《新汉口市政公报》第1卷第4期（1929年10月），第113—114页。

---

① 《临时参议会之组织》，《新汉口市政公报》第1卷第4期（1929年10月），第113—114页。

第二章 体制层面之外的近代中国民间市政参与

由表2—2可知，在所有这些民间社团组织中，汉口特别市总商会、工会是产生市参议员最多（各3名）的民间社团组织，前者更多地代表中上层商人的利益，而汉口特别市保安联合会——原名汉口各团联合会（该会在民初曾是可以与市商会一较高下的组织），它更多地代表中下层商人的利益，只产生市参议员1名。这说明代表中上层商人利益的汉口市商会对市政府的影响仍旧保持，而工会成为新的影响汉口市政的重要力量。

结合表2—1、表2—2分析可知，汉口市商会是民国中期民间参与市政最重要的社团组织之一。

再如："市参事会是南京市民参与市政的机关。国民政府定都南京后，特别市暂行条例规定，设置市参事会及市政会议，二者均有议决机关的性质，参事员由市长聘任。后特别市组织法颁布，改市参事会为市参议会，权责亦稍扩大，规定市参议会为市民选举的正式议决机关。该会由市民代表组成，市民代表的产生依靠市商会、工会、农会、职业公会等民众团体。"[1] 上海各界人士也受上海市市长函聘，担任上海市临时议会的委员或议员，每月参会一次，为上海市政府贡献意见。[2] 广州市的参事会由市长指派市民10人，由全市市民直接选举10人，由工商两界各选代表3人，教育、医生、律师、工程师各界，各选派代表1人，共计30人组成，它是"代表市民辅助市行政之代议机关"。[3]

综前所述，从组织的角度来看，市商会一直是体制内市政参与的要角，而民国中期以后，工会开始成为体制内市政参与的重要力量之一，由此亦可见城市社会结构的变动在组织上对民间市政参与带来的影响。

---

[1] 佟银霞：《刘纪文与民国时期南京市政建设及管理（1927—1930）》，东北师范大学硕士学位论文，2007年，第39页。

[2] 董修甲：《中国市政问题》，《清华周刊》第38卷第7、8期合刊（1932年），第834页。

[3] 沈怡：《三十年来中国之市行政》，周开发主编：《中国工程师学会三十周年纪念刊》，中国工程师学会民国三十五年（1946）发行，第4页。

二　参与或影响市政规划和市政决策

市政规划和市政决策均关乎城市未来的发展和市民的利益。切合实际的市政规划和符合市民利益的市政决策，一般来说是可以促进城市发展的。正是由于市政规划与市政决策关乎城市发展和市民利益，加之近代中国城市市民主体意识已经觉醒，因此，在一些城市，市民及民间社团积极参与城市规划与城市决策。同时，一些关心国家发展和城市利益的有识之士，也在城市规划和决策的过程中出谋划策，成为近代中国市政的积极参与者。

（一）参与规划市政

1. 市民、商界及社团组织参与规划市政

近代上海、汉口等城市，由于市民的自治意识较强，他们在城市建设与管理的过程中，表现出较一般城市更为积极的市政参与意识，其突出表现之一就是积极参与市政规划。

在上海南市，以李平书等为首的一批绅商领袖，从清末上海城厢内外总工程局到城自治公所，再到民初市政厅时期，从筹划拆城到决定和实施修筑多达一百数十条的大大小小的马路，他们都曾参与。并且，他们其实不是一般意义上的市政参与者，而是整个南市市政的直接规划者和决策者。

在淞沪特别市运动中，上海总商会会员谢蘅牎上书总商会，陈述自己的淞沪市政规划，分别就淞沪特别市的区域、组织、地方税、公署经费、警察、市政决策、设立商团及保卫团诸方面进行了论述，他认为总商会为各业领袖的集合机关，应该有参政之权，市政督办必须直隶于中央，市政事宜应该由地方绅商共同组织，在这个过程中，总商会应该充当领袖角色。谢氏的规划实际上是关于淞沪特别市市政组织结构乃至整个市政体制的一种框架性设计。[①]

---

① 《谢蘅牎上总商会书·对淞沪特别市之规划》，《申报》1925年2月7日第14版。

第二章　体制层面之外的近代中国民间市政参与

闸北和浦东是近代上海地区较南市发展晚而市政相对落后的地区，这两个区域的市政发展规划因之受到了密切关注。闸北周边大片区域毗连租界，市政发展尤显迫切，胡钊提出了他对闸北市政的整体改良意见，认为闸北应该拓宽道路，办理公共卫生，改良水管，增设路灯，安置下水沟管，改善公园剧场，疏浚河道（柳河），建设桥梁，创办公共汽车。从内容上看，这实际上就是一个初步的闸北市政发展规划。①

浦东烂泥渡第九区救火会会员与当地士绅一起筹划"扩充烂泥渡陆家嘴一带市政，俾交通、卫生诸要端日臻完善"。其具体计划是：改浜为路，建成南北大街，余地建造市房，将官道北迁，将道路加阔，"筹款办法则以填平之浜基变卖"。②绅商穆杼斋则计划在浦东周家渡至周浦镇段修筑道路，行驶长途汽车。而洋泾市方面，也有人计划修筑马路，行驶汽车，开辟市面。该区沈杏苑还有修筑纵横十干道的规划建议。③

吴淞地区的士绅鉴于他处道路修筑带来了交通便利和市区发展，又顾及吴淞"旧有市区，本极狭小，而镇北复有淞沪路线之横亘，旧时街巷，骤难改辟，既无工厂等生利提倡，又乏农场等生产之设施，皆于市场发展前途大有妨碍"等不利的市政发展条件，屡经会议，分认筹集经费，并结合当前的发展形势，"悉心规划，拟就镇区原有干路三条推放路线，西跨铁路，越泗塘，以达蕴藻，南北另辟纬路，以便交通。沿河添筑马路，酌设公共码头，以便运输。筹设园林农场等，以增民智"，还上书省长和县知事，陈述此推放街市以振兴实业的计划，希望得到支持。④

近代汉口商会、业主会为首的商界也曾积极参与市政规划。汉口早在清末的时候，在湖广总督张之洞的支持下，其实已经制订有一个大致

---

① 胡钊：《闸北市政改良意见书》，《复旦大学理工学报》1928年第1期。
② 《扩充浦东市政之规划》，《申报》1919年8月15日第11版。
③ 《洋泾市之筑路计划》，《申报》1921年1月24日第11版。
④ 《吴淞拓展市区之实行》，《申报》1920年5月16日第2版。

· 79 ·

的整体规划。① 只是因为财力的局限和张之洞的离鄂，市政规划中除了拆城、筑堤完成之外，其他计划项目没能得到实施。1909年秋，以商会头面人物宋炜臣、刘歆生为首的汉口商界巨贾，连续召开后湖业主大会，商讨在后湖开辟马路以振兴市场的计划，即就城垣马路（按：汉口拆城之后，城墙基址中的大部分改筑成了马路）上自桥口汉口既济水电公司上首起，下至刘家庙京汉铁路车站止，兴筑马路二十六条，每条长约400丈，宽约4丈；修筑横马路5条，每条长约2600丈，共计筑路长度将达到120华里，马路筑成后，再营建房屋。② 而在此之前的1906年，刘歆生等就曾拟有开辟汉口后湖市面计划，即就旧有沟渠故道，开辟运河一条，宽15丈，深6丈；上下建筑2闸，以开渠所得之土，培筑堤身；划分地段建筑马路8条，各宽5丈。总计须银三百数十万两，以堤内土地酌抽地价来筹措。1910年，汉口绅商们的开河筑路计划由督署以咨询案的形式交湖北谘议局核议，湖广总督瑞澂还于1911年1月做出了两种有选择性方案的批复。③ 但不久辛亥革命爆发前，该计划也未能实行。

　　阳夏战争之后，汉口市区百孔千疮，亟待重建，1912年1月，商会领袖绅商巨贾刘歆生、宋炜臣、李紫云、韦紫封等提出了汉口重建规划。根据这个规划，商界将在汉口重建中居主导地位。④ 2月初，宋炜臣等向鄂军都督黎元洪呈请依照他们的规划重建汉口。在该文中，绅商们的汉口重建规划更加周密，既有建筑马路，修建码头等项目计划，又有关于实施项目的具体预算和更具体的实施办法。⑤

---

① 拙文：《湖北新政时期汉口官办市政的特点》，《理论月刊》2010年第5期，第60页。
② 参见《添辟后湖商场之计划》，《申报》1909年9月17日第2张第3版；《汉商会议后湖开辟马路详情》，《申报》1909年9月27日第2张第4版；《后湖开辟马路第三次会议》，《申报》1909年10月3日第2张第4版。
③ 《汉口后湖开合筑路咨询案附：湖广总督札复》，吴剑杰主编：《湖北谘议局文献资料汇编》，武汉大学出版社1991年版，第636—640页。
④ 《规复汉口商场之硕划》，《申报》1912年1月26日第6版。
⑤ 《汉口新市场办法》，《申报》1912年2月9日第6版。

第二章　体制层面之外的近代中国民间市政参与

但是，以黎元洪为首的鄂军都督府不欲汉口绅商建立市会和市政厅，也不欲其主导城市重建，遂不同意汉口商界拟订的重建规划。因此，都督府主导着汉口重建规划，进而制定了一个庞大的重建规划，重建范围包括租界以外的广大市区，而已经烧毁的房屋和未经烧毁的房屋，一概需要拆让，官方规划图中的街道因多呈三角形而很占地，加之拆迁补偿方案又令汉口业主很不满意，还规定"非先造马路不能建屋宇"，甚至不与汉口商界会商就强制开工建筑，下令拆屋让基。[①] 结果，都督府的这些做法引起了汉口业主们的坚决抵制。都督府意识到有关汉口重建这样重大的城市事务，如果完全撇开汉口商界，将遭遇更大的阻力。于是，黎元洪照会了汉口商务总会，该会公举刘歆生、宋炜臣等为参议，会同汉口建筑筹办处切实进行磋商。汉口绅商重新参与到城市重建规划中来。后来市政当局颁布的新的市政规划，实际上是官方主导，商界积极参与的结果。

如果将清末民初上海南市和汉口的商界参与市政规划的情况进行比较，我们会发现，上海绅商具有更多的市政参与自由度，并且得到了官府的坚决支持；而汉口商界虽然表现出较强的自主性，但是由于没有得到官府的有力支持，或者是官府不支持，因而较少有直接实施其市政规划的机会。不过，此后官府在调整重建规划的时候，还是参考了汉口商界的规划意见，说明汉口商界的主动参与还是实质性地影响到市政当局重建规划的制定。

近代天津商界也曾积极参与市政规划。据报章记载，天津绅商在1920年，曾经发起直隶开辟新港计划，他们鉴于天津距海远，河道迂回曲折，冬令连月冰冻，舟楫不便，导致直隶全省及中国北部发展迟缓，因此提出了开港计划方案，"是港位置离秦皇岛约二十英里。发起是项计划者，为直隶著名绅商数人"，当时，该规划得到了直隶省议会的审议通过。[②] 另据研究，天津商会还在20世纪30年代参与了与天津

---

① 《新汉口建筑种种》，《申报》1912年4月20日第6版。
② 园:《直隶新辟海港之计划》，《申报》1920年2月8日第3版。

水运密切相关的疏通河道规划,"天津商会会长主动请专人拟订《五运河治理方案》,派人出席南运河下游疏浚委员会议,动员各行商承担疏浚费用。最终,经费由官方和商会各承担一半,沿河各县出人力挑挖运河淤泥,由政府、商会及各县三方共同制定了《南运河整治计划》"。①

近代北京市民在20世纪20—30年代,曾经以"建议书""计划书"等形式发表自己的北京市政规划构想②,试图影响官方规划市政,这些构想"在相当程度上反映了民意,成为当局确定工作计划和努力方向的重要参考。具备了更为明显的公共性、全局性和专业性的特征,具有相当的进步意义"③。

2. 专家学者及其社团参与规划市政

与商界相比,专家学者及其社团提出更为专业性的市政规划建议,以期引起市政当局注意或供市政当局参考。

清末留日学生于1908年在日本组织了湖北地方自治研究会,并于该年11月开始发行《湖北地方自治研究会杂志》。该刊从创刊号开始,连载了史直书撰写的《举办汉口市政刍议》一文,其内容包括:"汉口当急办市政之理由""欧美市政之缘起及其发达""汉口市政之机关宜仿效欧美之制度""市制财务行政与汉口市有财政""汉口市急宜改良之要务""图汉口市之发达须注全力整兴工业""对于汉口绅商之希望"。④ 这实际上是一份运用近代西方市政学知识制定的汉口市政发展规划,也是到目前为止笔者发现的最早的一份专业性较强的汉口市政规划。这说明在留学生派出最多的省份——湖北,其最大城市——汉口的

---

① 宋美云:《论城市公共环境整治中的非政府组织参与——以近代天津商会为例》,朱英、郑成林:《商会与近代中国》,华中师范大学出版社2005年版,第295页。

② 诸如张武的《整理北京计划书》(财政部印刷局,1928年)、朱辉的《建设北平意见书》(1928年11月,见《北京档案史料》1989年第4期)等。

③ 王煦、李在全:《20世纪20至30年代北京民间市政建议和计划》,陈乐人主编:《北京档案史料》2008年第3期,新华出版社2008年版,第257页。

④ 史直书:《举办汉口市政刍议》连载于《湖北地方自治研究会杂志》创刊号,第59—68页;《湖北地方自治研究会杂志》1909年第5号,第601—615页;《湖北地方自治研究会杂志》1909年第8号,第817—830页(刊缺,文章仍未载完)。

第二章 体制层面之外的近代中国民间市政参与

发展，较其他城市更早受到学界的关注。该杂志曾经在《宪政白话报》上登载销售广告①，其中信息显示汉口商界当然会接触到这份杂志，因为《宪政白话报》是汉口以绅商为主体的立宪派所办的白话报。如此看来，汉口绅商在1909年以后为何更为积极地参与城市规划，应该不能排除受到留日学生的市政规划的影响。

民初汉口重建问题也受到了留学生的关注。1914年，汉口市区基本上在旧有规模上因陋就简地实现了重建。到了1916年，汉口的城市重建问题似乎已经不再是什么问题。很可能是黎元洪就任大总统激发了人们重建汉口的梦想，1916年10月，报载有留学生张文才、马延寿等拟订的一份《改良汉口市政意见书》，此举很可能引起了黎元洪的关注，因为据报道黎元洪当时也关心汉口市政，有"令农商部向美商借款，以汉口厘金作担保之说"。②

---

① 见《湖北地方自治研究总会杂志第十号出版》（广告），《宪政白话报》，1910年第1期（未标页码）。

② 《汉口改良市政谈》，《申报》1916年10月31日第6版。该报道原文如下："数年以来，其糜款约五十万，于市政毫无裨益。究其所以失败之原因，虽由借款不成，无以供其措置，然实由主其事者毫无市政学识之故。惟今日言壮观瞻，则曰巴黎市街如何美观，应施其图于汉口。明日言因陋就简，则曰照原街两边让宽了事。设局以来从未闻有汉口市街实测图、市政改良意见书及建筑费预算表一见于市。因非尽由款项之难筹、业主之反对有以致之也。现闻有张文才、马延寿等系留学建筑专门毕业，久在国内各路局办事，近对于改良汉口市政拟有意见书一通，原文计二万余言，大要以学术为根据，以现状为准绳，再辅以各国著名都市之成绩为参考，而发一极大而美之市场于新汉口，其范围以张公堤（即南皮所修堵塞后湖之拦江堤）为后垣，襄河、长江及谌家矶河为界，以后城马路与张美之巷马路均照原路展宽为天然之纵横二大干线，围绕三界之河街及张公堤大路为环形大马路。现在之正街、后街均不更易原形，两边酌量让宽，为纵大路。四官殿大马【码】头、沈家庙、桥口、武圣庙各街，亦就原形酌量展宽为横大路，各干路、大路均通行电车，创极大公园、博物馆、市政厅、大学校，于纵横干线交点之后方。马路外之计划，较之各国都会无甚差异。总计改良预算建筑费不过二千万元。至筹款方法，不主借债，拟将汉口全市地皮清丈一周，即以抽收之捐款，供其费用。汉口全面积三千万丈方，每方捐大洋六角，市政即可改良。各业主费此区区，而后将来工商发达，铁路全通，地价之昂贵，不仅以倍徙计也。此项目意见书闻日内即呈出议会提议审查。惟闻大总统亦关心汉口市政，现有令农商部向美商借款，以汉口厘金作担保之说，并有留学荷兰土木卒业之瞿松平向京、鄂各方面当道条陈意见，不知果以何种政策见诸实施云。"

近代中国城市社会发展进程中的民间市政参与研究

总部设在上海的中华全国道路建设协会在成立以后,其在协助城市进行市政规划方面的成绩得到了外界的赞扬,上海市市长张群称其"对于中国路市两政的计划和贡献,可以说十分精审,而且伟大。因为各处建设道路时,在人才方面,计划方面,得道路协会的助力,也非常之多……"① 而该会对于自身与市政建设计划的关系,也直言不讳:"如计划首都市政及各大城市之交通……均承各当道之采纳。"②

抗战时期,西安作为陪都,其市政规划也受到了学者们的关注。1934年2月,民间学者季平撰写了《西京市区分划问题刍议》。该分区方案"是目前所见有关西安的最早的具有现代科学意义的城市规划设计方案",但后来基本上未被西京筹备委员会采用。同年10月,易俗社的孙经天也发表了《西京市政建设计划之准则》,它在理论上有可取之处,但是"未涉及具体的西京分区规划,可操作性不强"。③

专家学者还以顾问或民意代表的角色影响市政规划。例如:董修甲曾经受聘为淞沪商埠市政督办处顾问,并发表《淞沪特别市问题及其建设之计划》④,这自然可以理解为参与市政规划的一种表现。再如:1946年8月24日,直属于上海市政府的上海市都市计划委员会成立。该委员会以市长、副市长、秘书长、各局局长为当然委员,其余委员为特聘委员,即由市长聘请的专家充任,共计17人。特聘专家实际上主要是民间身份。所以,他们在上海市都市计划委员会中的存在,就是以顾问或民意代表身份参与规划市政。

---

① 《路市展览大会开幕志盛》,《道路月刊》第35卷1号(即《中华全国道路建设协会路政展览、会议特刊》,1931年10月),该篇之第5页。

② 刘郁樱:《新年致读者》,《道路月刊》第29卷第2号(1930年1月),"论著",第2页。

③ 郭文毅、吴宏岐:《抗战时期陪都西京3种规划方案的比较研究》,《西北大学学报(自然科学版)》2002年第5期。

④ 董修甲:《淞沪特别市问题及其建设之计划》,《道路月刊》第17卷第2号(1926年5月),第13页。

第二章 体制层面之外的近代中国民间市政参与

3. 孙中山参与规划市政

护法运动失败后，孙中山从政坛回归民间，成为居处民间的超级社会名流。他退居上海，完成了运思宏大的《建国方略》。其中，《实业计划》（即《物质建设》）实际上就很深地涉及中国城市的整体发展规划，甚至拟具了粗略的但却颇具远见的个体城市的发展规划——市政规划。该计划分为六个子计划，即建设北方、东方、南方大港计划，修筑五大铁路系统计划，发展国民生活所需工业计划和开发矿冶业计划。[1]其中，第一计划中论及如何在渤海湾建筑北方大港，如何建筑联络该港至西北的铁路系统，如何开浚运河，以联通中国北部和中部及该港，等等，并专门指出"至于海港【、】都市，两者之工程预算，当有待于专门技士之测勘，而后详细计划可定"[2]，这实际上就是主张先确定区域整体发展规划，然后再进行具体的海港和都市建设规划（市政规划）。在第二计划中，他提出建筑计划港，此外以上海为东方大港，同时建设内河商埠，整治扬子江，以内河商埠为节点联通江与海。在此部分，孙中山对于上海和武汉"三市"（三镇）的市政发展尤为关注。在论及武汉时，他提出了自己的武汉市政发展总体规划，指出"所以为武汉将来立计划，必须定一规模，略如纽约、伦敦之大"；应该整治长江堤岸，建设过江隧道联络两岸；"更于汉水口以桥或隧道，联络武昌、汉口、汉阳三城为一市。至将来此市扩大，则更有数点可以建桥，或穿隧道"，等等。[3] 今天，这些市政规划均得到实现，说明孙中山《建国方略》中有关武汉市政规划的构想是具有远见的。第三计划讨论如何建设南方大港，实际上重点规划了广州的城市发展，构想从渤海湾到广州湾沿海的商埠和港口的发展规划。第四计划讨论中国的铁路系统建设问题，其中

---

[1]《建国方略之二·实业计划（物质建设）》，《孙中山全集》第6卷，中华书局1985年版，第247—407页。

[2]《建国方略之二·实业计划·第一计划》，《孙中山全集》第6卷，中华书局1985年版，第256页。

[3]《建国方略之二·实业计划·第二计划》，《孙中山全集》第6卷，中华书局1985年版，第295页。

就涉及铁路线沿线节点城市的铁路交通的规划问题,也与市政规划有密切的关系。第五计划讨论与城乡生活密切相关的衣、食、住、行及印刷工业,其中,对于居室工业的论述,每每涉及城市公用事业的发展规划,如:"家用物为水、光、燃料、电话等。(一)除通商口岸之外,中国诸城市中无自来水,即通商口岸亦多不具此者。许多大城市所食水为河水,而污水皆流至河中,故中国大城市中所食水皆不合卫生。今须于一切大城市中设供给自来水之工场,以应急需。(二)于中国一切大城市供给灯光,设立制造机器发光工场。(三)设立电工场、煤气工场、蒸气工场,以供给暖热。(四)厨用燃料在中国为日用者,最贫乡村之人,每费年工十分之一以采集柴薪。城市之人,买柴薪之费占其生活费十分之二。故柴薪问题,为国民最大耗费。今当使乡村中以煤炭代木草,城市用煤气或电力。然欲用煤炭、煤气、电力等,皆须有特别设备,即由国际发展机关设制造煤气、电力火炉诸工场。(五)无论城乡各家,皆宜有电话。故当于中国设立制造电话器具工场,以使其价甚廉。"①

由此可见,孙中山的《建国方略》实际上深度地参与了民初的市政规划。从此后国民党的市政建设乃至中华人民共和国市政建设的总体情况来看,该发展方略不仅影响到国共两党的国家城市发展战略,而且还深深地影响了众多中国城市的市政发展规划与市政实践,堪称宏图伟略。

(二)参与或影响市政决策

民间对与市政决策的参与或影响,既可以是借助于体制内的组织形式,又可以通过组织外的表达来进行。

1. 在体制内参与市政决策

在近代中国,民间个体或社团可以借助于顾问性质的或者是代议性

---

① 《建国方略之二·实业计划·第五计划》,《孙中山全集》第 6 卷,中华书局 1985 年版,第 387 页。

第二章 体制层面之外的近代中国民间市政参与

质的政府市政组织来参与市政，如果是个体，可以通过充任市政当局的顾问、参事或加入政府参事会、进入政府参事室，来参与和影响政府决策。或者民间社团通过推选民意代表的身份，或者是民间个体被市政当局负责人直接聘请为民意代表，进入政府市政代议机构如参事会、临时参议会（参议会）（按：上海市政府在民国中期之初一度以参事为参议，即原先的参事改任临时参议会的参议），来参与和影响市政决策。

闸北市议员陈少苏平日对于路政极为注意，1925年，闸北工巡捐局收归市办（即绅商市民自办）后，为了改良路政，发展闸北市政，他专门向闸北市议会提出改良路政建议三条：（一）请规定本市马路宽度并开辟新路；（二）请清洁道路；（三）请改筑恒丰、大统、宝山三路为闸北模范马路。[①]

汉口市在刘文岛执政时期，开始成立汉口市临时参议会，以便吸纳社会各界尤其是商界对于市政的意见或诉求，达到官民沟通的目的。在此期间，汉口市商界——主要是商会和业主会，就尽可能通过汉口市临时参议会参与和影响汉口市政。例如：1930年，汉口市政府在按规划修建民权路期间，对道路两旁房屋的拆迁受到路线内住户的抵抗。3月18日，刘文岛主持召开汉口市政府第一次临时参议会，在会上，临时参议会就民权路拆迁的经费、拆迁户安顿的办法以及拆迁的期限做出三项重要决定：酌量增加拆迁费现金成分；准备被拆迁市民迁移地点；在不妨碍工程进行的情况下适当延长拆迁时间。这样的决定合理而富有弹性，既迁就了住户，又顾及市政工程的实际情形。结果，均被市政府采纳，拆迁的阻力随之逐渐化解。再如：民生路开辟以后，沿路"房租高昂，甲于全市"，而且"挖费奇重"，各商店生意萧条，呈请市政府救援，市社会局也曾拟定减租标准，历时数月，但"因参议会久延不决，以致莫所遵从"。临时参议会对市政问题迁延不决，消极对待。市政决策的这种状况，在相当程度上反映出汉口商界通过临时参议会参与和影

[①]《上海闸北之市政：陈少苏提议改良闸北路政》，《道路月刊》第15卷第3号（1925年12月），"调查"，第18—19页。

· 87 ·

响汉口市政决策，在民生路减租问题上的消极抵制。①

2. 在体制外影响市政决策

体制外影响市政决策的民间市政参与可以分为以下两个层次：

第一，提出有关改进市政建设和市政管理的具体意见或建议。

这是民间在体制外影响市政决策的最普遍的一个层次，不仅社会名流与市政专家、学者可以对改进市政建设和市政管理提出具体的意见或建议，就是普通的市民也可以这么去做。不仅社会名流与市政专家、学者可以结为团体，广大市民也可以结为团体，向市政当局提出改进市政建设和市政管理的具体意见或建议。

上海闸北地区相对于南市而言，市政落后，闸北绅商市民在城市发展过程中，又较南市面临更多的租界越界侵犯华界市政主权的问题，因此，他们抱有强烈的民族自尊心和发展市政的危机意识与迫切感，他们及其所在的社团屡屡提出改进闸北市政的意见和建议。

1925年秋，闸北五区居民致函工巡捐局和淞沪警察厅，指出闸北市政存在种种缺点，诸如：杂秽物品阻碍交通；任意便溺，公厕尚未遍布；垃圾散布；小菜场腐败；垃圾清理夫不遵守规则；竹棚草屋随地搭盖，自来水水量不足；人力车夫违章不加取缔；有害卫生的食物在市面销售，等等。因此，他们请求改良闸北市政。② 紧接着，闸北五区居民所加入的闸北地方自治协进会正副会长又致函县知事，将该区居民江畲经反映的上书意见和改良市政的要求进行了转达。县知事接函后，要求闸北市经董根据上书意见进行核办。③

更早些时候，闸北地方自治筹备会鉴于市面逐渐发达，但是"道路未辟，市政未修，每为外人藉口"，例如公共租界工部局最近在大西路建设，又修建曹家渡救火车所，引起交涉。为了从根本上防止租界越界

---

① 参见拙著《近代汉口市政研究（1861—1949）》，中国社会科学出版社2017年版，第504—505页。

② 《闸北市公民请改良市政》，《申报》1925年8月18日第15版。

③ 《闸北商民请求整顿市政》，《申报》1925年9月19日第14版。

第二章 体制层面之外的近代中国民间市政参与

办理市政的问题，该会主张暂时由沪南和沪北两工巡捐局，分别办理沪西市政，以维护沪西市政主权。① 对此，淞沪护军使批示沪南、沪北两工巡捐局对沪西市政划界办理，预定路线办法呈核。其后，闸北五路商界联合会为郑重公共卫生起见，致函工巡捐局"伏乞立即饬工填设小浜，清除垃圾，禁止随地屎尿，祛除粪坑猪棚，限制随意倾倒垃圾，以防疫疠，保卫民生"②。

民初北京的民间自治团体也试图影响市政决策。北京市政在1914年之后由京都市政公所负责办理，而实际对市政进行决策的是内务部及部长（因为该部部长或次长兼任京都市政公所督办），"为了如期实现北京自治，这些自治团体多次就北京市政问题向内务部建言献策，如北京自治筹进会曾就北京自治会会员名额和颁布京都市自治会会员选举规则及京都市自治制施行细则事宜呈文内务总长"③，这显然也是就改进北京市政提出建议或意见，试图影响市政局决策。

当时，北京的市政专家和市政社团也纷纷提出市政建设与市政改良的意见。殷体扬是民国时期著名的市政专家，他主持编辑了著名的市政专业期刊《市政评论》。当他在北平市政府担任职员的时候，他集合一些市政专家和部分市政府职员，组织了一个北平市政问题研究会，专门就北平市政问题进行有的放矢的研究。1935年2月，他在自己调查、观察的基础上，草拟了一个意见书——《改进北平市社会事业意见书》，呈请市政府参考。结果，北平市政府当局采纳了他的意见，发交各主管机关分别拟议实施方案，以便核定实行。④

1947年10月，中国工程师学会联合年会就南京市政建设提出了《促进首都市政建设的基本条件》的市政建议，诸如：社会必须相当稳定；都市计划必须切实完备详密；建设首都所需经费，应该确定全部由

---

① 《请办沪西市政之护军使批示》，《申报》1923年3月4日第14版。
② 《闸北卫生之亟待整顿》，《申报》1923年6月22日第15版。
③ 张德美：《1922年的北京自治潮》，《中国政法大学学报》2011年第4期。
④ 殷体扬：《答关心平市社会事业诸君》，《市政评论》第3卷第14期（1935年7月），第1—7页。

国库开支；市府方面应当掌握市内土地的15%—30%，以便在执行市政规划时，不受任何方面的牵扯和阻碍。此外，建设首都在实施方面应该以开辟政治区为第一步，确定南京对于全国乃至世界上的水陆空交通据点的配备；其次，应该改进都市防空、卫生工程、交通设备及其他公用事业之建设，以适应实际需要。此外，首都教育文化应该同时推进，使南京成为东南文化中心乃至全国文化中心，经济建设也应该如此。[①]中国工程师学会的市政研究与市政建议，引起了南京市政府的注意，并且将这些意见编入南京市政府编印的《首都市政》中。

第二，试图影响市政顶层设计。

近代中国民间的市政参与还试图影响市政顶层设计，而试图影响市政顶层设计的主要是具有市政学识的市政专家及其社团组织。

中国市政工程师学会北平分会所刊行的《市政革新运动专刊》中的"建设"部分，对于修正市组织法、都市计划法等六大市政事项，都提出了自己的改进设想，并全部希望中央政府予以采纳。从下面摘录的该会提出的各个市政建议，就可以看出，该会试图影响市政顶层设计：

一、修正市组织法

案由：为市组织法不合现实，拟具修正原则请采择修正案。

二、修正都市计划法

案由：请中央修正都市计划法案。

办法：拟由学术团体如中国市政工程师学会等类机关，呈请政府参照下列原则要项，将现行之《都市计划法》予以修正，公布施行。

三、妥议市自治通则

案由：请中央博采群议妥订市自治通则，以利市政推行，完成

---

① 《促进首都建设之基本条件——录自中国工程师学会联合会年会专题讨论结论》，南京市政府编印：《首都市政·市政计划》，1948年6月版，第129—130页。

第二章 体制层面之外的近代中国民间市政参与

自治工作。

四、财政收支系统改定后市财政应再行改进之事项

案由：为财政收支系统改定后，市财政偏枯，不能自足，拟具改进事项，请政府采择施行。

五、设立公共工程行政机构

案由：请设立中央公共工程行政机关案。

办法：建议中央于行政院下设"公共工程部"或"工务部"，掌理全国各地方政府公共工程行政之规划指导与监督等事项，其体制一如其他各部。

六、如何发展市教育（笔者按：本案未见申述案由）[①]

董修甲是中国近代著名的市政专家，他屡屡试图就市政问题影响中央的决策。1932年，他撰文提出，我国都市兴废应该根据以下标准来确定：

（一）在训政时期内，除属于行政院之市外，各省应建立一普通市，以为全省各市日后之模范。

（二）此种模范市，最好于各省会地方建设之。

（三）各省会外，如江苏之苏州，浙江之杭州等，皆为全国重要风景地方，无论如何，应建立成市。

（四）所谓建设模范都市者，并非不量各本地之能力，漫无限制之建设，乃依各地之正当税收而图各本地方之市的能够建设是也。

（五）都市既为自治事业，最好能有自立之精神，关于财政方面，要以不依赖省府补助为上策。

（六）各市经费充足者，可以设置数局，但不可以设局为建立

---

① 中国市政工程师学会北平分会编印：《市政革新运动专刊》第一辑，1947年2月版，第99—113页。

近代中国城市社会发展进程中的民间市政参与研究

都市必须之条件,即完全设科办事,一局不设,亦无不可。①

显然,都市的兴废不是普通人可以施行的,也不是市政府自身可以决定的,只有中央政府才可以决定都市的兴废。董修甲所拟都市兴废的标准——也就是原则,其实就是希望给中央政府的市政决策提供参考,希望采纳。

董修甲还曾就市政人才的培养问题致函内政部,认为整理市政应先设立市政大学研究院,及由各省公私立大学添设市政专科,养成市政专门人才,而为根本改良之计划等,市政之良窳,关系社会之进化至为重大,现各省市政正在次第设施,只是因为缺乏市政专门人才,以致成效未著。对此,内政部函咨大学院,"该干事(笔者按:董修甲当时为中华市政学会总干事)所陈设立市政大学研究院及由公私立大学设立市政专科各意见,均涉及贵院职权掌管,究竟可否采择,当照录原函,咨请查照酌核办理为荷"。②

董修甲亦曾在全国路市会议上提议政府尽快颁布都市分区模范法律。③

董修甲的市政建议实际上很具有代表性,因此,他的一些观点不乏专家唱和。1934年,姜春华提出了有关城市建设的几个建议:第一,召开全国市政会议;第二,成立市政研究机关;第三,各地市政府与所在学术机关合作;第四,中央应从速修订市政法规。其中,第二、第四两点与董修甲不谋而合。④ 直到1948年,邓绍禹还在建议政府筹设国立市政学院。⑤

---

① 董修甲:《中国市政问题》,《清华周刊》第38卷第7、8合期(1932年),第836页。
② 董修甲:《呈内政部文论造就市政人才办法》,《市政问题讨论大纲》,青年协会书局发行,1929年7月版,第312—313页。
③ 董修甲:《请国民政府速颁都市分区模范法律案》(全国路市会议第三日上的提案),《道路月刊》第35卷第1号(1931年10月),第17页。
④ 姜春华:《城市建设中的几个建议》,《市政评论》第2卷第10期(1934年10月),第10—11页。
⑤ 邓绍禹:《建议政府筹设国立市政学院》,《市政建设》第1卷第1期(1948年10月),扉页。

第二章　体制层面之外的近代中国民间市政参与

（见图2—1）

图2—1　《建议政府筹设国立市政学院》

资料来源：《市政建设》第1卷第1期（1948年10月），扉页。

同一年稍后的时间里，市政专家殷体扬也在呼吁政府尽快筹设市政研究与设计的机构。①

如果我们综合考察近代中国民间在市政规划与市政决策层面的参与，就会发现，这些市政参与活动呈现出几个明显的特点：

特点之一，具有明显的时段差异。

清末民初商界参与十分活跃而积极主动，往往能够对市政规划与市政决策产生实质性的影响。以汉口为例，由于汉口商界的主动参与，湖北军政府方面不得不考虑与商界达成妥协，修正市政规划，汉口重建规划中的容氏（按：容闳的儿子容觐彤）重建规划的终稿，就是折中官方规划与商界规划的结果。

进入民国中期之后，商界往往不再作为相对独立的市政参与主体或积极的市政参与主体影响市政规划与市政决策。清末汉口商界就在督抚规划尤其是张之洞的大体市政规划的前提下，在官府缺少建设经费的情

---

① 殷体扬：《筹设市政研究与设计机构的迫要》，《市政评论》第10卷第5期（1948年5月），第15页。

· 93 ·

况下，主动提出了自己的市政规划意向；民初汉口商界"主动出击"，既提出自己的重建规划，又对官方的城市重建规划进行强烈的"反击"——坚决抵制官方不与商界达成妥协就强制实施官定市政规划，而这种"反击"最强烈的时候，达到"几酿暴动风潮"① 的程度。到了民国中期，根据市组织法规，市政规划属市政府的职权范围，民间由此丧失了作为与官方市政规划机构相对而言接近对等的市政规划主体身份，而在代议机构没有建立或者非常不健全的情况下，民间的市政规划意向要转化为市政执行的意志就困难得多。所以，民间对市政规划的影响，往往只能影响其末端，即影响市政规划的执行，民国中期包括汉口在内的中国各个城市市民抵制市政府拆迁筑路的行为就是其显著的表现形式。

民国末期，包括汉口在内的中国城市，其民间对市政决策的参与则主要以代议的形式出现。也就是说，在民国末期代议制比较普遍地实施于城市之前，民间对市政规划和市政决策的参与因缺少制度性保障而显得零零星星，各城市民间参与市政的具体情形也存在较大差异。如前所述，近代上海民间社会在市政规划与决策方面的参与，比起近代汉口民间社会更具有自主性，更为积极主动，更多地获得了官方支持，就是显证。

特点之二，呈现出明显的社团与群体差异。

近代中国参与市政规划与市政决策的主要是商界的上层和知识界。这一点与近代中国城市社会结构的变动密切相关。

特点之三，参与多数时候表现为民间与官府之间的协作而非对立。

在所有的民间参与和影响市政规划、市政决策的过程中，"几酿暴动风潮"的情形其实很少出现，民间在参与市政时更多的是与政府之间形成协作关系而非对立、对抗关系。

---

① 《汉口市政新谈》，《申报》1912年5月13日第6版。

第二章 体制层面之外的近代中国民间市政参与

三 参与市政经费的筹措

(一) 协助市政当局筹措市政经费

"巧妇难为无米之炊。"财政被称为"市政之母",缺少财力的支撑,再好的市政规划与市政决策也只能是空中楼阁。在近代中国,不论是官办市政还是民办市政,普遍存在经费不足的问题,清末如此,民初如此,民国中期亦如此,民国末期尤其如此,民间遂有了参与筹措市政经费的空间。

如果是官方主办市政,那么,民间市政参与筹措市政经费的情况往往表现为:

其一,承销市政当局发行的市政公债。

在民国时期尤其是民国中期以后,承销市政公债是民间参与市政、帮助市政当局筹措市政经费的重要形式和途径。而所谓承销其实是接受政府行政命令下达的摊销。

1925年,直隶财政厅计划发行天津市政短期公债,省府批准后,财政厅以省长命令的形式,派令银行公会承募银125万元,钱商公会承募银75万元,商务总会承募银50万元,天津县公署承募银50万元。[①]天津总商会接到摊销命令后,由会长卞月庭等与各绅商商议分购办法,"仍拟按日分请富商巨贾到会分认"——其实就是在商会内部再进行摊销分派。值得注意的是,"仍拟按日分请富商巨贾到会分认"的报道与《总商会又劝购市政公债》报章标题,"仍"和"又"这样的字眼均说明总商会承销市政公债已经不是第一次甚至很可能也不是第二次了。报章报道说,总商会商议分购的办法"结果颇佳"[②],形势似乎令人乐观。然而,实际情形并非如此,天津商界对省政府令其"派购"的做法反应消极,总商会在钱业公会的要求下,向财政厅转达了钱业公会减少承

---

① 《函请承募市政公债》,《大公报》(天津)1925年9月6日第2张第5版。
② 《总商会又劝购市政公债》,《大公报》(天津)1925年9月17日第2张第5版。

· 95 ·

销市政公债数目的要求。结果，省财政厅复函说，市政与金融有密切的关系，既然钱业公会知道此次发行市政公债事关公益，不便推辞，并且财政厅也调查得知，以各钱行最近的运营状况，承销所摊派的公债，在经济承受能力上应该是绰绰有余。总商会既然出面替钱业公会做减额的说项，那么，所有该会承募不足之数，就应该由总商会代为募足，以便与分派承担的总额相符。财政厅还表示希望总商会将募足的情形，早早地向它报告。① 这等于是狠狠地"将"了代钱业公会说情的总商会一"军"。财政厅的复函显示出总商会、钱业公会等民间社团组织在市政经费筹募方面参与的被动性。

1928年，杭州市发行自来水公债，也规定了派募办法，诸如：凡在杭州市内置有房屋，其每月租值满五元者，须由该业主按照十个月之租金购买公债；凡本市工厂、商店须按照等级、资本总额派购公债，数量为资本的3%—5%。②

汉口市政府在刘文岛和吴国桢执政时期都曾发行过市政公债，市商会就是汉口市政府摊销公债的主要对象之一。刘文岛执政时期，武汉特别市政府决定从1929年1月1日至12月底，先发行市政公债国币150万元，在必要时再继续发行150万元。③ 这次公债是由市财政局委托武汉商会、业主会、汉口银行公会及殷实银行经募（即经销），必要时可设立劝销委员会。④ 1930年，汉口市政府发行市政公债，商会被摊派承销25万元。至该年8月时，商会向市政府交款15万元。⑤ 显然，汉口市商会在市政公债销售的过程中也是被动的。

---

① 《劝募市政公债之所闻·责成商会勉为其难》，《大公报》（天津）1925年9—21日第2张第5版。
② 《修正杭州自来水公债派募办法》，《杭州市政月刊》1928年第1卷第7、8合期，第35页。
③ 《武汉特别市市政公债条例》，《汉市市政公报》第1卷第1期（1929年7月），"法规"，第1页。
④ 《武汉特别市市政公债发行简章》，《汉市市政公报》第1卷第1期（1929年7月），"法规"，第3页。
⑤ 《吴国桢谈：汉市财政近况》，《湖北中山日报》，1930年8月17日第3张第2版。

第二章 体制层面之外的近代中国民间市政参与

即便是被认为最富有的上海市,民国中期的上海市政府也强制性地摊销市政公债。上海市政府计划在1929—1931年发行市政公债300万元,它向各商业、金融和工业社团组织发函,要求认购。其中,南市、闸北、西区、东区分别承募150万、120万、10万和10万元。市民对市政府强制承募公债的做法怨声载道。关于这一点,安克强曾经进行过详细的论述。①

从民国时期民间参与筹募市政公债的总体情况来看,民间的这种参与常常是被动的。当然,如果市政当局信用状况良好,民间对这种被动参与的抵制程度就会减弱。尽管如此,被动地参与也是一种参与,也是近代中国民间市政参与表现的一个方面。而参与其事的并具有一定话语权的,一定是商会、银行公会等商界富有财力的、具有领导地位的社团组织,以及富商巨贾和社会名流。

其二,捐款捐物。

有主动捐款的。例如:清末张之洞在汉口修筑后湖长堤(后惯称为张公堤),汉口富商"地皮大王"刘歆生捐银50万两。民国中期,汉口市政府修建中山公园,"烟土大王"赵典之就捐助了建筑费。后来,他又表示愿意捐助中山公园董事会办公室建筑费的一半,另外还捐建两个弹子台以供娱乐。当时著名的建筑商沈祝三也在中山公园董事会之列,他也应该是捐家。清末袁世凯督直时期,天津绅商的捐助在市政经费中也越来越占有较大的比重。1907年,集庆长顺粮店尚起麟等将该铺迤西官道一段自行出资修理。同年,乐亭县刘姓举人捐助警察经费银六百两。② 1922年,天津南市建物大街修理道路,六区警员向工程科及各房产公司商议修路办法,各公司均愿出款,辅助工费。③

有被迫捐助的。如1916年,安徽省会安庆警厅长朱家珂称所收捐

---

① [法]安克强:《1927—1937年的上海——市政权、地方性和现代化》,张培德等译,上海古籍出版社2004年版,第110—113、121页。
② 申琳琳:《近代天津路政建设研究——以1882—1928年华界路政建设为中心的考察》,天津师范大学硕士学位论文2012年,第32页。
③ 《修理街道》,《大公报》(天津)1922年7月18日第2张第3版。

款，如房铺捐、屠宰捐、花粉捐、灯油捐、车捐等项捐款，都用于补助警费之不足，其中车捐一项专作修路之用。但是，"省城修理街道，仍系各商铺写捐修理"。这种强制性捐款导致了商界的不满，商务总会要求稽查省警察厅的捐款。①

其实，近代中国民间社团捐助市政在很多时候是介于主动与被动之间，或兼而有之的。如：抗战时期，江西泰和商民为市政建设提供了一定的资金，特别是在改造泰和城区街道的时候，街道两旁的商店主都捐了大笔的资金，如建设文庄路所需经费共7万元，该路各商店住户承担2万元，余下由"本路各商店住户摊收受益费以资挹注"。② 再如，1917年，浦东警局为修筑杨家渡中市直达老白渡、张家浜等处道路，由三处三区一分驻所警佐柬邀地方绅董齐集警所，商议筹款修筑办法，议决集资500元，先行雇工修筑，不敷款数，计划向各铺户劝募，量力捐助，以利行人而便交通。③

在上述捐款中，单笔巨额捐款是由富商巨贾或财力厚实的大公司、大厂家施捐的，而单项目的多笔小额捐款则多是市民主动或被动酌捐的。

还有以实物捐助市政当局经费的。如"地皮大王"刘歆生就曾捐地、捐房产，上海商界也曾主动让地筑路。民初闸北"由人民捐助地亩，开辟马路，至数十条之多，无一非是人民脂膏，人民产业"。④ 不过，比起捐款来说，这种形式不太多见。

其三，协助政府收税。

其最重要的形式之一就是充当包税者，代替政府征税。例如：包征粪捐、屠宰税、船税等。民国中期，上海市政府改革税制，实行屠宰税、船税由财政局直接征收以前，该两税分别由屠夫和船商承包征收，

---

① 《安庆·皖商会请查警厅捐款》，《申报》1916年8月29日第7版。
② 曾祥祯：《抗战时期泰和市政建设与管理研究（1939—1944）》，江西师范大学硕士学位论文2010年，第44页。
③ 《筹款修筑道路》，《申报》1917年10月21日第11版。
④ 《请设闸北工巡捐局之说贴》，《申报》1917年11月9日第11版。

第二章　体制层面之外的近代中国民间市政参与

然后按规定上缴一部分给市政府。① 其实，在民国时期的汉口等城市也存在着包税制。

还有的情形比较特殊，就是由民间尤其是商会与市政当局合组委员会，进行征税。据研究，民初烟台商会甚至要为市政当局筹措行政费用，因为当地政府经常欠雇员的薪水，到 1923 年时，政府雇员最长有 7 个月没有领到薪金。经过当地政府与商会协定，由商会派出 3 人，政府公安局派出 2 人，合组一个委员会，解决税收问题，结果，效果良好。烟台商会直接参与并负责基层政府机关的行政管理——协助筹措当地政府机构的行政费用的情形表明，该会其对于市政管理的参与程度，远远超出其职能范围。②

从总的情况来看，在民间协助市政当局筹措市政经费方面，民初与民国中期并无多大差异。

（二）民间自筹经费

当民间以相对独立社团组织的身份参与市政时，它还要为其自办市政而筹措经费。在这种情况下，其市政经费筹措的途径主要有以下几种：

其一，捐款。

捐款是民间自筹市政经费基本的途径之一。捐款通常包括组织内捐款和组织外捐款。组织内捐款就是由民间组织的基本成员缴纳捐款；组织外捐款就是民间组织面向社会募集捐款。两者一般都包括常捐（其实就是常年捐，通常是月捐）、特捐（即临时捐款），而组织内捐款还可能包括会费。例如：在清末，汉口各团联合会规定"各团捐款，分月捐、特别捐二种，量力助成，以充用费"③。1920 年以后，会章有所改

---

① 具体情形见［法］安克强《1927—1937 年的上海——市政权、地方性和现代化》，张培德等译，上海古籍出版社 2004 年版，第 115—116 页。
② 曲春梅：《近代胶东商人与地方公共领域——以商会为主体的考察》，《东岳论丛》2009 年第 4 期，第 110 页。
③ 《汉口各团联合会成立》，《申报》1911 年 4 月 15 日第 1 张后幅第 3 版。

变，它在原先的基础上增加了一种入会捐（即会费），也是量力而行。①清末民初，上海救火联合会的主要经费来源中的捐款，也分常捐和特捐：常捐有各区月捐，特捐有联合会特捐和各区特捐。② 1913年，上海救火联合会曾收到遵照先父遗命的陆景迁等人的捐银8000元，就属于特捐。③

特捐往往随事而行。诸如：1916年，汉口四官殿下段保安会为了兴修街道，"特抽捐款十一万"④。1925年，汉口业主会宣称"汉口市政，如修理街道、疏通沟渠、安装路灯，在在均系业主集款筹办"⑤1923年，苏州胥江市民公社开会募集修桥经费，打算雇工填平，并呈请警察厅、道尹公署备案。⑥民初宁波商人捐款比较积极。1922年，江东绅商周友胜组织修筑街道，经费则来自各街道的商号、店铺及绅商的捐助；同年12月旅汉商人陈如翔回乡独捐巨资购大号路板，雇工新铺自南门口北首到一鉴池和由城隍庙达朝宗坊百余丈的道路；1924年，厂商卢某维修路出资6000元；旅沪巨商傅筱庵于1926年夏天出资5000元。⑦宁波在改建老江桥时共耗资70余万元，大部分来自工商界捐款，其中慈溪孙衡甫、徐庆云认捐最多，各5万元；而旅沪商人乐振葆在整个工程中出力尤甚，仅在沪募款及个人出资即有40万元之多。⑧如此等等。这些主要是为修路、修桥临时募集经费。

特捐也是在民办慈善事业的时候经常采用的筹集经费的方式。当需要应急性社会救济的时候，慈善组织往往会采用诸如游艺捐、赛马捐、

---

① 《汉口各团联合会章程》（续），《汉口中西报》1920年12月16日第3张。
② ［日］小浜正子：《近代上海的公共性与国家》，葛涛译，上海古籍出版社2003年版，第162—165页。
③ 《救火会又来一宗巨款》，《申报》1913年4月7日第10版。
④ 《筹款修街》，《汉口中西报》1916年7月1日第2张新闻第3页。
⑤ 《业主会不承认建筑捐》，《江声日刊》1925年7月8日第3张第1版。
⑥ 《苏州·公社填平桥梁之请备案》，《申报》1923年10月26日第10版。
⑦ 沈松平、张颖：《宁波商人与宁波近代市政》，《宁波党校学报》2004年第3期。
⑧ 张日红：《二十世纪二、三十年代宁波市政工程建设经费收支初探》，《宁波教育学院学报》2009年第5期。

演剧筹捐等特捐方式筹款，而向富有的社会名流或官员个人募捐也是经常使用的方式，如汉口慈善会为了扩充善务，派人到北京向黎元洪等当政官员募捐，就是一个典型。

其二，公产收入。

如果参与市政的民间组织拥有公产，那么，利用公产收入就是其自筹市政经费的一种基本途径。而它们的公产收入往往来自公有房产的房租、公有地产的地租。上海救火联合会在清末民国时期就拥有房租和地租收入（在清末时并非年年有）。该会还拥有一种类似于消防税的地产买卖中资费，是1924年经县知事同意后征收的，但到了1930年开始停止。[①] 汉口的善堂有个惯例，就是由发起人募集捐款，购置产业，作为开展慈善公益等活动的基金。[②] 在诸善堂中，主要活动经费来自房租的有：自新堂、宝善堂、依善堂、安善堂、复善堂、愿善堂、保安善堂、敦实善堂、广济善堂、敦仁善堂、惠滋善堂、济生善堂、奠安善堂、道生善堂等。[③] 它们参与救火、修路、开设义渡、赈济饥贫等市政活动的经费，就来自基金——公产收入。

其三，争取政府补助。

争取政府补助也是民间参与市政而筹措经费的重要途径之一。上海民间社团的财力在全国来说，是其他城市难以相比的。但是，上海的民间社团在参与市政建设与市政管理时，还是尽量争取政府补助。如：上海慈善团体筹措的四类资金收入中，就有一类是行政拨款及政府补助。[④] 上海救火联合会从1911年到1929年，分别获得工巡捐局和上海市政府多少不一的补助款。其总的趋势是数目逐渐增多，由最初的72

[①] ［日］小浜正子：《近代上海的公共性与国家》，葛涛译，上海古籍出版社2003年版，第165—166页。

[②] 《伪武昌市政府·拟具整理武汉各善堂办法仰祈鉴核示遵由》，武汉市档案馆藏，档号18—10—1。

[③] 所列相关善堂系参见侯祖畲修、吕寅东纂：《夏口县志》，民国九年（1920）刻本，卷五《建置志》，第14—15页所载善堂，对照《伪武昌市政府·汉口市各善堂名称地址负责人姓名财源一览表》（武汉市档案馆藏，档号18—10—1）所载善堂及财源。

[④] 其他三类是租金收入、捐款和业务收入。见［日］小浜正子《近代上海的公共性与国家》，葛涛译，上海古籍出版社2003年版，第89页。

元增至6000元。① 上海市政府1930年7月—1931年6月的经常支出中，有一项就是公益补助费，经费为149028元，也可以见证参与市政建设与市政管理的民间社团得到了政府的补助。②

其四，集股。

集股往往是民间开办市政公用事业诸如水电公司、电车公司、公共汽车公司、电话公司时最基本的筹措经费的途径。如：江浙地区商人（尤其是上海商人）创办长途汽车、市内公共汽车，绅商欲在汉口创办电车公司以及刘歆生等创办商办汉口既济水电公司、汉口电话公司，苏州市公所筹备自办电厂时③，均采用集股的形式筹集资金。

其他筹资途径：借款④、经营收入⑤、演唱义务戏⑥、罚款⑦，等等。

在民初，由于民间参与市政的自由度比较大，民间组织的自治性较

---

① [日]小浜正子：《近代上海的公共性与国家》，葛涛译，上海古籍出版社2003年版，第162—163页。

② 《上海市政府经常支出（1930年7月—1931年6月）》，载[日]小浜正子《近代上海的公共性与国家》，葛涛译，上海古籍出版社2003年版，第102页。

③ 1919年，苏州市公所筹备自办电气厂，决定招股，到4月，共计划召集30万元，作15000股，每股银20元，除公益事务所自认1500股外，余招13500股，一期缴足，以1919年4月11日为开招之日，至7月10日止，3个月为限，其利息暂定为周年6厘。俟奉交通部核准立案后，即照周年1分起息。4月16日将章程分发开招。见《苏州·市立电气厂开始招股》，《申报》1919年4月17日第7版。

④ 如发行市政公债、向银行或商家借款等。清末民办市政组织上海城厢内外总工程局就曾两次发行市政公债。

⑤ 济南水会的经费完全靠民间自筹解决，其创办经费是依据商埠内经营规模的大小由各商家所做的一次性捐款，常经费则通过租出商埠内的商厕，以收取租赁费的途径获得。商厕出租就成为解决水会日常经费的主要途径。见裴家华《开埠与济南早期城市现代化（1904—1937）》，浙江大学博士学位论文2004年，第298页。

⑥ 哈尔滨滨江商务会的商务消防会，曾在民初时因为底款无着，每年演唱义务戏，以资筹措，复由财务处房捐项下提成补助。见张忠《哈尔滨早期市政近代化研究（1898—1931）》，吉林大学博士学位论文2011年，第219页。

⑦ 1908—1918年，上海救火联合会都曾获得救火罚款。见《上海救火联合会历年会计收支（1907—1923）》，载[日]小浜正子《近代上海的公共性与国家》，葛涛译，上海古籍出版社2003年版，第162—163页。

强，它们筹集市政经费的活动是自主的。到了民国中期以后，由于市政当局加强了对民间参与市政的监管，民间逐渐丧失了筹集具有税捐性质的市政经费（如救火捐等）的自主权，其自主筹措市政经费的自由度大为缩小。

四　参与具体的市政建设与市政管理

近代中国民间社团组织不仅参与市政规划和市政决策，参与市政经费的筹措，它们还将市政参与的触角伸向具体的市政建设与市政管理，从而在部分领域的市政建设与管理中发挥着一定的作用，有时甚至是核心作用。它们之中，被视为或自视为市民利益的代表的不在少数，有的甚至被视为"握市政之权衡者"[①]。

近代中国民间参与的具体市政建设与市政管理领域主要包括：道路交通、消防、治安、公共卫生、公用事业、社会救济。

（一）参与道路交通建设与管理

参与道路交通方面的建设与管理，是近代中国民间市政参与最寻常的活动之一，这在全国各地的城市都有不同程度的表现，而商业发达、地位重要、市民意识较强的城市，民间在这方面的市政参与表现得更为活跃。

1. 民间直接进行道路交通方面的建设与管理

上海绅商市民及社团组织是参与城市道路交通建设与管理最为积极而富有成果的城市。早在19世纪末，闸北绅商徐鸿达等人就曾集银4000余两建造了横跨苏州河的新闸桥。1903年，陈绍昌、祝承柱等联合上海和宝山两地绅商，创办了汇通公司。作为上海第一家商办的市政机关，它承包市政工程，在1905年建成汇通桥。在南市，由绅士和商人们组织、得到上海道支持并经督抚批准的民办市政组织上海城厢内外

[①] 《时评》，《国民新报》1912年7月7日第1版。

总工程局，一度主持道路交通建设与管理。笔者据《上海市自治志》记载统计，在上海城厢内外总工程局及城自治公所、上海市政厅时期，共计新修、改筑或翻砌、填筑道路 170 余条，新修、拆除、迁建、扩建、翻平、重修桥梁近 80 座，开辟了新西门、老北门、小北门、新东门、小东门、小南门六道城门，疏浚河道 10 段，新筑、改筑驳岸 13 处，新造、修建码头 6 座。① 由于该志记载未能精确到月份，因而无法确知究竟哪些市政工程建设是在上海城厢内外总工程局时期进行的，但可以肯定的是，其中一部分市政工程是由上海城厢内外总工程局主办的，民间曾经主办过南市市政工程。

　　街区性自治组织在一些城市的道路基础设施建设中起到了重要作用。民初汉口"大街小巷，均经各保安会修理平坦，不但往来行人，咸称便利，闻彼双轮包车，亦畅行无碍……核其总数，计达数十万元"②。浦东烂泥渡第九区救火会会员与当地士绅一起筹划"扩充烂泥渡陆家嘴一带市政，俾交通、卫生诸要端日臻完善"。办法为改浜为路，用以建筑南北大街，余地用来建造市房，并将官道北迁，以拓宽道路，"筹款办法则以填平之浜基变卖"。③ 清末民初苏州市民公社所办事务的范围一般包括三大类，即道路、卫生、保安。其中道路交通工程相关事项，各市民公社综合起来有：修筑街道、疏通沟渠、修建石埠、添置路灯、修建桥梁等。④ 1923 年，胥江市民公社开会募集修桥经费，打算雇工填平，就呈请警察厅、道尹公署备案。⑤ 金昌市民公社鉴于南梓门低矮而且狭窄，很是妨碍行车，为注重路政起见，呈准镇、县、厅、道各署，

---

① 杨逸纂：《上海市自治志》，（中国台湾）成文出版社有限公司 1974 影印版，第 73—102 页。
② 《抽收包车公益捐之提议》，《汉口中西报》1921 年 1 月 6 日第 3 版。
③ 《扩充浦东市政之规划》，《申报》1919 年 8 月 15 日第 11 版。
④ 参见《辛亥革命史丛刊》编辑组编：《苏州市民公社档案选辑》，《辛亥革命史丛刊》第四辑，中华书局 1982 年版，第 53—84 页。
⑤ 《苏州·公社填平桥梁之请备案》，《申报》1923 年 10 月 26 日第 10 版。

第二章 体制层面之外的近代中国民间市政参与

派工将该城门拆除。①

商会也是近代民间参与道路交通建设与管理的重要组织。清末民初汉口商会也曾参与培修马路。1923年，汉口总商会会员鉴于大智门马路年久失修，多次请求京汉铁路局修治，终因公款奇绌未能兴修，特地磋商推举出公正商董，自行筹款培修。② 20世纪20年代，天津商会一度成为天津道路建设的主力。1920年，天津市政当局有意拓宽和改造市区道路，但因资金缺乏而无法顺利实施。有鉴于此，天津商会积极动员商人筹款，组织承担市区道路的拓宽和改造任务。结果，总计新辟展修如大伙巷、东门内等处马路23条，历年共计开辟各街马路142条③。

商人是近代民间参与城市道路建设与管理的主要力量。北京城外八大埠是繁盛的中心，但是道路坑坷不平，每遇阴雨，通行困难。于是沿路的民乐园、元兴堂、醉琼林、天和玉、一品香各商家出头提倡，向各小班茶食筹议，拟将王广福斜街、陕西巷、石头胡同等处，集款兴修马路，并拟每小班出资100元，每茶室出资60元，分5个月交齐，其他商家视其生意大小，酌量筹捐，并呈报市政当局核办。④ 无锡绅商蔡兼三、杨经笙等鉴于北门外大桥街至三里桥下为止一带1公里长的街道，年久失修，崎岖不平，遂发起修筑，"以维路政"⑤（这表明绅商们在修理街道方面具有明确的市政意识）。宁波商人鉴于宁波城厢内外的道路，既不广阔，又不平直，不仅僻街冷巷，交通不便，即使是通衢大道，也崎岖不平，就直接投资或组织招募同志之士修筑城厢各道路。⑥

一些商人还经营水陆公共交通工具，诸如市内公共汽车、城际间长

---

① 《苏州·拆除南童梓门》，《申报》1923年11月21日第10版。
② 《培修大智门马路之考虑》，《汉口中西报》1923年10月12日第3版。
③ 《天津警察厅工程科历年办理各项工程宣言本》（1920年3月10日），天津市档案馆、天津社会科学院历史研究所、天津市商业联合会编：《天津商会档案汇编（1912—1928）》3，天津人民出版社1992年版，第3349页。
④ 《北京市政之一斑》，《申报》1915年4月10日第6版。
⑤ 《无锡·北塘修路》，《申报》1923年10月14日第10版。
⑥ 转引自张文宁《宁波近代城市规划历史研究（1844—1949）》，武汉理工大学硕士学位论文2008年，第27页。

途汽车、轮船等，并修筑市内马路、长途汽车路、码头等配套性交通设施。在陆路交通方面，如上海华商纷纷成立公共交通企业，开辟公交线路，购买汽车以发展、运营公交。沪北长途汽车由华商洪伯言经办，该公司于1921年成立以后，购置大小汽车26辆，在闸北共和新路和沪太路口设立上海汽车站，开辟了沪太线和沪嘉线，全长共70余公里。[①] 1924年7月成立的沪北兴市公共汽车公司，由商人王影鑫、徐春荣、尹村夫等人发起筹备，他们购买汽车12辆，先后开辟运营线路3条：一条自舢板厂桥（即今恒丰路桥）至天通庵火车站；一条自舢板厂桥至天通庵附近的顾家湾；一条从新闸桥至沪宁车站（即今上海北站）。1928年3月，由华商雷兆鹏、黄中文组织成立的华商公共汽车股份有限公司，取得了上海市政府的特许经营许可，该公司在同年11月运营的第一条公共汽车线路全长9.2公里，到1937年，拓展到58.1公里，拥有汽车45辆，公交线路7条。[②] 有的城市的商人通过开办电车参与到城市道路交通建设中来。如北京商人就与官方合办电车公司，并使电车成为大众化的公共交通。在水路交通方面，如清末民初汉口商人纷纷成立轮渡公司，积极参与运营过江轮渡，在清末先后有仁记、厚记、利记、祥通、荣记、和春、利济、森记等轮渡公司。其中，利记有轮渡6艘（1901年），厚记有轮渡6艘（1907年），荣记有轮渡3艘（1908年），森记有轮渡3艘（1903年）。[③] 而在1912—1920年，参与汉口过江轮渡运营竞争的公司一度多达10余家，有利济、普济、济众、利汉、汉昌、楚汉、合记、安合、济川、永济、大庆等。[④] 与此相应，这些公司或租用码头，或自筑码头，商办过江轮渡成为汉口与武昌、汉阳间水

[①] 参见中华书局编《上海市指南》，中华书局1932年版，第102页。
[②] 参见上海市政协文史资料委员会编《上海文史资料存稿汇编》8，上海古籍出版社2001年版，第294—295页。
[③] 参见拙著《近代汉口市政研究（1861—1949）》，中国社会科学出版社2017年版，第196—197页。
[④] 武汉书业工会编：《汉口商号名录·汉口指南》，民国九年（1920）版，第92—93页。

第二章　体制层面之外的近代中国民间市政参与

上轮渡交通的主体。

值得注意的是，在民初，民间参与道路交通方面的建设与管理是其市政参与的常项之一，也是地方市政当局所乐见或积极支持的事情。但是，在民国中后期市政府主导市政的情势下，却未必如此。

1946 年，上海长寿路 4689 号弄的一位居民给《申报》的"读者意见"栏目写了一封信。其内容如下：

> 编者先生：
> 敝处之弄口行人道上，年久失修，高低不平，雨后污水集聚，受日光熏晒，臭气难闻。近由热心者发起捐资修筑，众皆赞成，遂催工修理。不料甫经工竣，就有工人模样的数人，拟自手拆毁。当时居民询其因何拆毁，回说是你们未得工务局许可，不能擅自修筑。隔了几天，该批拆路者手持公文，会动警察而来，并有一上级人员领导。经居民恳求后，答应暂缓执行，着即具文请求工务局核准，便可不用拆毁。隔日拆路者复来，声言局里已发出之命令，不能收回，势非执行不可，遂将路面全行毁掉而去。请问这是何故？

对此，上海市工务局答复说：

> 查本局代办工程暂行办法，早经呈准公布施行。依照该办法第二条规定，凡公共道路及公弄之路面行道，如有损毁，概应报请本局修复。如系私人各种设施以致破坏，其修复工程，亦应申请本局代办，不得自行办理。该长寿路四六八九号弄居民既未遵照规定，向本局报告申请，即擅自修复。及经本局察觉，由十三工段派员通知补具手续，又延不照办，究竟该人行道是否因年久失修损毁，事后已无从证明，且私人修筑，其工程标准，亦难与本局规定悉合。该工段根据该办法第八条之规定派工拆除，实系遵章办理。嗣后希

望市民加以注意，以免误会。①

在上海市工务局看来，民间所修之路之所以被拆除，就是因为里弄居民没有按照法律程序行事。通知补办手续已属宽大，而延期不予补办，显属藐视法规与市政当局之举。从法理上讲，上海市工务局所作所为可谓依法办事，无可厚非。但是，与民初地方当局的态度相比，则可谓专横之态毕露。由此亦可概见民国中期以后，在市政府主导市政并拥有地方市政立法权的情况下，民间市政参与的空间已经大为压缩，市政参与的自主性受到了法律的制约。

2. 民间与官方协作进行道路交通建设与管理

民与官之间在道路交通建设与管理方面的协作，有时是民间主办，官方协助。如1923年闸北米业联合会鉴于闸北商务日益兴盛，时刻担心交通拥堵影响米粮的起卸，遂向沪北工巡捐局提请在苏州河西开辟四个码头，以便交通，得到该局赞同并饬令工程处择定地点，由工程师制定好预算，交送该会，以便该会决定动工。② 1914年，中华大学向北京市政公所禀请捐资接修石驸马路至太平湖路等，并附送绘具图式及估计修法、工料数目清册。市政公所认为中华大学首先响应号召遵照《公修马路简章》，主动独任捐资4000元，接修马路263丈之多，属于热心市政，好义急公，不仅对该校的要求照准，还批示该校原估修经费不敷之1400余元，由市政公所筹拨，并派员查照预计做法，妥速兴工，以便早日竣事，共履康庄。③

有时是官方主办，民间协助。例如：小南门外仓桥浜于1918年经沪南工巡捐局在东首圣贤桥基址处填塞后，又将西首小闸桥之瓦筒阴沟接排朝东。但是，只做了丈余，工程旋即中断，尚未续做。所以每逢天雨，积水甚多，秽气逼人。兼之垃圾夫将城内各处之垃圾用车运出堆储

---

① 《读者意见·捐资筑路被拆毁》，《申报》1946年8月9日第2张第5版。
② 《闸北开辟四码头即将实行》，《申报》1923年5月20日第14版。
③ 《提倡公修马路之先河》，《申报》1914年7月18日第3版。

第二章 体制层面之外的近代中国民间市政参与

在那里，致使臭气更甚。该处绅商认为有碍卫生，拟请将浜基一律排设瓦筒，接通阴沟，改筑平路，仿照大、小东门的做法，将市房迁建在浜基上，使道路放宽，交通便捷，就特地联络筹议，预备公呈沪南工巡捐局姚局长饬工程处勘明后，估价实行，并计划由地方人民筹措工费，辅助进行。[①] 1919—1920年，天津商会在市政当局开展道路交通建设的时候，成立了维持市会、街市退修研究会等组织，主动配合市政当局修整街道、挖河修堤、添设浮桥等，并按照政府的规定，承担诸如筹款、协调、拆迁等事务。该会还受居民之托，联系天津工程局修理石道、疏通阴沟、填筑街道的坑洼等。[②]

有时候民与官之间在道路交通建设与管理过程中要进行反复的磋商。街道建设尤其是拓宽马路的过程中，拆屋让基是令官民双方都很棘手的事情，常常经过反复的磋商甚至是博弈，才能办理妥当。

1915年，广州十三行被焚，警厅计划将被焚各街辟为马路，厅长带图说到总商会召集各行商及商团公安会、自治研究社等讨论，双方在退让尺度上存在分歧，"讨论许久，卒以事体重大，决议由商会定期邀集各街被火各商店征求意见，并请厅长到会公决实行"。[③] 这表明，事情不会很简单地解决，必须经过反复的磋商才会有结果。而正是在这样来回磋商的过程中，民间实现了对道路交通管理的参与。

汉口市街因为在辛亥阳夏之战中损毁严重，街道重建，困难重重，而官与商（主要是各业主及其集合体业主会）之间就让基筑路、街道宽度问题分歧严重，以致市街重建因为款项缺乏和市街规划难以实行而难有令人满意的进展。各街道宽窄不一也使得各业主报请勘丈时，"屡起争端"[④]。事情总得有个解决的办法，所以民间与官府之间就街道宽度问题经过了反复磋商。警察厅下辖的各警署将勘定的街巷等级汇成

---

① 《整顿沪南道路卫生之筹议》，《申报》1919年2月27日第11版。
② 宋美云：《论城市公共环境整治中的非政府组织参与——以近代天津商会为例》，朱英、郑成林：《商会与近代中国》，华中师范大学出版社2005年版，第288、292—294页。
③ 《广东·火场开辟马路计划》，《申报》1915年8月20日第7版。
④ 徐焕斗修，王夔清纂：《汉口小志》，民国四年（1915）铅印本，"建置志"，第8页。

册——确定了3等5级，交业主会讨论，实际上就是征求业主会的意见。业主会再在此基础上开会进行了修改，商定了一个比官定宽度窄的统一的街道宽度标准——也是3等5级，3等即大街2丈6尺；中街2丈2尺；小街1丈8尺，呈请警察厅公布。对此，警察厅表示认同，并且出示晓谕。但是，警察厅同时对勘丈一事进行了规范——必须由业主、经理人（即经办人）和警署人员三方共同勘定，随时将原有该巷道宽度及应该缩让的尺寸在勘票上注明，勘票由业主交给警署，经过再勘无误后，才由警署发给执照。① 《汉口小志》对此达成妥协的经过记载过于简单——由业主会确定街道定级，呈警察厅予以公示，这给人的印象是警方单方面做出了让步，完全被动地接受业主会的决定，民间在交涉的过程中占据明显的主导地位。但前述经过表明，民间和官府两者之间事实上不是哪一方简单地退让或占上风，而是双方经过磋商后达成了彼此比较满意的妥协。

无独有偶，吴淞在街道建设的过程中也存在类似的情况。吴淞商埠局先拟定了一个改建房屋退让的标准，要求吴淞市经董办事处与商会一起，参考商埠局所定宽度，详细审核后回复商埠局，再由商埠局公布。在交代中，商埠局表示愿意考虑业主的困难，同时还根据不同区域的道路提出了一些确定宽度的原则性要求。② 几天后，市经董处和商会在局定宽度的基础上商定了道路的宽度，分别为14英尺、18英尺、20英尺、24英尺、30英尺、40英尺不等。③ 这样的尺寸与局定宽度相比，"收缩较多"，但是商埠局还是表示体谅业户方面的困难，"姑予照准公布"。④ 这也是官民双方磋商妥协的结果。

民国中期以后，如果存在民间与政府协作进行道路交通管理的话，那么，基本上是官方主办或主导，民间进行协作。就拿道路拓展来说，

---

① 《汉口街巷等级之规定》，《申报》1914年9月11日第7版。
② 《吴淞放宽道路之会覆》，《申报》1921年4月13日第10版。
③ 《吴淞放宽道路标准之会覆》，《申报》1921年4月18日第10版。
④ 《规定吴淞镇路线宽度之布告》，《申报》1921年4月22日第10版。

往往是政府规划好整个城市的主、次干道的宽度，然后依照计划执行。在这个过程中，官民之间存在着利益博弈，但是，民间往往是被动或消极参与。只有当政府拓展道路给市民或商界带来了明显利益时，后者才会积极主动地协助政府。南京市修筑中山路的时候，就曾受到市民的抵制，但是由于市政府的坚持，最终按计划筑成。南京市民在受益之后，就改变了原先的消极抵制态度。

3. 民间要求官办市政机构修筑道路，加强道路交通管理

民初上海市民和商界在参与道路交通建设和管理的过程中，有时候非常积极主动地与官办市政机构进行沟通协调，对官府提出建设和管理方面的要求。1914年，沪南小东门宝带路各商家公禀工巡捐总局展宽路口。① 沪南十六铺外滩马路，年久失修，路面高低不平，行人车马颇感不便，下雨后往往会有数处积水难消。于是，该处各商号联合函请工巡捐局姚局长饬工赶紧兴修。本来，姚局长已以款绌决定将该马路缓修，但鉴于商界要求，还是饬令该局工程科勘明兴修。② 闸北的市民和商界在这方面表现得也很积极。1915年，闸北与公共租界毗连的胡家木桥附近一带绅商，鉴于租界营业日见发达，华界商业异常衰败，而租界又在该处添造菜场，使华界居民都往租界交易，他们担心华界商业更无振兴的希望，于是议决呈请上海县署，将胡家木桥小河旁一带房屋拆除，推广马路，以振兴市面。③ 闸北四、五两区境内宝山路的公民鉴于宝山路只有干路而无枝路，为了振兴商市而便利交通，禀请工巡捐局朱局长再开筑支路数条，得到该局长的同意。④ 绅商尹村夫等鉴于"道路宽窄，关乎市政兴衰"，要求沪北工巡捐局将青岛路等处路面展宽，也得到了允准。⑤ 稍早的时候，闸北地方自治筹备会也提出了类似的

---

① 《请求展宽路口之公禀》，《申报》1914年11月2日第10版。
② 《十六铺外马路亟须修筑》，《申报》1920年3月13日第10版。
③ 《挽回华界商业之请求》，《申报》1915年10月21日第10版。
④ 《闸北路政之改观》，《申报》1915年9月15日第10版。
⑤ 《闸北地方自治会致沪北工巡捐局函》，《申报》1922年9月12日第15版。

要求。①

民初苏州民众也曾对官府提出相关要求，以期改良路政。1917年，苏州民众对于警察厅长存有诸多不满，其中有一点就是"虚靡入款……任意支销，路政置之不顾"，他们公然请愿要求罢免警长。② 最后，南区警察署长张竹坪被勒令辞职。③

民初地方自治性社团在参与过程中依旧发挥着重要作用。闸北地方自治筹备会就是个典型。1922年，该会要求沪北工巡捐局在给业主发给公共游戏场、戏馆、工厂等建筑执照之前，像以前一样，由该会事先将建筑图样进行审阅，以便有所建议和方便取缔违章。对此，沪北工巡捐局给予了积极回应，随即饬令工程处随时知照该会派员到局审查图样，以便协商进行。④ 次年，闸北地方自治筹备会因见宝山路的小摊贩不肯迁入小菜场而在场外营业，对于卫生和交通都有妨碍，该会会长就呈请淞沪护军使和警察厅予以取缔。结果，护军使下令警察厅与沪北工巡捐局会同取缔，饬令小摊贩一律迁入小菜场。⑤ 民初汉口的街区性地方自治组织——市内各保安会也参与了市内的交通管理，一些保安会会内设有商警，专门负责维持保安会区内街巷交通秩序。

到了民国中后期尤其是抗战胜利以后的复员时期，市财政常常处于困顿之中，城市道路建设与管理因此受到严重制约，一些城市道路路面在抗战时期破损，抗战胜利后又得不到及时翻修，民间遂要求官办市政机构修筑道路，加强道路交通管理，这种情况并不少见。复员时期的汉口就是如此。

---

① 《青岛等路面展宽路面之布告》，《申报》1923年2月4日第16版。
② 《苏州人请愿查办警厅长》，《申报》1917年5月6日第6版；1917年5月6日第7版。
③ 《苏州·警官撤换》，《申报》1917年5月12日第7版。
④ 《北工巡捐赞同审查公共建筑》，《申报》1922年11月16日第13版。
⑤ 《闸北宝山路沿途设摊之取缔》，《申报》1923年2月6日第14版。

（二）参与城市消防建设与管理——以上海救火联合会为例

民间社团参与消防管理，是近代民间市政参与最为重要的内容之一，也是近代中国民办市政中最为普遍的现象之一。在社团活动活跃、社团自治性较强的城市，如上海、汉口、苏州等城市，民间组织在相当长的时间里——在清末民初主导着城市消防管理。由于上海市救火联合会成立、发展及其市政参与，是上海商界参与城市消防等方面市政的一个成功范例，并且上海救火联合会对其他城市或地区的民办消防起着示范作用，故笔者将以上海救火联合会为例，论述近代中国民间力量在消防管理领域的市政参与。①

1. 清末民初上海救火联合会等的成立与发展

成立统筹管理消防的社团，并不断健全其组织，改良消防设施，既是清末民初上海商界参与消防管理的基础，也是其市政参与的重要表现。

为统筹管理城市消防，维护消防主权，清末上海绅商成立了上海救火联合会。

上海南市人烟稠密，火灾频繁，在上海救火联合会成立之前，就已成立了30多个救火会，互不统属。它们用手提灭火机灭火，经费由当地绅商负担。由于救火设备老式，报警设施落后，各救火会各行其是，没有统一的管理，严重影响了临场施救能力的发挥，"起火时就打锣把队员召来。水源往往不敷需要，火势难以扑灭。各消防队一听到火警都争先恐后奔赴火场，结果秩序大乱，妨碍了救火"②。南市分散的消防

---

① 有关民办消防方面的研究成果很多，其中有关近代汉口城市消防和民间参与消防管理的研究成果就有一批，基本上覆盖了清代与民国的全时程，具体情况见导论部分的相关综述。不过，有关上海民间参与消防管理的情况尽管产生了部分研究成果，但是尚缺少系统的研究，所以，笔者拟在本书中对上海民间参与消防管理的情形进行综合探讨——其内容将分布在不同的章节。

② 《江海关十年报告之四（1912—1921）》，载徐雪湘等编《江海关十年报告（1882—1931）》，张仲礼校订，上海社会科学院出版社1983年版，第225页。

组织亟待整合、改进。

　　租界对南市消防主权的侵蚀，也促使南市商界寻求应对之方。由于火灾频繁，华商纷纷向租界洋商购买保火险。南市因消防落后，一旦发生火灾，商家损失惨重。"华界火政不修"对租界经营保险业务的洋商的营业造成了不利的影响，同时也招致了西人的讥笑。[①] 租界的保险业洋商为了避免营业损失，请求领事当局转商江海关道，要求"遇南市失慎，许西人救火会越界来救"。租界洋商及租界救火会所为，侵蚀了南市的消防主权。为了维护消防主权，南市总工程局总董李平书于是建议将城区各救火会联合为一个组织。他的建议得到了南市绅商的积极支持。

　　光绪三十三年（1907）农历八月，上海绅商组织成立了一个联合消防机构——"上海内地城厢内外救火联合会"。1910年，该会改称"上海救火联合会"。该会修订了章程，还建造了会所和警钟楼，总耗费"一万二千金"[②]。《江海关十年报告》称，"仿照租界办法，择地筹款，建筑钟楼会所，遇灾报警"[③]。而上海救火联合会成立后，所有的活动耗费，"公家不曾支出分文。消防队员都是各商店青年店员，完全是义务性质的"[④]。该会亦自称"其时上海总工程局甫经成立，以主权攸关，邀请各救火社联合为一，组织救火联合会，仿照租界，建筑报警

---

① 《请拨海神庙基地建筑龙所》，《申报》1917年7月17日第10版。
② 参见《救火会》，吴馨修、姚文枬等纂：《上海县续志》卷2，第44页；包明芳：《中国消防警察》，商务印书馆民国二十四年（1935）版，第25页。需要说明的是，《上海县续志》载有39个救火会（见该书卷2，第45页），但并非所有各会均加入进来，因为直到1916年10月，上海救火联合会操演的时候，至少有同安社、城东平安社并未加入该会，"亦未到场试演"。参见《同安救火会不愿归并》，《申报》1916年9月21日第11版；《城东平安救火会不愿归并》，《申报》1916年9月24日第11版；《各区救火会联合操演》，《申报》1916年10月10日第10版。
③ 《江海关十年报告之四（1912—1921）》，载徐雪湘等译编《江海关十年报告（1882—1931）》，张仲礼校订，上海社会科学院出版社1983年版，第225页。
④ 同上书，第226页。

第二章 体制层面之外的近代中国民间市政参与

钟楼，并建会所，平日可研究火政，临事则通力合作"①。该会还每每自豪地宣称"不支公家一文"②"敝会办理火政以来，一切经费，全由地方绅庶捐款维持，从未受国家丝毫之补助"③。可见，上海救火联合会系纯粹的民间组织，该会的成立既是抵制洋商侵害华界市政主权的结果，也是华商界学习租界市政管理经验的产物。

为强化消防能力，民初上海救火联合会大幅度整合组织，改良消防设备。

上海救火联合会成立后，"消防设备仍不够完备，救火方法也有不足之处"④。为此，该会继续探讨改进之方，先后在1913年、1919年两次大幅度整合内部组织，借此集合财力，增购设备，强化消防能力。

1913年，该会鉴于"拆城辟路以来，北半城市面日见发达，房屋益行繁盛，近且建造货栈，均三四层不等，遇有火警，施救不易。因将全埠火政划为七区，添备救火引擎等器具，以期实力改良"⑤。即将属下38个救火分会整合为7个区：城内东北区、西北区、东南区、西南区4区，城外十六铺至关桥、关桥至董家渡、董家渡至南火车站3区。⑥各区都建筑高大龙所作为汇总之地，并向外洋添购救火引擎及种种器具。经此整合之后，该联合会自称"我南市火政不支公家一文，七年以来，进步神速"。⑦

分区合并之后，各分区下面的分会各会不再分别收捐，而由合并之后的各区救火会统一收捐，由上海救火联合会转呈上海县公署立案并给

---

① 《请拨海神庙基地建筑龙所》，《申报》1917年7月17日第10版。
② 《救火联合会公宴穆杼斋》，《申报》1914年1月9日第16版。
③ 《救火会请减电费之呈文》，《申报》1917年7月23日第11版。
④ 《江海关十年报告之四（1912—1921）》，载徐雪湘等译编《江海关十年报告（1882—1931）》，张仲礼校订，上海社会科学院出版社1983年版，第226页。
⑤ 《整顿火政之布置》，《申报》1916年7月7日第10版。
⑥ 《华界火政之改良》，《申报》1913年7月5日第10版。
⑦ 《救火联合会公宴穆杼斋》，《申报》1914年1月9日第16版。

示布告。① 从而加强了各区的经费统筹能力。

1919 年冬，上海救火联合会又开始对下属消防组织进行新一轮的大幅整合。该会开会议决，将全部火政，改并为东、南、西、北四区，以一二三四区改并为西、北两区，以五六七三区，改并为东、南两区，先从南市东区着手，以期轻负担而速成功。② 城内西、北两区，组织在本城。东、南两区，组织在大码头及沪杭车站。所有五区六区之两火会，一在大码头，一在生义码头。将六区并入五区，改为东区。③ 到1921 年，东、西、南、北 4 个消防区，各有消防站 1 所。东、西、北三区的消防站已建成，南区消防站尚在筹建中；向国外订购新式消防设备；在大街小巷安装救火龙头。④ 但各区正式成立时间不一。如西区救火会议决在 1924 年 3 月 1 日开成立会⑤，南区救火会决定在 1924 年 4 月中旬开成立大会⑥。

此外，上海救火联合会在组织上还有所扩张。隶属于上海县管辖的浦东烂泥渡地方成立救火会之后，该会也归属于上海救火联合会麾下。1923 年 8 月，该会召开选举大会，上海救火联合会曾委派总务科长陆锦鳞、东区主任何永寿二人，渡浦莅场监视。⑦

经过不断整顿之后，"上海全市（笔者按：此处指南市）火政，规划为东西南北四区，均以各区域适中地点，设立会所，以敝会为其总制，使会务、经费、器具、服装，尽归统一，所有各区火会，一律建筑宏敞西式屋宇，购置新式马特器具，凡救火设施应用之器具，悉已具备，并雇用警备员役，日夜轮值，常川驻守"⑧。据记载，1924 年各区

---

① 《南市救火捐统一征收》，《申报》1916 年 9 月 20 日第 11 版。
② 《南市刷新火政之进行》，《申报》1920 年 10 月 7 日第 10 版。
③ 《华界救火会之改组》，《申报》1920 年 5 月 28 日第 10 版。
④ 《江海关十年报告之四 (1912—1921)》，参见徐雪湘等译编《江海关十年报告 (1882—1931)》，张仲礼校订，上海社会科学院出版社 1983 年版，第 225、226 页。
⑤ 《西区救火会行政会纪》，《申报》1924 年 2 月 17 日第 15 版。
⑥ 《南区救火会消息》，《申报》1924 年 4 月 6 日第 15 版。
⑦ 《烂泥渡救火会选举揭晓》，《申报》1923 年 8 月 9 日第 14 版。
⑧ 《救火联合会通告募捐》，《申报》1926 年 1 月 7 日第 13 版。

第二章　体制层面之外的近代中国民间市政参与

人员合计365人①，到1926年上海救火联合会下辖的全部组织共计有值班和救火的会员1050人，其中雇员150余人，同时拥有新式汽油机帮浦消防车34辆、扶梯车7辆、自动扶梯车1辆、消防龙头800余只。②

得益于自身组织的完善与救火设备的更新，上海救火联合会得以更好地参与市政管理。

2. 多方面的消防市政参与

自1907年成立至1926年的近20年时间里，上海救火联合会积极开展城市消防，并由此介入上海市政的其他相关领域。可以说，它多方面地参与到上海南市市政管理中。

参与救火是上海救火联合会最重要的市政参与活动。

毫无疑问，上海救火联合会最重要的市政参与就是主导辖区范围内的救火。根据统计，从1907年成立到1923年，该会历年出动救火的次数分别为17、32、31、44、25、13、44、29、43、33、59、35、30、57、74、97、103次，1923—1926年总计出动救火次数为548次③。

随着会内组织的整合，管理的完善，救火效果也不断提高。至1926年，其救火效率已十分可观，消防水准已经与租界并驾齐驱了。"设遇火警，由专机电话，传达警信，得以立时出发，五分钟内，可驰抵灾区，使大小之灾，易于扑灭……火政修明以后，外人之参观者，亦无间言。向来南市保险洋商，以内地火政不良，保费倍于租界，今因南市火政设施完备，故各保险行对于南市保费，已一律与租界平等。可见南市一带商铺住户，其所受无形之实惠，已

---

① 《上海救火联合会报告（二）》《报告册民17年度》《报告册民20年度》《报告册民24年度》各会员题名录，上海救火联合会辑，民国十二年至二十五年（1923—1936）铅印本。转引自胡启扬《民国时期的汉口火灾与城市消防（1927—1937）》，华中师范大学博士学位论文2012年，第1557页。

② 李采芹主编：《中国消防通史》下卷，群众出版社2002年版，第1307页。

③ 参见《上海救火联合会出动回数》表（A），载［日］小浜正子《近代上海的公共性与国家》，葛涛译，上海古籍出版社2003年版，第160—161页。

不可以道里计。"①

完善市面消防设施是上海救火联合会又一重要的市政参与活动。

要提高消防效率，减小火灾损失，只改善救火联合会会内消防设施是不够的，还必须完善市面的消防配套设施。为此，上海救火联合会在完善市面消防设施方面做了大量努力。

在未安设消防设施的市面，或消防设施稀少的地方，安接水管，装设消防栓等设施，这种工作在上海救火联合会成立初期的时候是常事。如，1907年在北城脚、韩姓住宅门口、宋家弄口、石皮弄口、石皮弄四叉路口、陈市安桥南浜6处安设消防水龙头。② 1908年在城内外各段添设太平龙头。③

而随着城市化的进展，一些原先市面寥落并未安设消防设施的地方渐趋兴盛，也需要安设消防设施。如1914年上海救火联合会鉴于城内九亩地一带已逐渐繁盛，由会长毛经筹（即毛子坚）与自来水公司莫锡纶（即莫子经）磋商后，安设了大号水管，安装了太平水龙，以预防火患。④ 该会鉴于尚文门内守卫路、凝何路及蓬莱路一带尚未装设救火龙头，且地下未埋水管，多次规划安设，约计需费七千余两。由于经费困难一直未能进行。同年，在该处绅商的敦促下，该会与自来水公司商定在该处马路下统一装设6寸大管，在该三路要道装设救火龙头10处，并安装特别大龙头3处，专备救火之用。⑤ 1916年，该会鉴于北城民国路一带货栈林立，房屋栉比，该路尚无自来水管，一旦遇警，颇令人担忧。于是"商由自来水公司将民国路一律埋设大号水管，由救火会自小东门起，至老西门等处，仿照法界装设四寸救火龙头九十余处"⑥。

---

① 《救火联合会通告募捐》，《申报》1926年1月7日第13版。
② 《提议改良火政》，《申报》1907年11月17日第19版。
③ 《添设太平龙头为难》，《申报》1908年8月12日第3张第2版；1908年8月12日第3张第3版。
④ 《九亩地安排水管》，《申报》1914年3月18日第10版。
⑤ 《防范火患之布置》，《申报》1914年12月1日第10版。
⑥ 《整顿火政之布置》，《申报》1916年7月7日第10版。

第二章　体制层面之外的近代中国民间市政参与

同年，该会会长毛经筹鉴于邑庙前殿后院等处店铺林立，市面渐兴，又没有安设自来水管和太平龙头，就召集会议讨论添装水龙头的办法。①1918年，又"以南市中华路大东门至小南门一带，两旁新建市屋甚多，该处道路尚未埋设水管，救火龙头无从安设，殊为可虑，爰特商由内地自来水公司姚总理在该路埋装十二寸大水管，以便集款装设龙头，裨益消防。闻已得该公司总理之许可，不日动工，并由该会将全路通盘规划，拟装四寸救火龙头五六个，且拟在箯竹街加接四寸支管六十丈，直通里郎家桥，装设二寸半太平龙头二三个"②。

上海救火联合会还翻高了一些地段的救火水龙头。如：1914年城内以及南市所装地龙头共有370余处，被筑路翻深居其大半。为了防患未然，上海救火联合会根据第一区救火会筹备处请求翻高地龙头的报告，通告"由各社……查明所装地龙头有无过于深邃或铁管锈坏，不能应用，必需翻高者……以便汇总，函致自来水公司派匠按段翻修，俾得有备无患"③。

据统计，1907—1923年，上海救火联合会在南市共安装或更换232处水龙头，设立707处消防栓。④

该会还曾计划购买救火小轮，只是不知最后结果如何。⑤

戏园、影戏馆及旅馆消防设施的完善，也是上海救火联合会关注的

---

① 《庙园添设水龙头之提议》，《申报》1916年9月9日第10版。
② 《华界火政之进行》，《申报》1918年3月8日第10版。
③ 《救火联合会之通告》，《申报》1914年2月11日第10版。
④ 《上海救火联合会报告（二）》《上海救火联合会报告（六）》，上海救火联合会辑，民国十三年（1924）铅印本。转引自胡启扬《民国时期的汉口火灾与城市消防（1927—1937）》，华中师范大学博士学位论文2012年，第155页。
⑤ 1919年，上海救火联合会鉴于浦东烂泥渡失慎延烧房屋20余幢，因为浦江阻隔而未能前往施救，以致大火未及时扑灭，拟添购铜板救火小轮一艘，"专为浦江船只及浦东、西等处洋栈和轮埠码头发生火警时，可为效仿之利器"，爰由绅董虞和德、王震、穆湘瑶、莫锡纶、顾履桂、毛经筹等发起集资添购救火小轮。小轮大约需要1.3万两，计划邀集浦东、西两岸各实业家暨地方各绅商集议担任劝募经费，如果募集不足数，再由联合会公款项下设法支拨津贴，"以收改良火政之实效"。参见《集议添购救火小轮》，《申报》1919年9月19日第10版。

· 119 ·

重点。该会曾呈请淞沪警察厅和南市上海工巡捐总局,要求"嗣后遇有请给执照,开设戏园、影戏馆及大旅馆等一切多数游人聚驻之设施场屋以集客业者,严加取缔,饬令仿照租界防火部分,多开太平水门,妥设救火龙头,以防危害,并请知照敝会派员前往查明是否布置完备,详复再行给照开幕"。①

制定部分消防规章也是上海救火联合会参与市政的重要表现。

为加强消防管理,提高消防效率,上海救火联合会成立后,首先规范了本会会员行为,制定了一系列内部条例,如《上海救火联合会章程》《上海救火联合会办事细则》《上海救火联合会行政会议细则》《上海救火联合会职员选举细则》《上海救火联合会议事细则》《上海救火联合会会员入会细则》等。②其中,尤其以组织章程最具有典型性和代表性,该章程分为"名义""区域""联合会""评议会""会董""职员""会员""纠察员""选举""会议""经费""章志""雇员""临警""训练""奖励""惩戒""抚恤""附则"等19章共83条,将会内各项工作都规定得极为细致,成为当时全国各类民间消防组织规章的典范。③

在易燃物的管控方面,该会也通过与地方相关管理机构协调,加强了管理。如:该会规定"凡有批售煤油之店,以储存五箱为限以免危险",对违反者要传讯店主,由相关机构进行处罚。④对于屡教不改者则规定"从重科罚"。⑤

该会还仿照租界消防章程,规定凡居家铺户焚化大批冥器,应先报

---

① 《救火联合会之防患未然》,《申报》1915年6月18日第10版。
② 包明芳:《中国消防警察》,商务印书馆1935年版,第168—189页。
③ 《上海救火联合会报告二》《报告册民17年度》《报告册民20年度》《报告册民24年度》各会员题名录,上海救火联合会辑,民国十二年至二十五年(1923—1936)铅印本。参见胡启扬《民国时期的汉口火灾与城市消防(1927—1937)》,华中师范大学博士学位论文2012年,第157页。
④ 《救火联合会限制洋油》,《申报》1909年10月2日第3张第2版。
⑤ 《重刊限制寄售火油之示谕》,《申报》1909年11月10日第3张第2版。

第二章 体制层面之外的近代中国民间市政参与

告该管警区转告于会，以免火警瞭望人员误以为发生了火灾，导致误报火警，浪费消防人力。1913年，西门外白云观和西门内关帝庙都焚烧了大批冥器，但在事前都未按章报告区警，结果导致警钟误报，各社救火会奔驰往救，徒劳一场。为此，救火联合会要求商埠巡警厅长对于两个庙、观的违章行为予以严惩，"以重火政而保公安"。①

需要指出的是，上海救火联合会只有部分消防规章的制定权，因为其组织之外的重要消防规章往往要由警厅制定（如有关火场的警戒、弹压等方面的规章，就由警厅制定），且经由警厅等地方官厅颁布生效。

为了减小因建筑不善而导致火灾的几率，减少火灾损失，上海救火联合会还将市面房屋的建筑纳入其消防管理的范围。例如：1915年5月15日和7月27日，该会两次向上海工巡捐总局和淞沪警察厅呈报了南市九亩地由于建筑不善导致重灾，并拟定了造屋防患办法，要求"择要加入营造执照，俾工匠有所遵守"。其中规定：平顶，以后建造房屋，如用石灰平顶，其每间山头必须用砖砌断。以防遇有火警时火焰飞入延烧隔屋，此次九亩地富润里及上月大境路两次失火延烧10余幢至20幢之多，皆系此病。洋（阳）台，以后建造房屋，其挑出洋台应规定2尺半，以中柱为准，但其道路不满20尺者，不得挑出，否则不特两旁店铺黑暗无光，一旦遇火警，势必容易延及。砖墙，以后建造房屋，每5幢应加一大墙，必须出顶，如系挑出洋台，其大墙亦应随洋台砌出，以防遇火延烧。转角，内地街道狭窄者多，交通恒多不便，凡遇转角及十字路口为尤甚。以后建造房屋如有转角之处，应一律改为斜角，利便良多。此外还规定：以后凡建造市房，此项定磉高低，当于给照时规定，在侧石以上应高若干。楼房之高低，应规定下层13尺，上层11尺，给照时由局知照匠头，照章建造。其建造住房及洋房者，听从此办法。② 上海救火联合会所呈管理办法不仅得到批准，还得到颁行。

---

① 《救火会请究私焚大批冥器》，《申报》1913年1月31日第7版。
② 《救火联合会报告·公牍·呈文》（1924年），参见胡启扬《民国时期的汉口火灾与城市消防（1927—1937）》，华中师范大学博士学位论文2012年，第155、156页。

上海救火联合会还参与监督与消防相关的路政管理。

救火效率的高低还与道路交通是否便捷密切相关。对此，上海救火联合会有十分明确的认识："平治街道，放宽马路均为辅助消防行政之一端，是路政与火政实有连带之关系"①，"放宽道路，利便交通，系辅助消防行政之要图"②。为了便捷消防，该会还着意监督市政当局的路政管理。

上海救火联合会监督路政管理最重要的活动就是监督市房营造让宽道路规章的执行。

1915年春，九亩地新舞台遭受火灾后，重新开演。上海救火联合会鉴于火灾当时由于道路过窄，致使两面延烧。为改善路政，避免火灾悲剧重演，该会函请工巡捐局将大境路妨碍道路交通的废牌坊柱迁去。该会又致函工巡捐局：

> 窃维便利交通、振兴商市，端在道途宽畅，沪地自前清设立总工程局，定有章程，凡遇翻建房屋，均须收让尺寸……惟查九亩地一带，本为荒僻去处，此前所定路线，初不料有今日之兴盛。而自开辟市场后，商铺云集，人烟稠密，户口繁多，且有戏园在彼，车马行人拥挤殊甚。即如此次火警，两面延烧，实因路不过宽之故，应请饬知工程科，嗣后九亩地一带如有翻建房屋，沿路照章收让，俾得宽阔道路，不独便利交通已也……并查大境路东口至紫金路，以及紫花路至侯家路等处道路，尤为窄狭……该两处为由东往西之要道，关系更重要，并请迅即规定路线，预为出示布告，俾两旁业主翻建房屋有所遵循……③

即敦促路政管理当局切实做好市房营造让宽的路线规划工作，以便市民

---

① 《建屋不让路线之函请勒拆》，《申报》1918年5月2日第11版。
② 《救火会请规定烂泥渡路线》，《申报》1919年10月8日第10版。
③ 《九亩地道路尚嫌太狭》，《申报》1915年3月3日第10版。

第二章 体制层面之外的近代中国民间市政参与

建房让宽道路，有章可循。

1918年5月，上海救火联合会下第二区救火会报告，区内已有多家建造房屋按照既定路线和尺寸收让，唯独陈市安桥南首黄姓翻建房屋3幢，工巡捐局只令其收让3尺，比既定路宽3丈应收让的尺寸减小，请救火联合会转函工巡捐局吊照停工，饬令仍然按照南北确定路线收让，以维路政而便利交通。第七区救火会报告，区内有火焚之屋翻造丝毫没有按章收让，也请救火联合会转函工巡捐局先令吊照停工，勘明照让，再行施工。据此，救火联合会再次转函该局，"查规划路线、造屋给照、收让尺寸，均属贵局行政范围应办之事，本非敝会所能干预。但平治街道，放宽马路均为辅助消防行政之一端，是路政与火政实有连带之关系，是以凡遇地方建屋收让尺寸，素所关心，如被焚之屋，重行盖建，更为注意……为此函请贵局长迅赐察核，将该二处营造执照即日吊销，饬令停工，派员勘明，按照规定路线丈尺拆让，俾维路政而昭公允"①，敦促工巡捐局严格按照既定规章，执行路政管理。

1919年，上海救火联合会根据第六区救火会报告，南市董家渡大街天主堂的房屋失慎后雇工建造新屋，"未照路政定章将屋退让，以致是处路面仍难宽阔，殊于前市政厅规定章程不符"，转函沪南工巡捐局，要求该局局长派路政员勘明情形，转知该业主令匠头照章收缩，"以重路政而便公益"。②

同年，上海救火联合会致函上海县知事说，浦东烂泥渡一带在光绪三十三年（1907）迭遭火灾，"毁及全镇之半"，原因在于"道路甚为窄狭，屋檐相距密迩，蔓延迅速，施救为难"。灾后，地方绅商集议改宽道路，复兴市场，但是全市路线仍未十分开阔。该年9月烂泥渡大街又遭火灾，延烧房屋数十幢之多，损失惨重。现在业主正在重建房屋，"若不图改良，陈陈相因，万一覆辙相寻，后患何堪设想？况判断烂泥

---

① 《建屋不让路线之函请勒拆》，《申报》1918年5月2日第11版。
② 《救火会请放路面》，《申报》1919年1月13日第10版。

渡大街，系由浦东塘基改筑，为全市之干道，精华荟萃之区，火政防维，尤宜注意。因拟将该路路线函请官厅先行规定为三丈开阔，令两旁业主无论现在重建及将来翻造房屋，一律遵照三丈路线收让，使道路宽敞，交通利便"。①

上海救火联合会对路政管理的监督也表现在干预市街路面的整理上。

1915年9月，上海救火联合会接到第一区救火会报告，上海北半城民国路建筑工竣，华界与法租界各界相对，法租界铺屋侧石上均铺设水门汀（即水泥），坚洁光泽，一望平整。而华界则"所建铺屋虽气象堂皇，而门前侧石未能整齐，即所砌石片，亦多凹凸不平，破旧杂料堆放，泥污龌龊，殊不雅观"。救火联合会方面认为第一区救火会所请"自系辅助路政起见"，"事关改良路政"，因而转函上海工巡捐总局，要求该局"出示晓谕北半城城壕业主，各自按照侧石尺寸报局，由工程处代为铺设水门汀"，工料照章由业主按地照缴，并请从第一区救火会屋旁侧石开始铺筑，"以为首倡"。②

上海救火联合会对路政管理的监督还表现在督促取缔于消防便捷有碍的市街招牌上。南市城内外各处商铺所悬挂的招牌，高低不一，致使每次救火会救火车奔赴火场救火的时候不免碰撞到招牌，十分危险。为此，上海救火联合会于1925年10月致函上海市公所，要求进行取缔，传知各商店将招牌一律悬高，免生危险。市公所据此派员到各处实地进行勘察，随即拟定了招牌悬挂的统一尺寸，准备请示总董后发布通告。③

尽管我们很难看到直接反映上海救火联合会对南市路政管理监督整体效果的信息，但是从个别报道还是透露出该会在路政管理方面起到了监督作用。如：1915年，上海救火联合会嫌九亩地道路太窄，函请上

---

① 《救火会请规定烂泥渡路线》，《申报》1919年10月8日第10版。
② 《整理华界路政之计划》，《申报》1915年9月25日第10版。
③ 《市公所整顿市政路政之一斑》，《申报》1925年10月13日第11版。

海工巡捐总局将大境路废牌坊迁去，该局局长照准。并请迅即规定相关地段路线，"预为出示布告，俾两旁业主翻建房屋有所遵循"，该局局长接到函件后，认为事关公益"当即交工程科照办，一面赶即规划实行"。① 又如1918年，沪南工巡捐局路政工程员王文淑对于海神庙对面某姓家造屋所让路线一事，未照定章办理。此举被上海救火联合会揭发后，该工程员又登报声辩。上海救火联合会在丈勘后，发现他所指路线数目大小不符，再次函致该局，指谪该员办事违章。结果，该局姚局长以该员"经理路政工程，对于翻造房屋，退让路线，向禀承本局长指示，惟于丰记码头退让路线一案，事先未经陈明，已属疏忽。事后又遭人指谪，更为办理不善。着先行撤差，听候查办。合行令仰该员即便遵照，于此案未完之先，不准擅自离局"②。该路政工程员被撤差，对于其他路政工程员的管理行为必定起到警示作用，也势必影响路政管理。因此，该会对路政管理起到一定的监督作用。

3. 民国中后期的上海救火联合会（上海市沪南区救火联合会）参与城市消防的概况

1928年9月，上海市公安局开始对市内民办消防组织进行整顿，要求市内各救火会遵守《义勇消防事务督理规则》。根据该规则，上海救火联合会于同年11月改名为上海市沪南区救火联合会，开始了官督下的消防市政参与。对于民国中后期上海民办消防尤其是上海市沪南区救火联合会参与城市消防的基本情况，小浜正子已经进行了深入研究。根据她的研究，该会与上海市内其他救火会不同——它最终于1930年成功抵制了财政困难的市政府下达的禁止征收区内救火捐的命令，继续在南市征收救火捐，从而得以继续主办南市消防。并且，救火会依旧是由地方上层人物直接指导，只是吸收了基层会员加入领导层。市政府方面，则通过制定消防管理规则，进而将各救火会纳入市公安局的防备性的"戒备计划"中，不断地加强对包括该会在内的各救火会的指导和

---

① 《九亩地道路尚嫌太狭》，《申报》1915年3月3日第10版。
② 《工巡捐南局工程员撤差》，《申报》1918年5月26日第11版。

监督。因此，在上海市政府成立之后，华界的消防工作继续由民办的救火会承担。"在民间继续承担公领域的情况下，官方的指导和管制也进一步得到了发展。在上海华界的消防事业中，国家与社会的相互渗透就是以这种方式进行的。"①

实际上，民国中期以后，其他城市的民办消防很难像上海沪南区救火联合会那样具有独立征收救火捐的权能，但是从整个城市消防管理的情况来看，民办消防都不同程度地接受了官督，在城市消防中发挥着主办消防或协助官方办理消防的作用。不过，由于民国中后期市政府在市政诸领域均具有法定市政职能，所以，上海市沪南区救火联合会等民办消防组织在消防之外的其他领域——与消防相关的市政管理领域的作用，势必受到削弱。同时，这些民办消防组织不再像民初那样独立自主地制定消防规章了，这是民国中后期民办消防与此前民办消防在管理能力上的又一大差别。

（三）参与城市治安管理

在近代中国，以商人为核心力量的民间社团还曾积极参与城市治安管理，它们成为近代中国城市社会稳定的重要力量。

在清末上海城厢内外总工程局（1905—1909）和城自治公所（1905—1911.11）时期，上海南市的城市治安主要是由绅商自办的巡警局负责，实际上就是绅商办理了地方警察（当然其中有官府的支持和协助）。上海市政厅（1911.11—1914）时期，巡警被划出，城市治安由警察厅负责。此后，上海民间力量再也没有能够掌握地方警察治安权。不过在当时，巡警并非民间控制的城市治安力量的全部。

1905年，上海商界成立了五体操会——这是中国本土最早的新式商人体育社团，1907年，该会开始在维护城市社会治安中发挥作用。

---

① ［日］小浜正子：《近代上海的公共性与国家》，葛涛译，上海古籍出版社2003年版，第158、170—175页。

第二章 体制层面之外的近代中国民间市政参与

不久，为便于统一指挥，就在此基础上建立了南市商团公会，并因获得官府信任而实现了武装化。此后，上海工商各业纷纷仿行，组织商团。到1911年春，团员总数达到1000余人。① 这已经是一支不小的商控武装力量了。在辛亥革命时期，上海商团及商团公会在维护城市治安的过程中起到了积极作用。民国建立后至二次革命癸丑之役前，它们对于维护城市治安发挥了积极作用。二次革命失败后，北军控制了上海，收缴了上海商团的武器。此后直至民初终了，上海商界再也没能建立商属的武装商团。因此，二次革命以后，上海商团是以非武装的形式存在的。此外，上海的民间还参与组织了官方严密监控之下的保卫团或保安团，它们曾为维护上海城市治安开展过工作，一定程度上起到了维护城市治安的作用。

南京国民政府成立以后，上海市政府警察局（后改名为公安局）成为理所当然的维护城市社会治安的主导力量，原有的商团遂成为政府整理的对象——当然也是上海国民党控制社团组织势在必得的主要目标，尽管上海商团对此进行了抗争，但是最终还是于1933年"真正成了附属于军队的力量，完全结合进了市政府的警察组织"②，成为维护城市社会治安的附属力量。

此外值得注意的是，上海各区的救火会及救火联合会，因为在清末至民国中期职司并主办城市消防，在维护城市治安方面也发挥重要作用。民国末期，上海的民间消防组织和力量被整合到市政府消防力量的直接指挥之下，从而成为维持城市社会治安的附属性的辅助力量。

与上海不同，清末民国时期的汉口民间治安力量，主要是集治安、消防功能为一体的各保安会和各团联合会（后相继改名为汉口市保安联

---

① 参见马敏《官商之间：社会剧变中的近代绅商》，华中师范大学出版社2003年版，第263—264页。
② ［法］安克强：《1927—1937年的上海——市政权、地方性和现代化》，张培德等译，上海古籍出版社2004年版，第36—37页。

· 127 ·

合会、汉口保安公益会、汉口市公益联合会)。

在清末汉口地方自治性的保安会、救火会、消防会等成立之前，协助官府维持城市社会治安的民间力量是传统的水龙会（局）。1909年地方自治运动兴起之后，汉口商界（商会会董等名流）模仿上海的做法，纷纷建立起保安会、救火会、消防会等街区自治性的社团组织，其目的之一就是维护街区治安，尤其是在当火灾、盗贼危及街区安全的时候，它们发挥着积极的防卫作用。1911年，这些分散的街区性社团组织，为了便于统一行动，应付日趋动荡不安的时局和可能发生的变局，它们集合成了汉口各团联合会，并在辛亥首义期间迅速地建立起武装商团，在维系城市治安方面起到了一定的作用。在辛亥革命爆发后的短暂时间内，商会还快速地建立起了武装化的地方警察（即武装商警，其实也是武装商团），也参与到维系战时城市社会治安的行列。

民国建立之后，不论是汉口的武装商警还是汉口的武装商团，都被解除武装。但是一些保安会还是保留了非武装化的商警，它们在维护城市社会治安和商界利益方面发挥了令人赞赏的作用。时人谓"汉口各段设立公益保安会名目，大都以保卫地方为宗旨"[1]，"商警之设，原辅官警力之所不及"[2]——自然是补警察治安巡防之不足。1917年报载："汉口商界团体在各商埠中堪称团结最固，全镇之保安会共有三十六团，附组保安商警者，有十二团。每团多则六十名，最少亦有三十名，与官警并立于通衢大道，保卫秩序颇著成效，商家咸利赖之。如无辛亥兵燹破坏商场，现今必全镇俱设商警矣。各保安会于该地段内商民如被非法蹂躏，每为力图解救。故近年官厅多不敢滥施淫威。"[3]

汉口各团联合会及其下各分会对城市社会治安的维护，一定程度上可以通过它（们）对路灯和水门的管理体现出来。（按：路灯关系行人

---

[1]《组织永平公益会》，《国民新报》1912年7月12日第4版。
[2]《商警梭巡》，《汉口中西报》1916年7月12日第2张新闻第3页。
[3]《纪汉皋商市与社会状况》，《申报》1917年2月13日第7版。

第二章 体制层面之外的近代中国民间市政参与

夜间安全与城市治安，水门为城市消防供水之具，关系城市居民生命财产安全，两者均与城市社会治安密切相关）。汉口路灯原为慈善性质，当各保安会未安设路灯以前，汉口既济水电公司设有义灯，每电杆上一盏。"迨各团安设路灯，自出半费，公司义灯乃减"①。不过，各保安会还是经常因为路灯欠费而与汉口既济水电公司进行交涉，1917年路灯的管理权由各保安会转移到汉口各团联合会手中，汉口全城除部分大马路之外的街巷路灯因之有了比较统一的管理。

汉口各团联合会在每届冬防的时候，在统领民间治安力量和维护城市治安方面发挥着重要作用。1915年冬，由于"察警路灯稀少，全镇不过300余盏。保安会社路灯，亦只设于扼要地点，便利行人"，而"各店铺门有长夜点灯，有闭市熄灯，风雨之夕或概不点灯"，汉口警厅函知各团联合会，谓"现冬防吃紧，盗贼最易潜滋"，"应请转知各居民铺户一律燃点长夜门灯，并限十日内举办齐备"；否则，由警署处罚。② 这说明官府在维系城市社会治安的时候需要汉口各保安会及汉口各团联合会的积极参与和配合。

1922年报载，"汉口市面，自有路灯以来，民间窃案，已成绝无仅有之事"③。此语未免夸张，但也从一个侧面可以看出各保安会和各团联合会对城市治安的维护作用。

1931年7月，市公安局打算将路灯一律收归市办。④ 但因市库支绌，市公安局与各会达成妥协，"除少数马路外，所有内街路灯，仍由各保安会负责办理"⑤。也就是说，市政府在市政管理职能因财力而受到制约时，仍不得不将内街路灯和部分大马路的路灯交由保安会管理。

---

① 《各团拟向水电公司交涉》，《汉口中西报》1922年2月12日第3版。
② 《湖北筹防要讯·商民之防范》，《申报》1915年11月8日第6版。
③ 《请求路灯免费之提议》，《汉口中西报》1922年3月19日第3版。
④ 《公安局最近行政计划添设第十二至十九等署员整理全市路灯并遍装设警铃》，《湖北中山日报》1931年7月2日第3张第4版。
⑤ 《汉口市政概况》（1932.10—1933.12），湖北省档案馆藏，档号LSA2.2—5，《公用》，第4页。

至1934年12月，全市路灯（不包括特三区与租界）共计4843盏，其中由公安局管理的仅354盏，由保安会管理的多达4489盏，约占全市路灯的93%。① 汉口沦陷前夕，全市路灯总数达7000余盏，由各会经管的路灯数量仍多达5000盏。② 由此可见，各保安会及其联合会在城市治安方面的积极参与作用和所起到的维系作用。

有效的消防也是维护城市社会治安的重要方面。民国中期以前，汉口的城市消防一直由各保安会及各团联合会主导。民国建立之初，汉口各团联合会为方便消防，要求既济水电公司开放水门。③ 此后，各保安会为了防止"无知之徒将水门闭塞或窃去铁盖"而影响消防，还要求会内商警清理水门。各团联合会还要求会内调查股调查各段水门是否得到清理，会内消防股则要求各保安会分别调查各自辖区内的水门。各段水门调查齐全后，又计划印刷成图再转送各分会以备存查，方便水电公司派工修理水门，从而保障消防用水。④ 1917年冬，"汉口各团联合会为思患预防起见，特通知各段商团保安会加派商警，严密梭巡，预备水袋，以防火患而保治安"⑤。事实上，民国中期以前，各保安会和各团联合会从来就是城市消防和冬防中不可或缺的角色。

民国中期以后，以各保安会和汉口保安公益会、汉口公益联合会为主的汉口民间治安维持力量，一如上海的民间治安维持力量，也未能逃脱被整合而直接受制于国家权力管控之下的历史命运。事实上，在近代中国，不仅仅是关乎城市治安的上海和汉口的民间社会团体的命运如此，苏州、无锡、扬州等社团自治性较强的城市亦大同小异。而另外的一些城市如天

---

① 《汉口市政概况》（1932.10—1933.12），湖北省档案馆藏，档号LSA2.2—5，《公用》，第4—5页。
② 《汉口市保安公益会及汉镇既济水电公司函呈》（1938年9月5日）；《汉口市政府指令》（利字第8822号，1938年9月12日），《既济水电公司·路灯电费》，武汉市档案馆藏，档号117—1—301。
③ 《允开全镇救火水门》，《国民新报》1912年6月2日第4版。
④ 《商警清理水门》，《大汉报》1917年4月23日新闻第3张第6页；《联合会各股会议记》，《汉口中西报》1919年3月27日第3版。
⑤ 《商团严防火患》，《汉口中西报》1917年12月28日第3张新闻第6页。

第二章 体制层面之外的近代中国民间市政参与

津、北京等，则由于官府的控制力量比较强势，民间社团的自治性有限，其在维护城市社会治安方面的作用相对较弱。尽管如此，民间社团在维护近代中国城市社会治安中的积极作用仍然是不容忽视的事情。

（四）参与水电等公用事业的建设与管理

近代中国民间社团或个人还参与了城市水电等公用事业的建设与管理，其形式包括商办公用事业和社团或个人干预公用事业管理。必须在此说明的是，近代国人已经将商办公用事业纳入了市政的视野，并非笔者硬性将其归入市政的范围。

1913年11月，上海内地自来水公司在给市政厅的呈文中说，"自来水为市政范围之公共营业，且关系地方卫生要图，自应承认贵市政厅为水公司主体"①。此处的"主体"当指"行政管理主体"。那么，该公司是什么主体呢？应该是自来水市政建设的主体和内部管理主体。1914年，《申报》翻译《英文京报》所载的一篇《实业借款谈》，其中就有"北京电灯、电车、自来水公司借款，抵押品一为借款建筑公家工程所生之利益，二为北京所有之市税（除崇文门落地税外）。中政府何以轻率至此，竟将此项收入抵与外国银行，将来更何从设法以应付此发达市政之经费？"该文还将电灯、电车、自来水公司称为"市政企业"。②同年，该报又在相关报道中说，"所谓北京市政者，则指现办之自来水公司、电灯公司、未办之电车公司等项实业而言"③。依旧是这一年，江汉关监督兼管汉口工巡事宜丁士源称"电车为市政之一"④。1919年，江苏省议员也称电灯公司"属于市政范围内之实业"⑤。1927

---

① 《上海内地自来水公司为大清银行沪行清理处起诉案致市政厅呈（1913.11.26）》，载张斌编选《上海内地自来水公司早期经营状况档案》，源自《档案与史学》1996年第3期，第6页。
② 《英文京报之实业借款谈》，《申报》1914年4月16日第3版。
③ 《北京自来水公司之进行状况》，《申报》1914年4月8日第6版。
④ 《创办汉口电车之波折》，《申报》1914年9月30日第6、7版。
⑤ 《苏州·市民反对电灯公司续闻》《申报》1919年1月18日第7版。

年，武汉成立了水电市政总工会。① 综上所述，从官方到民间均将诸如自来水、电车、电灯公司纳入市政范围而不论其为官营还是民营，并且称其企业为"市政企业"，称相关工会为"市政工会"。不论是官方还是民间均未将这些商办企业排除在市政范围之外。在他们眼中，这类市政企业并非必须官办。因此，笔者将商办自来水、电灯、电车等公用事业皆纳入民间市政参与的范围（按：由于电车等公共交通建设与管理在道路交通部分已经论述，下文将略于论述）。

在近代中国，多数城市由于市政当局缺少财力和人力开办公用事业，商界就在很大程度上填补了市政当局在城市公用事业管理上的缺位，参与到公用事业的建设与管理中，其重要表现之一就是商办水电等公用事业。

近代中国城市的商办公用事业往往采用"商办市督"的办法。董修甲对商办全市的公用事业进行过论说，从中我们可以认识商办市内公用事业的某一方面或某几方面。他说："何谓商办市督办法？……即市内之公用事业皆由商人集资兴办，惟商人于兴办之前，必须订定章程，请求市政府批准之。如系电车事业，须于章程载明求市政府准许在市内行驶电车，街道上装设电轨电杆。此外，各种公用事业，所需用之土地，亦须于章程内请求市政府许以收买之特权"，市政府收到请求后，就派人核查主办商所陈请的内容（包括资本、章程、事业计划等）是否属实或可行，如果所调查之事实令人满意，那么市政府就予以批准，发特许证，该商人就可以着手办理该项公用事业了。②

近代上海商界实力较中国其他城市商界的实力都要强，因此在城市公用事业的建设与管理中，较其他城市商界发挥了更为突出的作用。近代上海的商人们创办或主办了一批公用事业。1907年，南市的官办电灯公司由绅商李平书等人接归商办，改名内地电灯公司。1911年，该公司

---

① 《水电市政总工会不日即改组成立》，《汉口民国日报》1927年9月10日第2张新闻第3页；《市政工会之清洁运动》，《汉口民国日报》1927年9月16日第2张新闻第3页。
② 董修甲：《市公用事业》，《武汉市政公报》第1卷第2期，"论著"，第3页。

第二章　体制层面之外的近代中国民间市政参与

供电灯数已达7000余盏。同年，李平书又奉两江总督之命，创办闸北水电公司，装有发电机组100千瓦，供白炽灯2000盏照明；而曹骧和唐荣俊等人则筹资创办了上海内地自来水公司，公司名称"内地"，意在与租界区别和抗衡。这是上海地区第一家华商自来水厂。上海华商还创办了新闸自来水公司，总计资金银26万两，包括商部借银10万两，道署担保借得的银行贷款10万两，所存道库银6万两。1911年10月，该公司建成出水，日出水量为9000余立方米，可满足10万居民的用水需求，居民都感到很方便。南市电灯公司、内地自来水公司、闸北水电公司及浦东水电厂的相继建成并供电供水，使华界不仅开始摆脱租界当局在水电供应上的控制，限制了租界向外扩展的企图，而且为扩展上海城市的照明和供水系统做出了贡献。照明和供水系统的建立，使上海初步具备新兴都市便捷、舒适的生活环境，开始大步向近代化方面迈进。①

汉口的商办汉镇既济水电股份有限公司（简称汉口既济水电公司）在清末的创办及其后的经营，也使得汉口的公用事业有了长足发展，市民的社会生活开始在照明、饮食甚至医疗等方面开始逐渐走出传统的轨道。

上海和汉口商界在城市公用事业建设与管理方面的参与，还积极地挽回了华界的利益，维护了华界的市政主权。

民间参与近代中国城市公用事业建设与管理的另一个重要表现，就是干预市政公用事业管理。

民初长达三年半之久的上海闸北水电厂承办主体的商办与省办之争，就是这个方面的典型。闸北商民坚决要求商办，而省署产业科坚持要省办。台湾学者王树槐所撰《上海闸北水电厂商办之争（1920—1924）》②一文对争执的具体情形进行了详尽论述。最终商民以强烈抗争取胜，闸北水电厂实现商办。也就是说，闸北商民通过强烈干预，取

---

① 邢建榕：《水电煤：近代上海公用事业演进及华洋不同心态》，《史学月刊》2004年第4期，第99—100页。

② 王树槐：《上海闸北水电厂商办之争（1920—1924）》，《"中央研究院"近代史研究所集刊》第25期，1996年6月版。

得了城市公用事业的管理权。

民初苏州市民要求将商办的振兴电灯公司收归市办以改良市政,则是另一个民间干预城市公用事业管理的好例子。1919年,苏州振兴电灯公司经理祝大椿打算将公司盘替——这本是正常的工商业交易计划。但是当地的省议员认为电灯营业在市政范围之内,如果该公司打算盘替,也应与市公益事务所协商办法,万无擅自招人承乏之理。① 苏州总商会召集城厢内外各市民公社集议对付振兴电灯公司办法,到会200余人多主张"收归市有",但是富户不愿认款。② 胥江、四明、马路三公社以振兴电灯公司将卖与外人,且工匠人因分红几致罢工,此事关系苏州市民全体利害,发传单号召开会以维持公益。③ 苏州市民还组织了市民协会,呈请县知事及省实业厅立案,并致函警告市公所董事王炯之将路灯所用电灯一事停止。④ 该会成立后,讨论决定:一面具呈省道县各署及实业厅声明组织协会缘由及振兴公司出卖情形,决定由市公所自行创办电灯公司;一面呈请交通、农商两部撤销振兴公司注册,同时以市政腐败为由,要求撤换市董王炯之,函请县知事聘请新市董以改良一切市政,并组织电灯公司。⑤ 不管该事件结果如何,苏州市民及市民公社、总商会、市民协会等强烈干预——强势介入公用事业管理,则是不争的事实。该事件从一个侧面反映了苏州市民的市政主体意识的觉醒。

民国中期以后,国家不断加强了对公用事业的管理,例如,针对电气事业颁布管理条例,加强管理;同时,国家资本(一说官僚资本)向商办公用事业尤其是水电事业渗透,例如,以宋子文等为首的中国建设银公司下属扬子电气公司对商办汉镇既济水电股份有限公司实行资本渗透,迫使该公司将原有股本折旧,重新招股,而中国建设银公司因此

---

① 《苏州·质问电灯公司》,《申报》1919年1月10日第7版。
② 《苏州·电灯公司收回市有之主张》,《申报》1919年1月12日第7版。
③ 《苏州·市民反对电灯公司之集议》,《申报》1919年1月14日第7版。
④ 《苏州·市民反对电灯公司续闻》,《申报》1919年1月16日第7版。
⑤ 《苏州·市民反对电灯公司续闻》,《申报》1919年1月18日第7版。

变成了既济水电公司的大股东，成为左右公司命运的主宰者。这说明民国中期以后，民间市政参与在商营公用事业不再能够像民初那样享有比较自由的经营自主权了。

（五）参与城市公共卫生建设与管理

有关民间参与近代中国城市公共卫生建设与管理的情形，由于相关研究成果已经很多，在此只略举例证，以免缺论之嫌。

1. 参与公共卫生基础设施建设

清末民国时期的上海商界和慈善界曾积极投身公共卫生基础设施建设，他们不仅设立时疫医院，还投巨资开办有常设医院——中西医并用的上海医院，另外还设有中国红十字会上海市分医院、广益中医院、沪南神州医院、上海劳工医院等免费或减价医院。①

晚清天津绅商曾开设防疫医院。光绪二十八年（1902）霍乱期间，天津绅商（寓津南绅）孙仲英见义勇为，邀集同志筹款10万两，设立保卫医院11处，分别在文昌宫、贫民院、府署、河北张公祠、河东过街阁等处设立分局，在吴楚公所设总局。②

民初汉口各保安会在各街巷修建了便池、公厕，汉口慈善会设有汉口中西医院（1919年建成），汉口红十字会在战时还设置有临时医院，疫病发生时，善堂还会设立验疫所。③

民初旅沪宁波富商叶雨庵、董杏生，经多方向旅沪绅商劝募，于1922年在宁波落成同义医院（现为宁波康宁医院）。宁波商人还时常筹设一些临时治疫所或称时疫医院。镇海商人孙良才于1920年独资在招宝山脚跟东门浦创建良济医院。④ 松江乐恩益德会也曾租地在市内建筑

---

① ［日］小浜正子：《近代上海的公共性与国家》，葛涛译，上海古籍出版2003年版，第74页。

② 参见路彩霞《清末京津公共卫生机制演进研究（1900—1911）》，湖北人民出版社2010年版，第189页。

③ 拙著：《近代汉口市政研究（1861—1949）》，中国社会科学出版社2017年版，第340页。

④ 沈松平、张颖：《宁波商人与宁波近代市政》，《宁波党校学报》2004年第3期。

公共厕所。①

如此等等，不胜枚举。这些均属于直接参与城市公共卫生设施建设。

2. 参与公共卫生管理

近代中国民间力量在城市公共环境卫生管理方面发挥了重要作用。

在清末民初，汉口的街区性自治组织各保安会以及汉口各团联合会部分地承担起清洁便厕、街道的任务。一些保安会负责街巷环境卫生的是会内的商警，他们"雇用扫夫"打扫街巷卫生，或由商警督率会内消防员用消防水袋在各街巷清洁便池。各保安会还疏浚下水道。

在近代上海，除了民办的由商界主持的市政管理机构如上海城厢内外总工程局等，在体制内参与公共环境卫生管理之外，其他社团组织也参与到公共环境卫生管理中来。如，1914年，南市十六铺的河浜填塞后，阴沟又不通，秽水无处宣泄，有的清道夫将垃圾倾倒在城濠中，经日晒雨淋后，臭气熏天，该处商家居民以时届夏令，担心疫疠发生，于卫生大有妨碍，就呈请工巡捐局和城濠官地丈放局挑除垃圾，未被理睬。在市政当局严重失职的情况下，呼吁无门的商民公同决议集资自行筹办清除道路，以维持公共环境卫生。② 1916年，上海慈善团经董等发现清道夫将垃圾倒入清洁堂墙外的小浜中，就致函淞沪警察厅，要求饬令该区警署督令清道夫将垃圾挑去，另觅地点倾倒垃圾。③ 因此，上海商界积极介入了城市公共环境卫生管理，自觉地行使监管权。

在上海周边的城市，民间也积极参与公共环境卫生管理。在苏州，市民公社协助警署修置垃圾桶，同时又要求警署责成清道夫认真扫除污秽，以重卫生。④ 在松江，乐恩益德会联合绅、商、学界成立了松江公

---

① 《松江·益德会租地建筑公厕》，《申报》1923年7月5日第11版。
② 《商民欲除积秽之无告》，《申报》1914年5月21日第10版。
③ 《清道夫妨碍公共卫生》，《申报》1916年7月30日第10版。
④ 《苏州·干涉顾全公益》，《申报》1916年7月22日第7版。

第二章　体制层面之外的近代中国民间市政参与

共卫生会。从该会开展活动的情况来看，该会与警所合作进行卫生管理，对警所交议的议案进行议决，如：警所交议分段组织清洁公所案，该会议决推定会员作为筹备员进行筹备；对警所交议推行卫生行政，决定分段向居民演讲。同时，该会还自主决定在市区东西南北分置垃圾桶的数量，要求警所饬令警察阻止宰杀牲口者任意抛弃秽物，要求警所责令岗警对新旧垃圾桶随时查察，以便保护；由该会与各区卫生警察一起标定小便处所；要求警所所长对于管理公共卫生不力的西二区分驻所进行督促，等等。① 到1923年11月，该会对于组织松江市清洁事务所一事，拟有大纲，宗旨为"排除污秽，维持清洁"，计划设18分事务所，职员职权分立法、执法两部，董事会为立法机关，总管理为执行主任。并计划招股办理。② 该会显然取得了部分城市卫生管理权，俨然成为一个公共卫生管理的议决机关和监督机关。

1923年夏，嘉兴成立了卫生会，该会打算从以下方面整顿公共卫生：改变倒粪时间；取缔道旁便溺；禁售露天食物；设立卫生警察。③ 在镇海庄市，商人庄炳照鉴于该镇公众卫生多不讲究，商同当地绅商创设清道局，负责街道卫生。1920年7月，镇海绅商林凤来等在城厢成立水道会，设清道夫数名，并在各处置垃圾桶，以清洁水道。在宁波，绅商为改善城市卫生环境，于1926年发起筹建公共卫生处，专门负责街道、水道等卫生事宜。④

在清末烟台，商务总会除承担工商管理职能外，还兼理巡警局、涤净局、工程局事务，"以卫市面，而清街道"⑤。显然，烟台商务总会承担了超出其职能范围的市政管理职能，其中就包括公共环境卫生管理

---

① 《松江卫生会职员会》，《申报》1923年8月9日第10版；《松江卫生会常会纪》，《申报》1923年8月26日第11版。
② 《松江·公共卫生纪事》，《申报》1923年11月25日第10版。
③ 《市政·公共卫生之一斑》，《申报·常识周刊》1923年10月12日第11版。
④ 沈松平、张颖：《宁波商人与宁波近代市政》，《宁波党校学报》2004年第3期。
⑤ 曲春梅：《近代胶东商人与地方公共领域——以商会为主体的考察》，《东岳论丛》2009年第4期。

· 137 ·

职能。

近代中国民间力量还参与了医疗、防疫卫生管理。

例如，在清末天津，天津商学公会曾组织了天津临时防疫会，天津商务总会曾组织了天津保卫防疫会和天津防疫保卫医院，在天津医疗、防疫卫生管理发挥过积极作用。①

又如，在民初汉口，汉口慈善会在城市医疗、防疫卫生管理中所起的作用十分突出，该会不仅开设医院，施医、施诊，还种痘、收埋浮棺。该会在收埋浮棺方面成绩显著，1918年，汉口暴发瘟疫，染疫而死者极多，从1—6月底，该会收埋浮棺达3000余具。从7—10月中旬，又收埋浮棺四五百具之多。② 汉口慈善会的作为，对于阻遏瘟疫的继续蔓延所起到的作用是不言而喻的。

再如，在民国上海，南市各慈善团体除了平常施医、施药、施诊之外，还积极给贫民免费接种牛痘。1924年，联益善会就曾施种3207起，沪南慈善会在1934年施种753起。③ 在瘟疫流行时还采取临时的特别医疗措施来强化医疗、防疫卫生管理，以抗击瘟疫。1923年，闸北由于街道不卫生导致疫疠流行，公共卫生亟待整顿，闸北灭除蚊蝇会决定致函工巡捐局切实整顿，闸北五路商界联合会亦致函工巡捐局立即采取行动，以防疫疠，保卫民生。④

可见，民间对公共卫生管理的参与，有的是直接参与管理，有的是间接参与——对市政当局履行公共卫生管理职能的情况进行监督。

总之，通过参与，民间社团一定程度上分担了市政当局的卫生建设

---

① 参见路彩霞《清末京津公共卫生机制演进研究（1900—1911）》，湖北人民出版社2010年版，第187页。

② 拙著：《近代汉口市政研究（1861—1949）》，中国社会科学出版社2017年版，第339—340、344页。

③ ［日］小浜正子：《近代上海的公共性与国家》，葛涛译，上海古籍出版社2003年版，第74页。

④ 《闸北之卫生亟待整顿》，《申报》1923年6月22日第15版。

与卫生管理的职能,并扮演着卫生行政监督者的角色。

(六) 参与社会救济

近代中国民间参与社会救济的主要力量是绅商及其主持的慈善组织。在清末,城市绅商与慈善团体举办的慈善事业实际上已经纳入自治事业的范围,成为社会救济事业的范围,即市政范围。所以,上海慈善团参议会会长莫子经函称,"善举本市政范围之事"[①]。梁元生对于清末上海善堂的研究,揭示了慈善事业与市政的关系,认为清末善堂的基本工作和性质是慈惠与救济,慈善事业与社会公众事务或市政相糅合。民国元年上海的许多善堂成立了联合组织——"上海慈善团"。许多善堂处理的事务已经不仅仅是道德性善举——慈善救济范围,还牵涉地方公益乃至市政事务。[②]而小浜正子更明确地指出,辛亥革命之后,上海主要善堂联合组织了上海慈善团,它的理念和活动内容与以往的善堂大不相同,它以济贫和职业教育为中心,而其原有的一些其他业务则分别移交给医疗、教育、警察、消防等职能部门,或者被废止了,善举成为市政的起点,并开始被纳入社会事业中。[③]

民初汉口商界开办了汉口慈幼院、孤儿院、育婴敬节堂,收养孤儿婴儿、救助无助的寡妇。汉口慈善会经营的慈善事业包括:孤儿院、残废工厂、中西医院、施送棺木、收埋浮棺、开办国民学校、栖留养病、发给孤贫口食、设立救生红船、办理冬赈衣米、遣返难民、抚恤被火灾民等,仅前三项的开办经费和常年经费就需款"十万金"。其门类之广、理事之多、规模之大,非清末慈善会、各善堂所理慈善事务

[①] 《市政厅不愿担负慈善费之劝告》,《申报》1913年6月15日第10版。

[②] 梁元生:《慈惠与市政:清末上海的"堂"》,《晚清上海:一个城市的历史记忆》,中山大学出版社2000年版,第207—233页。亦见梁元生《慈惠与市政:清末上海的"堂"》,《史林》2000年第2期。

[③] [日]小浜正子:《近代上海的公共性与国家》,葛涛译,上海古籍出版社2003年版,第53页。

所能比。① 1916年春夏之交，汉口火灾频仍，被灾几及万家，且有伤毙人口情事，灾黎惨状，目不忍视，绅商各团体如汉口商会、慈善会、各保安会、各团联合会、各善堂发款赈济者络绎。② 1933年，汉口市区操场角发生严重火灾之后，市商会由贺衡夫、陈经畬、苏汰余等主动出面，联合汉口红十字会、汉口善堂联合会等慈善团体，发起组织"临时火灾急赈会"，紧急救济被灾民众。汉口商界还加入了乞丐收容委员会和汉口市救济委员会、冬赈委员会、湖北水灾救济委员会等城市社会救济组织中，协助省、市政府开展社会救济。③

胶东地区的商人和商会也积极投身于社会公益活动，在兴办教育、慈善赈济、创办贫民工厂等方面，做出了突出的贡献。④

近代中国商界参与社会救济，对于扶助贫弱，维护城市社会稳定起到了重要的作用。

值得注意的是，民间在参与社会救济的时候，其在民初和民国中后期所扮演的角色是有着较大变化的。在民初，政府对于民间参与社会救济基本上是持放任或鼓励的态度。到了民国中期以后，不但国民政府针对慈善团体颁布管理规则，而且市政府也颁布相应的管理规则。根据这些管理规则，慈善团体需要进行注册登记，申报财产，甚至被要求将账目交市政府审核。他们失去了民初那种办理社会救济的自主权和自由度。

民国中期以后，民间参与社会救济的另一种主要方式就是各团体派出代表，加入附属于市政府的社会救济性质的委员会，如前述汉口商会等社团组织加入汉口市救济委员会、乞丐收容委员会、冬赈委员会、浮

---

① 拙著：《近代汉口市政研究（1861—1949）》，中国社会科学出版社2017年版，第342—345页。
② 《汉口·棚户搭棚之限制》，《申报》1916年4月16日第7版。
③ 拙著：《近代汉口市政研究（1861—1949）》，中国社会科学出版社2017年版，第505—506页。
④ 曲春梅：《近代胶东商人与地方公共领域——以商会为主体的考察》，《东岳论丛》2009年第4期。

棺收葬委员会，就属于这种情况。在这种形势之下，民间社团虽然取得了一定的参与社会救济事业的决策权，但是，很多时候比较被动地充当着市政府社会救济事业的财东和善主——而实际上更像个乳母。因此，它们往往失去了民初那种作为城市主人翁参与的积极性。

五　社会舆论的市政参与

在近代中国，市政专家、学者、报人、商人等个体、群体及其社团组织等，均曾通过舆论参与市政，影响市政。当时，最有效的舆论工具就是报纸，其次是各种市政相关期刊、杂志、市政著作、市政公报，还有演讲等。

报纸由于信息更新快，信息量大，是舆论传播的利器。而报纸不论公私，都可以作为市政信息和市政舆论发布的平台。市政相关期刊、杂志的信息更新相对较慢，相同时段内输出的信息量相对较小，但它们可以就市政问题进行很集中而专门的报道或论述。市政著作与市政相关期刊、杂志在传播市政专门知识方面具有明显的优势。而市政公报作为民间参与市政的平台之一，能够赋予民间参与市政的空间相对较小。

事实上，近代国人尤其是市政专家、学者和关注中国市政发展的个体、群体及其组织的社团，他（它）们也都具有通过主办报纸杂志、出版著述、发表文章来参与市政的自觉意识。留学生宋介从美国回来后，发现"中国大多数人却还优游于旧式城市生活之下，因陋就简，并没有表示不满或图谋改善。惟一原因，就因他们还没有明了。有此种种，我觉得宣传市政常识，真成刻不容缓的事，所以才译此书"①。显然，他是以译书为散播市政常识的手段。中华全国道路建设协会致函各省省长说："道路交通，本为应时之急务，而提倡参政，尤

---

① ［美］W. B. 孟洛：《市政原理与方法》，宋介译，商务印书馆民国十五年（1926）版，译序。

须藉重专刊"①，明确表示要通过发行专刊参政——当时指路政和市政。该会出版的《道路月刊》杂志，很快就成为国内新兴市政改革势力宣传市政、产出市政舆论以影响国内市政发展的重要平台。当时，"各地新闻界，善察国人心理，对于市政之提倡，极为热心，每逢年节国庆，发行增刊时，概有市政文字之征求。各处开明绅商与团体，亦常有市政专门演讲之举行……苏州平旦学社，暨上海青年会之市政专门演讲会，皆所以引起市民之注意市政。此外，更有专门提倡市政之定期刊物，如汉口之《市声周刊》，与上海之《道路月刊》等"②。

近代国人通过舆论参与市政的目的也很明确。1923年9月16日的《市声周刊》创刊宣言宣称，"市声一词，其涵义有三：一曰市民之声，将以市民之意见，发为言论，而成真正之舆论也；一曰建设市政之先声，欲藉言论之力，普及市民常识，确定建市计划，以为促进市政，助长市民自治能力之工具也；一曰市场之声……促工商业之进步也"，其宗旨在于指导舆论，评论地方事情，事实与理论接近，注重社会问题。③《大公报·市政周刊》发刊词开宗明义，表明该刊的开办就是"一方在讨究市政建设之计划，凡是有利于市民，有益于国家的，务竭全力促其成功。一方报告一切关系市政的法令规程于市民，遇必要时，更加以浅显的说明，使市民了解市政当局的措施，然后市政建设才能顺利进行"④。殷体扬曾指出，刊行《市政评论》旨在"引起全市市民对于研究市政问题的兴趣，而达到人人都有参与促进市政的机会"⑤。陈受康则希望《市政评论》能够促使市政"锐进"和"科学化"。⑥总之，近代国人通过舆论参与市政的目的就是要促进中国市政

---

① 《致各省长公函》，《道路月刊》第11卷2、3号合刊（1924年11月），"文牍"，第1页。
② 董修甲：《市政研究论文集》，青年协会书报部民国十八年（1929）发行，"序"，第1页。
③ 《本刊宣言》，《市声周刊》第1期1923年9月16日第1面。
④ 《本刊的旨趣》，《大公报·市政周刊》（天津）1929年1月12日第15版。
⑤ 殷体扬：《市政问题的研究》，《市政评论》第1卷（1934年6月），第2页。
⑥ 陈受康：《改革我国市政的先决条件》，《市政评论》第4卷第7期（1936年6月），第7页。

的发展。

近代中国社会舆论的市政参与的内容很丰富，主要包括以下几个方面。

（一）报道市政相关事件和市政进展

近代各城市的大报不仅对于本城市的市政事务都进行跟踪报道，还对国内其他城市的市政进行跟踪报道。市政事务内容繁多，报纸所刊载的市政信息，一般是与城市治安密切相关的和大众最为关切的市政问题。

例如，《申报》对于上海南市救火会、华人参政运动、争取城市自治运动的报道，几乎是有事必报。同时，该报对于影响全国人视听的重大问题如民初汉口重建问题，自始至终都进行关注（1912年主要相关报道见表2—3）。只是，在这个方面的报道，不如汉口本地报纸那样详尽，但是从这些报道中可以窥见民初汉口重建问题的大略。

至于汉口本地的报纸，如《汉口中西报》尤其是《国民新报》，对于民初汉口重建问题报道尤为详尽。通过报道，公众可以了解民初汉口重建这一重大事件的进展，诸如：市政规划如何，经费如何筹措，官府——中央政府及省行政、军政、议会，与民间——汉口市民及汉口商会、业主会、各团联合会等，各方反应如何，其进展是如何一波三折，具体建筑状况如何，等等（相关报道信息见表2—3）。

表2—3　1912年《国民新报》《申报》有关汉口重建问题的主要报道

《国民新报》	《申报》
《业主会详记》，1912年5月15日 《建筑总理左德明第二次辞书》，1912年5月23日	《汉口将为中立地》，1912年1月26日 《归复汉口商场之硕画》，1912年1月26日

续表

《国民新报》	《申报》
《关于建筑之嘉言入告》，1912年5月27日	《汉口已为中立地》，1912年2月4日
《上级议事会纪事》，1912年6月19日	《新汉口市场办法》，1912年2月9日
《军政府咨复汉口借款案》，1912年6月23日	《汉口市政谈》，1912年2月11日
《军政府交议汉口建筑借款合同案（续）》，1912年6月23日	《新汉口建筑章程》，1912年3月2日
《业主会反对借款》，1912年6月27日	《恢复汉口市面之办法》，1912年3月4日
《业主会公举参议》，1912年7月5日	《新汉口之大建筑》，1912年3月26日
《路线偏绕会馆之问题》，1912年7月8日	《武汉近闻之汇述》，1912年4月10日
《关于建筑之问答》，1912年7月9日	《新汉口建筑种种》，1912年4月20日
《借款之近况》，1912年7月20日	《汉商会通告各业主为建筑马路事》，1912年4月30日
《筹办处人员之恐慌》，1912年7月26日	《汉口市政新谈》，1912年5月13日
《规定建筑参议》，1912年7月31日	《官商合建新汉口》，1912年5月14日
《马路又将改革》，1912年8月4日	《侨商承借建筑费》，1912年5月22日
《新市场分为三事》，1912年8月4日	《筹还新汉口建筑借款问题》，1912年5月31日
《关于汉口建筑马路之卓议》，1912年8月15日	《汉口借款合同签约矣》，1912年6月6日
《自由建筑房屋》，1912年8月26日	《华侨新汉口建筑公司规则》，1912年6月8日
《建筑市街之新猷》，1912年8月28日	《新汉口即将建筑》，1912年6月29日
《马路线之更动》，1912年9月19日	《新汉口建筑近闻》，1912年7月21日
《建筑公债之简章》，1912年10月2日	《汉口建筑公债票简章》，1912年10月6日
《建筑处之困难》，1912年10月7日	
《审查厅指拨建筑处》，1912年10月8日	
《建筑汉口总工程师容觐彤上湖北都督及民政长经营汉口大略书》，1912年10月8—10、12日	
《新汉口之八面观》，1912年10月28日	《汉口建筑大计划》，1912年11月14日
《建筑处之大裁汰》，1912年11月3日	《汉口建筑借款合同》，1912年11月23日

第二章 体制层面之外的近代中国民间市政参与

续表

《国民新报》	《申报》
《汉口建筑处之大风潮》，1912年11月10日	《汉口建筑借款合同（续）》，1912年11月24日
《建筑借款之波折》，1912年11月10日	《鄂省金融近况》，1912年12月27日
《建筑处全科职员上副总统挽留左总理书》，1912年11月10日	
《议会改定马路地皮价值》，1912年11月11日	
《议决建筑公债票》，1912年11月13日	
《工程司揽权手段之灵活》，1912年11月30日	
《工程司拟填河之谬妄》，1912年11月30日	
《五千万抚恤之简章》，1912年12月28日	

说明：现存《国民新报》缩微仅存1912年5月之后的部分。

当然，如果仅仅是不做是非褒贬的事实载记的话，那么，其舆论引导价值就难以体现。事实上，《申报》和《国民新报》的相关报道都比较倾向于同情民间的反应——汉口业主会、商会、各团联合会等对于参政权（包括参与权、监督权、知情权甚至主办权）的诉求。两报对于官方处理汉口重建事务的左右失据也进行了详细报道，实际上显示出对于官方处理汉口重建问题的不满。因此，这些有关市政进展和市政相关事件的报道，实际上起到了舆论导向作用。

1922年之后，上海、天津、汉口、北京等地大大小小的报刊，主要是民办大报如《申报》《大公报》（天津）、《江声日刊》（汉口）、《燕都报》等，对于当时渐入高潮的地方自治运动进行了方方面面的详细报道，诸如：纷纷成立自治性社团、争取恢复地方自治，要求成立或恢复市政会、市政厅，争成为特别市运动、争取警政权和警捐监督权、试图建立稳定的武装商团等，对市民与城市社团等争取城市自治运动进行大力声援。通常，这些报刊还相互转载相关内容，发布其他城市有关自治运动进展的信息，实际上是在舆论上相互声援，共同支持民间的市政参与，为当时民间的市政参与诉求和城市自治运动推波助澜（相关情形请参阅第三章"争取城市自治：体制层面的近代中国民间市政参与"）。

民初的《申报》对于各种社团和组织开展的市政相关学术活动，尤其是学会成立、学术报告或演讲会均要进行报道。上海的苏社、中国青年会、上海市政公所邀请市政专家董修甲、社会名流黄炎培、大学教授张君劢（曾任国立自治学院院长）等演讲市政的情况，均一一进行预报、事后及时报道。透过这些报道，公众可以窥见市政人才培养的重要，感到中国市政人才的缺乏，中西市政的差距，以及城市自治应注意的事项，从而对市民起到舆论引导作用。

《申报》在民国中期还一度辟有副刊《申报市政周刊》，登载《上海特别市政府公报》和《首都市政公报》，《大公报》辟有副刊《大公报·市政周刊》，它们分别有助于市民了解上海、南京和天津市政改革与市政发展的情况，对于传递市政改革信息起到了积极的作用。

一些市政相关刊物或专刊也对市政相关事件和市政发展状况进行报道。例如，作为路市两政专刊的《道路月刊》，其"纪事""调查""市政""工程""广告"等专栏，均涉及市政相关事件和市政发展相关信息，例如：1924年第10卷第1期的"调查"专栏下，有《西安修筑马路》《苏省拆城筑路三则》《长沙市政积极进行》等报道。1925年第12卷第2期"调查"专栏下有《各地市政汇录》，"特件"专栏下有《广州市市长选举暂行条例》，"工程"专栏下有《青岛之道路与沟渠》。这些信息都反映了民初各地市政改良、革新的情况。1925年第12卷第2期内还插载有市政书籍广告如《道路工程学》《东京之市政》《市政工程学》等。其引导公众学习市政知识，了解国内外市政发展动态，关注市政改革，舆论导向十分明显。

民国时期影响很大的市政专刊《市政评论》，其"市政零讯"专栏专门登载反映国内各城市市政进展或市政发展方面的信息。其中，不免寓有褒善贬恶。例如，该专栏中对于南京市长石瑛廉洁奉公，努力推进市政发展的情形进行了报道,其积极的市政舆论导向作用亦不言而喻。

(二)介绍市政常识

市政常识缺乏,是阻碍市政改良和革新的一大障碍。如果市政当局缺乏市政常识,市政府的管理工作就很难专业化、科学化,市政就难免腐败;如果市民缺乏市政常识,官民之间的协作与配合就难免出现问题,市政管理的阻力就会增加,市政改良和革新就更难进行。因此,"市政改革新兴势力中有不少人……积极宣传市政改革知识和市政学基本知识,为国内市政改革制造社会舆论,为施展抱负、改变自身处境做积极的努力"①。所以,20世纪的20年代之后,随着欧美留学生的归国,民办的宣传市政常识的报刊便逐渐产生;同时,市政改革新兴势力也借助于官报,传播市政常识。

《申报》《道路月刊》《市政评论》《市声周刊》(汉口)等报刊,都是民国时期介绍市政常识的代表性刊物。

《申报》在民初辟有《申报常识增刊》和《申报汽车增刊》《申报汽车特刊》。在《申报常识周刊》中,又辟有"市政""卫生""法律"等方面的专栏,就是为了介绍市政等方面的常识。例如:1922年5月10日的《申报常识增刊》的"市政"专栏介绍市政的篇目就有:《都市与公园之关系》,介绍了欧美都市公园建设的概况,强调了都市中公园建设的必要,并提醒读者"此亦讲求市政者亟宜注意之一端也"。《拆城祛惑》介绍了保留城墙的害处和拆去城墙的好处。其实就是通过介绍常识来扫除读者心中对于拆城以发展市政的顾虑。《地方团体种类之区别》介绍了地方团体的种类,其中之一就是能够行使地方公共事务(即办理市政)的地方自治团体。这样的常识介绍正好与当时兴起的地方自治运动相配合。1923年3月1日和7日的《申报常识增刊》的"市政"专栏,分别介绍了《街道之统系》和《市区之规划》。其后的3月30日直至4月23日,连载了市政专家董修

---

① 赵可:《市政改革与城市发展》,中国大百科全书出版社2004年版,第115页。

甲有关城市规划方面的文章。① 此外，在《申报汽车增刊》《申报汽车特刊》中，就发表了大量介绍有关城市道路、交通的建设和管理方面的文章。如此等等，均旨在介绍市政基础知识，普及市政常识。

有的报纸为了贴近民众，还用白话的形式登载市政方面的信息，实际上也介绍了市政常识。如1922年7月16日的北京的《商业日报》刊登的《京都市商界白话宣言》，用白话介绍自治的含义说：

> 自治也是一种行政的制度名词，是对官治来的，由国家定出法规，各地方市民照法规选举会员，组成自治会，另举出市长来，执行这个市的市政，什么交通咧，像电话、马路、电车等类；什么卫生咧，像疾病、清洁等类；什么教育咧，各种学校讲演等类；什么调济金融咧、粮食水利咧，全是自治会应办的事。

这其实是用浅显的文字揭示了城市自治的基本内容，就是市民办理市政。

作为市政专业期刊的《市政评论》，其对市政方方面面知识的介绍，是该刊的主要内容。我们只要阅览其目录就不难知晓。如果说该刊对于市政常识的普及自不用多说的话，那么，其他期刊对于市政常识的介绍也是值得注意的。《道路月刊》出版后，刊载有大量市政著述与信息，例如1930年第30卷第2期内所载的直接与市政有关的10篇文章，其介绍、普及市政常识的意味是很浓厚的（篇目的具体情况见表2—4）。

---

① 如：3月30日的《城市规划之意义》，4月2日的《城市计划之历史》，4月4日的《城市计划制度之种类》、4月6日的《城市计划以前之调查》、4月9日的《城市交通上之计划》、4月14日的《城市房屋段落上之计划》、4月18日的《城市公共房屋之计划》、4月20日的《城市私人房屋之限制》以及4月23日的《城市计划中之社会状况》。

第二章　体制层面之外的近代中国民间市政参与

表 2—4　1930 年《道路月刊》第 30 卷第 2 期所载市政著述篇目表

篇名	作者
《都市路灯的研究》	杨哲明
《田园化的工村建筑》	顾在埏
《市车费问题》	陈良士
《市公债》	程德谞
《英国工党之都市政策》	龚光朗
《广州特别市马路小史》	程天固
《整顿汉口特别市之交通计划》	董修甲
《汉口市街之计划》	陈克明
《最近长沙市工程鸟瞰》	左式明
《长途汽车票价》	自在

汉口的《市声周刊》在发行之初，其介绍市政常识的意图也是很明显的。例如，该刊的第 1 期、第 2 期登载的《市之法律地位》《汉口的市政》《委员制的市政》，内容都是对市政基础知识的介绍。

卫生是市政的一个方面。《汉口中西报》等大报，在 20 世纪 30 年代往往附刊一个专门的卫生特刊，宣传各种卫生知识。各大报刊还在每年卫生运动大会时出版卫生运动大会特刊，以宣传各种卫生常识。因此，这些报纸所辟特刊，自然也起到了普及卫生常识的作用。"近代报纸媒体对环境卫生给予了高度的关注、宣传和报道，为普及卫生知识和促进武汉环境卫生事业的发展贡献出了自己的一分力量，表现出了报人关注社会、关注民生的强烈责任感，也显示了报纸媒体干预社会的功能。"[①]

事实上，不仅仅是报人，近代中国包括报人在内的市政专家、学者（有的学者就是报人）、商人（有的报人就是商人）等个体、群体及其

---

① 黄冬英：《近代武汉环境卫生管理研究（1900—1938）》，华中师范大学硕士学位论文 2007 年，第 54 页。

社团组织等，他们办刊办报，发表演讲，介绍市政常识，都表现出对事关社会、民生的市政给予了强烈关注，体现出强烈的社会责任感，从而显示了报刊媒体参与市政、同时也是干预市政的社会功能。

（三）发表市政评论，揭示市政问题，反映社会心声

近代中国社会舆论的市政参与还突出地表现为：发表市政评论，揭示市政问题，反映社会心声。汉口的《市声周刊》的办刊要旨之一就是"宣传民隐"①——反映市民心声。

民初民办报刊经常毫不客气地批评市政腐败，而批评路政腐败是经常的事情。1924年3月，《申报》批评南市市政，"素称不良"，浜臭、秽物山积、路灯稀少、道路狭窄。②而此前不久，该报曾两次批评南市路政问题，希望市政当局进行改良。③ 1925年5月，又批评闸北的人力车为"叫化式之人力车"，实为"闸北市政之极大污点"，要求该局妥为取缔，并指定场所，按季验车一次，"以维市政，而利交通"。④《京话日报》则批评"内城巡警，不但没有进步，而且一天比一天腐败"⑤。

发表市政评论与揭示社会问题、反映社会心声很多时候是三位一体的，民办报刊有关市政的评论多半如此。例如：民初的天津《大公报》经常刊登揭示路政腐败的内容，希望借此引起市政当局的注意。1922年7月28日，《大公报》在"闲评"栏下载有一篇《津埠路政宜注意的》短评，该文首先揭示天津市的道路交通问题，"连日淫雨，道路泥泞，不便交通，影响市政。……泥深没踝，辄虞颠踬……车行如陷泥淖，益感行路不便"，然后批评说，"奈何有路政之责者，漠视民瘼，

---

① 《联市自治》，《市声周刊》第1期（1923年9月16日），第3面。
② 《南市商民提议改良市政》，《申报·申报汽车增刊》1924年3月22日第4版。
③ 权：《市政·南市市政亟宜改良》，《申报·常识增刊》1923年12月5日；春愁：《专论·改良南市路政谈》，《申报》1924年2月23日第1版。
④ 《闸北商联会请取缔人力车》，《申报》1925年5月9日第15版。
⑤ 《市政会议》，《京话日报》第728号第4版。

第二章 体制层面之外的近代中国民间市政参与

而不加之意乎？"实际上在批评与解释市政问题的同时，希望引起市政当局注意路政。1929年5月24日天津《大公报》发表社评，反映都市人口集中，居住地人烟稠密，鳞次栉比，中下层市民呼吸都感到不舒畅，并指出国外像伦敦、柏林这样的大都市，都开辟有众多的公园供市民和团体游憩，而天津的华界只有一个河北中山公园，租界公园数量虽然较多，布置也华美，但是却限制华人游憩。因此，社评大声疾呼："欲谋公众卫生进步，宜求改良群众生活，此项公共游憩场所之设置，殆为最急最简之办法，只须当事者热心提倡，邀致市民，共同设计，周到管理，绝对不生困难……吾人感于津人需要公园之迫切，敢贡所见，惟市政当局图之。"[1]

《申报》的"杂评"专栏中的"杂评二"，最喜发表市政评论，揭示市政问题，替市民说话。1917年3月4日《申报》的"杂评二"，针对上海自治机关被解散，军政当局有可能在上海设置商埠局，上海市的自治款产将因此遭受侵夺等问题，批评上海军政当局依仗军政威势，借改组之名，行官治之实，表达了上海市民对军阀专制地方、侵夺上海市政权的强烈不满。[2] 该报1918年的一篇杂评，揭示闸北公共卫生存在"不堪言状"的事实，批评市政当局的失职，提醒"官厅方面亦宜加之意"。[3]

官办的报刊有时候也为读者提供参与市政的空间。如：《新汉口市政公报》曾辟有"市民之声"栏目，专供市民反映市政问题，表达市民心声。有个叫吴道南的市民，给市政府提出了4个建议，诸如市政工程应先建筑平民住宅和小学校舍，而缓建公园和娱乐场所，应提倡使用国产布料，应统一度量衡等。[4] 再如《武汉日报》设有"读者之声"的专栏，让读者发表市政评论，反映市政问题和市民心声。1947年以后，

---

[1] 《社论·本市需要公园之迫切》，《大公报》1929年5月24日第1版。
[2] 《杂评二·上海市政之将来》，《申报》1917年3月14日第11版。
[3] 《杂评二·闸北之公共卫生》，《申报》1918年5月7日第11版。
[4] 《市民之声·吴君来信》，《新汉口市政公报》第1卷第6期，第203—204页。

武汉公用事业不断涨价，到了1948年之后，市民越来越感到生活的窘迫，甚至连日常过江轮渡的渡资也难以承受了。1949年3月9日，有读者就反映武汉轮渡码头无理增价，使渡江民众不堪重负。①

北平的市政问题研究会是由殷体扬等人集合研究市政的同志于1933年组织成立的，由于一时还没有建立起反映市政问题的舆论平台，该会就在1933年9月以后至1934年5月10日之前的这段时间里，借助于《华北日报》作为舆论平台，在该报上发行副刊——《市政问题周刊》。② 在这段时间里，该会专门针对北京的社会、教育、公安、卫生、财政、公用事业、自治等市政方面存在的问题进行了调查和研究，一共发表论文、评论、报道、调查报告等文章70余篇③，起到了很好的督促市政当局和舆论导向作用。

（四）建言献策，倡导市政改良与革新

近代中国社会舆论的市政参与还有一个方面的重要表现，那就是为市政建言献策，倡导市政改良和革新。

一些民办报刊登载的文字，大声疾呼市政改良和革新，并提出自己的市政对策。春愁在《申报》上呼吁改良南市路政，建议南市方面应该"妥筹的款，分段集资"④，以达到改良路政的目的。万宝增在《申报》上呼吁改良北京市政，他指出，"北京虽为首都，而市政之进步，实不及津沪，此最大之缺点"。市政关系人民之幸福，京师为首善之区，而市政公所所办之事，大多只注重于市政的外观，而忽视市民的实利，这不应该称之为市政进步。为此，北京市应该在城市交通、卫生、古迹保护方面分别进行必要的改良。⑤

---

① 《读者之声·轮渡码头无理增价　过渡民众不堪重负》，《武汉日报》1949年3月9日第3版。
② 《发刊小言》，《市政评论》第1卷合订本，市政问题研究会1934年6月编印。
③ 《目录》，《市政评论》第1卷合订本，市政问题研究会1934年6月编印。
④ 春愁：《专论·改良南市路政谈》，《申报》1924年2月23日第1版。
⑤ 万增保：《北京市政改良之我见》，《申报·申报汽车增刊》1924年1月12日第3版。

第二章 体制层面之外的近代中国民间市政参与

北京本地的报纸上，也在积极倡导市政改良和革新，有的报纸登载的大白话式的宣讲很是动人：

> 北京近几年来，卫生进步，人民不准随便在街上解手儿，差不多各街巷，都有公立厕所，总算是慰情，聊胜于无啦。可是这宗厕所，办理好的，固然是不少，办理太糟的，亦所在多有：
> 一种是不敷用，一条大街，通长十里，不过三两处厕所，一条胡同，甚至于一个儿没有，各小街儿，各僻巷，那就更不用说啦。
> 一种是建筑不合法……（里面太臭）……先不必说外国的茅厕，就说天津公共厕所，都比北京强。其地基宜高，其沟宜深……北京的公厕中，都是尿水狼藉，不能下脚，何妨改良改良呢？
> 一种是无人管理粪除，人民委之于警区，警区委之于粪夫。建筑完工，开放之后，有无缺点？有无毛病？是否适用？无人过问。甚至谓吹毛求疵，恐怕经费无着，难以开口，这话是错极啦！此等事，一般商民，自愿出钱，而且不必商民多拿钱，以粪卖钱，以工代赈，粪夫就肯负责任……再不然可以收费，入厕者每人一枚制钱儿，也能筹款。但必须每日认真查两遍，是否打扫干净。如果听其自生自灭，打那儿好起？要有自治机关，当然责备自治人员。因为没有，可就应当市政公所，跟警察区署担负改良之责了。①

不仅批评娓娓道来，还给出了能够解决问题的主意，最后还表个态：主意都有了，你们市政公所跟警察区署就担点责，看着办去吧！

同是一报，批评之声更加刺耳，改革呼声如雷贯耳，而其建言献策也是直截了当，读来令人兴味盎然：

> 北京市民，知识薄弱，自己放弃权利，国家乘机攘夺，才有市政公所之设。市政公所成立以来，只知收捐，对于市民福利的事

---

① 静人：《厕所宜速改良》，《京话日报》第2566号（1918年12月10日）第1版。

业，毫无设施……市政公所，反抱定四马路式的政策，对于流氓娱乐场所，极力提倡……车捐收入，几与铺捐相等。路政可是非常之糟，胡同里不住阔人儿，永世也没修马路的计划；阔人一日乔迁到此，立刻地平如砥。对于人力车夫身体，尤其不知爱护。今年虽建些人力车夫休息所，那是慈善家的心愿，提倡出来的。要不是青年会先盖了几个，市政公所还许不准占用官街呢。自来水、电灯，为人民日用必需之物，应如何取缔改良，年来电灯不明，自来水任意加价，公所毫无过问。总而言之，北京市政不完善的地方太多，非彻底改革，绝对不能有起色……要打算改良市政，从根本上说，自然是得组织市会，由地方人民自己办理。不过，近年人心太坏，人才太少，没有宗教，所以没有公德。官厅把持，与地方舞弊，是一样的心理。唉！中华民国，简直成了流氓国！①

《新上海》刊登了苏莽的文章《上海市政改革之要点》，文章明确从街道、菜市场、自来水、公园、典当业、食物店、火葬场等具体的市政建设与管理层面提出了改良建议。②

汉口《市声周刊》宣称办刊使命之一就是通过舆论，宣传市政建设，确定建市计划。后来人们评论说，"在那时候发行这种刊物，真是所谓晨钟暮鼓，惊醒了不少的人群"③。中华全国道路建设协会及其所办《道路月刊》"年年鼓吹拆城、筑路，刷新市政，逐渐印入国人脑海"，结果，"通都大埠，纷纷筹备，着手实行，湘鄂滇奉晋浙津汉各市政，均各革故鼎新，锐意整理，大有一日千里之势……"④

本章前述之中国市政工程师学会北平分会及其所刊行的《市政革新运动专刊》，就是一个专家群体为市政建言献策、倡导市政改良和革新

---

① 益公：《平民讲话·市政与市民》，《京话日报》第3330号第6版。
② 苏莽：《上海市政改革之要点》，《新上海》1925年第1期。
③ 天君：《汉口市政刊物小史》，《新汉口》第2卷第4期。
④ 吴山：《模范育婴院组织大纲说明书》，《道路月刊》第11卷第1号（1924年9月），第2页。

第二章 体制层面之外的近代中国民间市政参与

的典型，具体情形，兹不赘述。

不惟报纸和市政期刊为市政建言献策，倡导市政改良与革新，就是专家学者们的相关著述，也大力倡导市政改革，为市政改革献计献策。

20世纪20年代中期，市政专家臧启芳发表论文《市政和促进市政之方法》，指出，促进中国市政的方法主要有三大点：

（一）为求树立市自治的基础及确定地方主权之故，中央政府当立即制定通用于全国的市自治法典，对于地方自治权限的规定当采取德、法概括的办法。

（二）就市政之实际设施而言，必须竭力讲求效率。

（三）为求市政普遍的与持久的进步，学校与社会皆当注意研究市政及教育市民两事。……说起研究市政及教育市民的方法甚多，今举其荦荦大者于左：

一，大学与专门学校添设市政学科。

二，设立市政研究会或促进会。

三，多译著关于市政的书籍，多出版讨论市政的杂志及小册子。

四，市政府随时公布市政实施的概括。

五，藉演说与电影宣传关于市政的常识。①

学者萧文哲在20世纪30年代末则对当时中国市制改革提出了一些原则性的建议，包括：

市分三等，一等市辖属于行政院，二三等市辖属于市政府；市以下分区，区的划分须与警区学区相同；一二等市设市政府，一等市市长简任待遇，二等市市长简任或荐任待遇；市在设参议会以前，因事实需要得设临时参议会；区设区公所，设正副区长1人，下面得设雇员和警

---

① 臧启芳：《市政和促进市政之方法》，《东方杂志》第22卷第11号（1925年6月），第29页。

察；区公所为集中民意，可以设置区民代表大会。① 萧氏的这些建议很多在后来的市制改革中不同程度地得到体现。

舆论层面的民间市政参与伴随着近代中国市政发展的始终，成为推动近代中国市政发展的重要动力。当市政舆论为市政当局所关注的时候，民间参与对市政发展的促进作用就会显得比较明显。

1935年2月，北平市政府职员同时也是市政问题研究会的负责人殷体扬，他撰写了《改进北平市社会事业意见书》一份，呈请市政府参考。结果，"幸蒙当局采纳，发交各主管机关分别拟议实施方案，以便核定实行"。之后，北平市各报和天津《大公报》纷纷批载了这份意见书，由此引发了一场关于改革北平市社会事业的讨论，"各地故旧，相交投函激励，各大报纸对于是项意见书，亦时有评论感言披露：有以新见补充者，有希事业推进者，有以疑难问题垂询者"。仅据《市政评论》披露登载这方面信息的有3大报纸共登载了7次：北平《晨报》2次、《晚报》1次、《世界日报》4次。② 在这些舆论回应中，除了对原意见书进行肯定、补充之外，还对北平市政府给予了期待——希望这些好的意见不要停留在计划里和纸面上。因此，当时的这些舆论回应实际上形成公众一致敦促北平市政府改良市政的态势——对于北平市政府而言，这可是不小的舆论压力；同时，客观上也对于沟通市政府与市内外公众，培育市民的市政革新意识起到了一定的作用。由此可见报纸市政舆论的力量。

与报纸有所不同，期刊登载的内容其主题相对集中，尤其是像《市声周刊》《市政评论》《道路月刊》这样长期发行的市政专刊和路市两政专刊，其发行的时间越早，初期的震撼力越大，如《市声周刊》于1923年在汉口的发行被视为市政革新舆论的"晨钟暮鼓"；发行的时间

---

① 萧文哲：《我国现代市制之过去与将来》，《东方杂志》第37卷第5号（1940年3月），第18—21页；亦见该氏《我国现代市制之检讨》，载《中央周刊》第2卷第29期（1940年2月）。

② 见殷体扬《答关心平市社会事业诸君》，《市政评论》第3卷第14期（1935年7月），第1—7页。原意见书转载于《市政评论》1935年第3卷第13期（1935年7月）。

第二章 体制层面之外的近代中国民间市政参与

越长,其舆论积累效应越强,《市声周刊》发行了 4 年多,《道路月刊》发行了近 26 年时间(1922—1937 年),市政专家董修甲说,"汉口之《市声周刊》,与上海之《道路月刊》等,均专致力于市政文字之宣传已久,颇著功效。"①《道路月刊》在 1930 年是被认为"集路市政之大全;谋新建设之方略""路市两政建设之导师"②,可见公众对该刊在市政舆论方面所起到积极导向作用给予了充分肯定。而《市政评论》从 1934 年开始发行,至 1949 年终刊,前后发行了 15 年多的时间,它在《道路月刊》停刊之后,成为民国中后期发行范围最广、影响最大的市政专刊。

近代中国民间市政参与活动及其内容十分丰富,既有组织、具体的建设与管理及舆论层面的市政参与,也有相关规划与决策、经费筹措诸环节的市政参与。而有关市政体制层面的市政参与是近代中国民间市政参与的重内容之一,笔者将在下一章节对该层面的民间市政参与进行探讨。

---

① 董修甲:《市政研究论文集》,青年协会书报部民国十八年(1929)发行,"序",第 1 页。
② 郁樱:《参观上海国运中之道路协会陈列所》,《道路月刊》第 30 卷 2 号(1930 年 5 月),第 9、11 页。

第三章

争取城市自治：体制层面的近代中国民间市政参与

近代中国城市自治运动由于涉及市政管理体制问题，因而最能体现民间市政参与的深度。本章将就近代中国民间争取城市自治运动的问题进行探讨，并将研究的时段集中于民间自觉而广泛地参与城市自治运动的民初[①]，参与的主体集中于商界为主的城市社团组织。由于上海是当时民间市政参与最为活跃的城市[②]，而汉口的民间市政参与是内陆城市中比较活跃的，也是笔者研究涉及过的领域，故本章的论述将以上海与汉口两个城市为中心展开。

一 纷纷成立自治性社团

城市自治是地方自治的一种，又名市自治或市民自治，就是以城市作为单立的行政区域，由市民组成市自治团体来管理城市内部事务及国家委托的城市事务的一种市政体制。在近代中国，由民间主动发起并以

[①] 因为民初是民间广泛自觉地参与城市自治运动的时期。在此之前，民间虽然参与城市自治运动，但是尚缺少在体制层面追求城市自治的自觉，此后城市自治在地方自治的大话题下虽然被提及，但是基本上停留于学术的层面，再也未能形成广泛的社会运动。

[②] 有关上海的市政体制变革问题，主要从地方自治的角度论述，并且将关注的对象集中于上海南市政厅和闸北市政厅等机构的命运，而更多的相关对象诸如淞沪市政协会、各马路商界联合会、市民协会等社团组织的影响，则较少关注，缺少专门研究。

第三章　争取城市自治：体制层面的近代中国民间市政参与

变革市政体制为目标的城市自治运动，实际上始于民元，盛于20世纪20年代前中期，而在1927年春达到最高潮。在民初这场断续进行的运动中，活跃于运动的城市各界尤其是商界，纷纷成立自治性社团，其中很大一部分就是以谋求城市公益，促进市政发展，甚至争取城市自治为目的的。

在上海，民元以后，成立了闸北市民公会。1914年，袁世凯停办地方自治，地方自治运动严重受挫。1916年袁世凯死后，地方自治运动恢复，成立了上海地方自治研究会、策进地方自治会、闸北地方自治研究会等社团。1917年黎元洪下台后，地方自治运动再度走入低谷。1919年以后伴随华人参政运动尤其是联省自治运动的兴起，城市自治运动又逐渐走向高潮，自治性社团纷纷成立。在租界，各马路商界纷纷组织联合会，并于该年10月联合成立了各马路商界总联合会（商总联）[①]。1920年，华人又成立了纳税华人会。而南市则成立有上海市纳税人会及各区纳税人分会、上海地方自治协进支会。闸北地区成立了闸北地方自治筹备会（即沪北五区地方自治筹备会，由闸北地方自治研究会改名）、闸北兴市植产会、闸北公民自治会、闸北商界联合会（由闸北五路商界联合会即闸北五区商业联合会改名而来）、闸北市民协会、闸北地方自治协会、闸北市政建设会、闸北地方自治协进会。此外，上海方面还成立有淞沪市政协会、淞沪市政研究会、淞沪市民协进会（该会还发起成立了淞沪市政讲习所），等等。需要指出的是，上海总商会在城市自治运动中也起着十分重要的作用，其下成立了民治委员会，在20世纪20年代初的城市自治运动中具有一定的影响。但总的来说，上海总商会在城市自治运动中的作用在1925年之后呈现出削弱的趋势。全国商会联合会也积极参与到这场运动之中。

在汉口，绅商等于1912年筹组市政筹备会，其目的就是要组织汉口市政厅。1919年春，汉口商人及退职官员发起了由汉口商会会长、

[①] 该会于1921年9月一分为二，即上海各马路商界总联合会（商总联）和上海各马路商界联合总会（商联总），1923年又合二为一，即上海各马路商界总联合会（商总联）。1929年改组为上海特别区市民联合会。

·159·

汉口慈善会会长、汉口各团联合会会长、汉口红十字会会长、汉口业主会会长联合组织的汉口市政促进会，其目的就是要争取"汉口旧市政之改良"与"汉口新市政之建设"①。夏寿康任湖北省省长后，高举民治运动大旗。于是，在"自治与选举旗帜下，均有许多社团，应运而生"②，其中之一就是1920年由汉口各团联合会组织的市政学会，1921年汉口又成立了市区自治研究会。到1925年城市自治运动走向高潮的时候，参与运动的社团还有夏口地方自治协进会、夏口县教育会等③，而汉口总商会也在其中起着很重要的作用。

在北京，1922年城市自治运动高涨的时候，仅据该年7月16日《北京日报》统计，当时已经出现了京都地方自治研究会、京都地方自治筹进会、都市地方公益会、市民会、市民公会（2个）、京都市自治共进会、京都市自治同进会、京都市自治促进会、北京市民自治急进会、京都市自治实进会，东、南、西、北郊自治联合会，以及四郊自治联合会、中一二区市民会、内右一区市民、内右四区市民联合会、外右三区各界联合会、外左五区市民会、前议董两会联合会、内左右三区市民联合会这些自治社团。④ 而此前参与城市自治运动的社团还有北京自治同志会及其下的自治制度委员会、京兆同乡联合会、京兆自治协进社、京兆工会、农会等。

在天津，1920年成立了天津地方自治筹进会。次年，旅京天津同乡会设立天津市政会筹备处，其下还成立了市政研究所。到1925年全国城市自治运动进入高潮时，天津绅商学各界成立了天津市政研究会。

在青岛，成立了市民会等组织，这些组织一度很活跃。苏州、松江、镇江、常熟等城市也相应成立了一些组织。此外，在南京，地方人士也组织了地方公会，"藉以联络感情，交换意见，或含有市自治之意味"⑤。只是这些地方成立的自治性的组织在数量上远不及上海、北京、

---

① 《市政促进会之进行》，《汉口中西报》1919年4月5日第3版。
② 《民治运动之悲观》，《汉口中西报》1920年12月28日第3版。
③ 《汉埠划为特区之诉愿》，《江声日刊》1925年2月24日第3张第1版。
④ 张德美：《1922年的北京自治潮》，《中国政法大学学报》2011年第4期。
⑤ 《南京之社会事业·地方公会》，《申报》1916年3月23日第7版。

第三章 争取城市自治：体制层面的近代中国民间市政参与

天津、汉口、青岛诸城市，这从一个侧面也反映出，上海、北京、天津、汉口、青岛诸城市尤其是上海的城市自治运动远较其他城市活跃，并且上海在运动中起着风向标的作用。

二 争取恢复地方自治运动

民国建立之后，兴起于清末的地方自治运动接续展开，只不过各地推行的情况不再如清末那样统一，而要视地方当局的旨意而定。如上海的城市自治运动就是在执行江苏省颁布的《江苏省暂行市乡制章程》的情形下重新展开的，而汉口因为黎元洪宣布清末的地方自治章程仍旧有效，城市自治运动随着自治组织的恢复而继续展开。但是，全国各地的自治运动因为1914年2月中央命令停办自治而受挫，各城市的自治运动顿时因失去法律支撑而迅速放慢了脚步，有的由显性自治变为"隐形自治"[1]，有的则回复到官治状态或者依旧处于官治而政治土壤难于松动的状态之下。

（一）上海南市与闸北争取恢复地方自治的运动

1914年2月18日，上海正式发布了停办自治的布告。3月1日，上海工巡捐总局开始正式办公。3月7日，上海的自治机构上海市政厅、闸北市政厅均被通令在3月15日以前一律结束。3月23日，上海市政厅董事会正式移交给上海工巡捐总局。对于停止地方自治的举措，上海商界表示出强烈的不满，南市的商业组织提出既然"市政取消，改为官办"，上海市政厅就应该立即清偿商家购买的公债，其理由就是：公债是借与上海市政厅的，而不是借与接收上海市政厅的工巡捐总局

---

[1] 周青松研究认为，袁世凯下令停办自治之后，上海进入了长达十年（1914—1923年）的"隐形自治时期"。参见《上海地方自治研究（1905—1927）》，上海社会科学院出版社2005年版，第231页。

的。① 实际上就是不愿意将先前购买上海市政厅的公债款转借给接替市政厅而信誉尚不确定、取自治机构而代之的上海工巡捐总局,很大程度上是以此来表达他们对于停办自治、撤销上海市政厅的不满,而不仅仅是为了维护自身的经济利益。

1916年6月洪宪帝制告终以后,内阁、国会和约法相继恢复,全国要求恢复地方自治的呼声随即而起。上海在其后的恢复地方自治运动和争取城市自治的运动中,始终担当着"执牛耳"的角色。

同年7月,上海士绅"恳复地方自治,召集省议会,待命两旬,未奉明令,群情失望"②。前上海市议会、上海市政厅的士绅力争恢复地方自治。8月中旬,上海市议会董事会全体会员开谈话会,董事王慕洁说:"市政厅性质固为自治团体,实为前清专制时代办总工程局之蜕形。迨民国成立,其自治章程,由省议会议决公布,并非由国会议决公布,且由地方绅民之请求地方官而得……"③ 他们认为,即使国会不公布地方自治章程,上海地方自治与上海市政厅也有理由恢复。

国会恢复以后,前上海市议会、上海市政厅士绅呈请江海关道尹转呈江苏省长、督军,他们认为上海市曾经先后办理自治十年,成绩俱在。而上海市自治款产被移交给上海工巡捐总局、上海市政厅被解散,这是非法的。上海全市人民如饥似渴地急盼恢复自治,并且上海地方市政繁重,与他处情形不同,不应该等到经年累月国会通过新的地方自治章程之后再行规复自治,而应该"迅即将上海自治机关,翌日重行召集,以慰民望。在新章未定之前,暂照前省颁市乡制办理。届新章公布,当即另行选举"④。

在强烈的恢复地方自治的心理预期之下,上海绅商沈润挹、贾季英、李佑之本着"为地方谋公益,为自治求进步"的初衷⑤,成立了上

---

① 《米业公所索偿公债》,《申报》1914年3月9日第10版。
② 《江苏地方维持会要电》,《申报》1916年8月1日第10版。
③ 《恢复地方自治谈话会》,《申报》1916年8月14日第10版。
④ 《请复上海市自治机关文》,《申报》1916年11月20日第10版。
⑤ 《发起地方自治研究会》,《申报》1916年9月5日第10版。

第三章　争取城市自治：体制层面的近代中国民间市政参与

海地方自治研究会。会员朱汉爵提出预备地方自治进行的五个方面，即自治经费、市乡桥路、演讲农业、城乡水沟、卫生工程。会长李佑之认为这五点都属地方自治的要点，一俟中央恢复自治的命令发表后即行着手进行。① 他们邀请相关人员就地方自治问题进行演讲，分析形势，出谋划策。② 闸北绅商陶子敢、鲍盛昌、洪善长、姚莲生、宝耀庭、刘仲言、朱榜生、陈维翰、顾紫霞等三十余人发起成立了旨在"研究地方自治、交换智识"的地方自治研究会。会员们认为，"地方自治为共和之基础，现在各级议会次第成立，恢复自治之期指日可待，其应兴应革事宜若不预为研究，必至无方"。③

不过，呼吁也好，组织开会也好，积极准备也好，上海商界最终都未能在恢复地方自治、恢复市政厅和市议会方面如愿以偿。

徐世昌任总统以后，于1919年9月公布《县自治法》，再次实行地方自治。沉寂一时的地方自治运动又得以风生水起。一转眼，时间进入20世纪20年代初，其时联省自治运动兴起。在这样的大背景下，全国的城市自治运动亦迅速复兴，并形成了一个高潮。④

在上海，闸北地方自治研究会等十二个团体请愿，要求发还自治款产，得到了江苏省议员黄炎培等的支持，黄等两次提请发还上海南市、闸北两市的自治款产。⑤ 1921年年初，上海著名绅商姚文枬、沈恩孚、穆湘瑶、陆文麓、姚曾绥等声称，"自取消自治以后，路工、卫生等要政，日就苟简，一与租界比较，弥觉相形见绌"，电请恢复地方自治，由市民接管上海工巡捐总局。⑥ 其后，上海市经董再次呈请恢复地方自治，认为上

---

①　《地方自治研究会纪事》，《申报》1916年10月19日第11版。
②　《地方自治研究会开会纪》，《申报》1917年3月3日第10版。
③　《研究地方自治之谈话会》，《申报》1916年11月7日第10版。
④　周青松研究认为，1919年由张謇、马相伯发起成立的民治学会等机构是20世纪20年代初全国性自治思潮的培育者和发动者，从思潮孕育的角度阐述了地方自治运动再次兴起的背景。参见《上海地方自治研究（1905—1927）》，上海社会科学院出版社2005年版，第231页。
⑤　《再提发还上海闸北两市自治款产案》，《申报》1921年1月12日第10版。
⑥　《电请恢复自治》，《申报》1921年1月15日第10版。

海市过去曾经取得过载入史志的自治成绩,自治经费充裕,位置上毗连租界并与之形成竞争的态势,而实行自治便于与租界竞争,绅商急公好义而富有自治才识,基于这几点,上海市足以有理由施行自治。①

在强大的民意压力之下,江苏省长于 1921 年 3 月指令上海县知事筹备县自治经费,上海县知事又转令上海市筹备自治经费。同年 6 月,内务部公布了县自治施行细则和县议会议员选举细则。7 月 3 日,北京政府颁布了《市自治制》,"市"第一次被中央政府颁行的法律赋予法人地位。这极大地鼓舞了上海等地绅商实现城市自治的信心。

同年,全国商会联合总会(简称全国商联会)召开了临时大会。12 月 15 日,该会向内务部呈文陈述召开临时大会的情形,并称湖北沙市总商会拟将商团改办警察,四川重庆总商会提出商埠市政应归商人自办;大会讨论决定,应先呈请政府颁布市自治制施行日期,再行通函各商会依法组织成立,以便使市政由地方管理。决议主张一切在市自治范围之事,商民有权主持。② 这份呈文表明,一些城市的商会在城市自治运动中试图通过走上层路线,影响中央政府的决策,以便把握城市自治的主动权。

1922 年年初,迫不及待的上海绅商们,决议不再等待政府主动施行自治——他们感到那样会遥遥无期,于是,他们召开上海地方自治筹备会,讨论恢复地方自治,并联络上海县教育会等团体共同讨论。绅商们认为,"市政不良,皆由停办自治之故",要恢复县自治,就必须同时恢复市自治,"盖市自治为执行之机关,若无市自治机关,则县自治等于无有耳",上海是商务荟萃之区,中外观瞻所系,"市政机关,亟宜设立"。熟悉广州市政的黄炎培认为,办市政者应该具有新学识,现在一方面应该与官方接洽;一方面应该设立市政纳捐会,作为推行市自治的后援。他的建议获得会众赞同。③ 于是,上海地方自治研究会议决

---

① 《上海施行自治之呈请》,《大公报》(天津)1921 年 9 月 26 日第 2 版。
② 《商联会请速办自治之呈文》,《申报》1921 年 12 月 15 日第 14 版。
③ 参见《讨论恢复地方自治之两会议·议决先组纳捐人会筹备进行》,《申报》1922 年 1 月 16 日第 10 版。

第三章　争取城市自治：体制层面的近代中国民间市政参与

先组织纳捐人会作为恢复自治之后盾。其后，该会就紧锣密鼓地筹备成立纳捐人会相关事宜，起草了纳捐人会简章，明确表示纳捐人会"以收回市民自治权，督促市政进步为宗旨"，"对于上海市兴革事宜，得随时提议讨论，陈述意见与当局"。① 1月22日，上海市纳捐人会成立。根据简章，纳捐人代表由各路推出1—5人，各马路组织纳捐人分会，由各分会组成一总会。1月30日，上海地方自治研究会举行选举，以总会已选举出的执行委员11人，执行一切起草、调查、审查等事宜。②

上海从五四运动以后，各马路商界纷纷组织联合会。至1922年2月初，沪南商界又发起组织商联会，以期达到改良的目的。商人们满怀责任感地说，"所谓参与自治，整理市政，注意卫生，研究工商，联络感情，以及一切有关公众之事，非我商人自兴自革，不足以言挽救"。③其后，南市各市街、各马路纷纷行动了起来，很快上海南市的纳税人会南区、东区、东北城、西北城各区分会先后成立。因此，上海地方自治研究会成立的上海市纳捐人会在南市城市自治运动中起到了很好的号召作用。舆论因之称"上海市纳捐人会为恢复自治之急先锋"④。

在其后的1个月，上海市纳捐人会又展开密集的活动。3月5日，召开执行会常会，制订今后的活动计划⑤；3月19日召开纳捐人代表大会⑥，并邀请由美考察地方自治教育返回上海的张君劢演讲各国自治和上海市自治问题⑦；3月下旬以后，又呈请上海县公署，要求将上海市原有市民权交还市民，并请定上海为特别市⑧。

与此同时，闸北绅商们也不甘落后，他们马不停蹄地追随南市开展

---

① 《上海市纳捐人会发起会纪》，《申报》1922年1月19日第10版。
② 《自治研究会选举纪》，《申报》1922年1月31日第15版。
③ 《沪南联合会之发起》，《申报》1922年2月3日第15版。
④ 无用：《杂评·会》，《申报》1922年2月8日第15版。
⑤ 《纳捐人会开会汇纪》，《申报》1922年3月5日第14版。
⑥ 《上海市纳捐人会消息》，《申报》1922年3月19日第14、15版。
⑦ 《上海市纳捐人会大会纪·张君劢之自治演讲》，《申报》1922年3月20日第14版。
⑧ 《上海特别市之省批》，《申报》1922年3月22日第14版；《上海市纳捐人会呈文及县批》，《申报》1922年4月19日第13版。

城市自治运动。1922年1月，闸北绅商将闸北自治研究会改名为闸北地方自治筹备会。① 有趣的是，他们并不承认自己在学习南市，而是声称"今日时会已至，急应群起自治，勿复观望"，山西、湖南、广东、广西都行动起来了，正可以借鉴。淞沪为中外观瞻所系，哪有反落人后而不速图自治的道理？"欲求百凡【凡百】改良，舍国民自治外无他法"，因此发起成立闸北五区自治会，"以收回市民自治权为目的，俾得实行改良市政……拟召集本区纳捐人大会，公推代表，积极进行，以达自治市政美满之希望"。该会拟定的沪北纳税人会简章，基本上是南市的上海市纳捐人会简章的翻版，只在各路推定的代表人数方面略有不同，为1—3人。② 其后，地方自治筹备活动在闸北紧锣密鼓地积极开展，沪北纳捐人大会得以组织召开。③ 1922年3月19日，闸北五区地方自治筹备会召开纳捐人大会，公决将该筹备会改名为闸北公民自治会。会议中间，因警署进行干扰而改变了会址。④ 该会呈请大总统、国务院及内务、外交、农商等部，"为市政范围，恳请维持现状，确定区域，以资发展"⑤。毕竟，确定市区是实行市政自治的基本前提。

在这一年的年底，上海市自治会召开谈话会，为恢复上海县议会做准备。江苏省县议员联合会也积极运动恢复县自治。

在如火如荼的争取恢复地方自治的运动中，江苏省公署于1923年6月26日宣布恢复各级自治。⑥ 上海总商会民治委员会于7月4日开会，

---

① 《闸北自治筹备会呈请备案》，《申报》1922年3月15日第14版。
② 参见《沪北地方自治之筹备·收回市民自治实行市政改良》，《申报》1922年1月31日第15版。
③ 参见《闸北自治之进行与通告》，《申报》1922年3月23日第15版；《沪北五区地方自治之筹备》，《申报》1922年3月7日第15版；《沪北纳捐人大会筹备志》，《申报》1922年3月14日第15版；《沪北地方自治进行讯》，《申报》1922年3月18日第14版；《闸北公民自治代表会议纪》，《申报》1922年3月21日第14版；《闸北自治进行之通告》，《申报》1922年3月23日第15版。
④ 《闸北公民自治会成立》，《申报》1922年3月20日第14版。
⑤ 《闸北自治会呈请确定区域》，《申报》1922年11月27日第14版。
⑥ 《苏省恢复各级自治》，《申报》1923年6月26日第10版。

第三章 争取城市自治：体制层面的近代中国民间市政参与

呼吁全国人民组织一大团体，以便各界声气相求。对此，各马路商界联合会表示支持。① 而上海地方自治研究会则开会决定由各市乡议会组织联合会，合力进行。上海县公署则决定于8月1日恢复自治。② 上海绅商姚文枏、陆文麓、穆湘瑶、袁希涛、沈恩孚、黄炎培等呈请淞沪护军使将上海工巡捐总局改归上海市政厅管辖。③ 但是护军使拒绝恢复上海市政厅。绅商们转而赴县署运动恢复上海市政厅，得到了令人鼓舞的表示：市经董依法恢复为市总董，市议事会也应该恢复。④ 1923年9月2日，上海市议事会和董事会同时恢复成立，市议会代表在宣言中表示，上海自治团体顺应世界潮流、地方需要而成立，因应政体改革、法令规定而进行，今后将同心协力办好教育、慈善、市政（工程）、卫生等各项事务。⑤ 同月，上海市公所成立。1924年2月26日，当选上海市公所总董李平书就职，但他忧心忡忡地表示，"现在地方自治虽明令恢复，然市政要权，尚未完全恢复，办理为难"⑥。他所说的"市政要权"，其中之一就是掌握在沪南工巡捐局手中的市政工程管理权。同年10月，江浙战争爆发，沪南工巡捐局主动办理结束，将事务移交给上海市公所。上海南市的市政机构终于恢复到1914年地方自治取消以前上海市政厅时的格局。"上海市公所经过一系列举措逐渐恢复市政厅时期所具有的一些特征，诸如自主的表决机构，对本地征收地方税的能力，恢复对市政工程、慈善、地方保卫、学校教育等方面的管辖权。"⑦

闸北恢复地方自治的进程远较南市艰难而终未能如闸北绅商之意。

---

① 《总商会民治委员会行开会式》《商联会对于民治运动之希望》，《申报》1923年7月5日第13版。
② 《恢复市乡自治之集议》，《申报》1923年7月6日第14版。
③ 《呈请护军使恢复市政厅》，《申报》1923年7月9日第13版；《请护军使恢复市政厅之呈文》，《申报》1923年7月10日第13版。
④ 《恢复上海市政厅近讯》，《申报》1923年8月2日第14版。
⑤ 《上海市议董两会恢复成立纪》，《申报》1923年9月3日第13版。
⑥ 《李平书昨就市总董职》，《申报》1924年2月27日第13版。
⑦ 周松青：《上海地方自治研究（1905—1927）》，上海社会科学院出版社2005年版，第260页。

闸北绅商和社团虽然屡次争取与南市一样建立市公所，但总是遭到拒绝。淞沪护军使不允许其管治区域内再产生一个自主性比较强的市公所。尽管 1925 年 3 月成立的闸北市政局将沪北工巡捐局归并其中，1926 年 1 月，闸北市公所取代了闸北市政局。但江苏省其后又于 1926 年 2 月下令接收闸北市公所，并令沪海道尹兼管。经过闸北绅商、社团的反复争取，最后，闸北市公所虽得以保存，但是市公所的核心权能却被沪海道尹收回，闸北市公所的权力空心化，闸北市自治名存实亡。1926 年 5 月 4 日，淞沪商埠督办公署成立后，闸北市公所所管市政等事务被公署接收。其后，督办公署又接收了工巡捐局，这意味着闸北市公所实际上被取消。此后，闸北绅商、社团再也没有能够争回自治权。[①]

民初上海争取恢复地方自治的活动，主要在南市和闸北展开，而南市实际上成为运动的中心并影响闸北；闸北虽然紧跟其后，但是因为缺乏南市那样的影响力，最终未能取得如南市那样的成绩，甚至自治被取消了。不管怎样，整个上海市的城市自治运动依然令人瞩目并对其他城市形成示范效应。

（二）汉口等城市争取恢复地方自治的运动

汉口的商界在民初的地方自治运动中并非如张锐所说的那样"寂然无闻"[②]。南北和谈之后，湖北军政府宣布清末地方自治章程仍旧有效。1912 年 2 月，湖北省临时议会成立后，对清末地方自治章程进行了修改，规定"市会"就是市自治会。在这种情形下，汉口的基层地方自治性社团如救火会、保安会、消防会等纷纷恢复或新建，城市自治运动得以接续展开。同年 4 月，汉口商会召开会议，拟成立"市政厅"。5 月，汉口商会会长蔡辅卿及著名董事李紫云等联络胡瑞霖（曾任鄂军都督府财政局长）、张国溶（湖北省临时议会议员）等省级官员，筹办

[①] 周松青：《上海地方自治研究（1905—1927）》，上海社会科学院出版社 2005 年版，第 278—280 页。

[②] 张锐：《中国市政史》，《中国建设》第 2 卷第 5 期。

第三章 争取城市自治：体制层面的近代中国民间市政参与

"市政筹备会"。次月，由湖北省临时议会咨请鄂军都督府筹办市会，以便开展汉口重建工作。但是，黎元洪一时还不愿意成立一个自主汉口事务的市会，他以"必有市场而后有市会"即应待汉口重建完成后才能成立市会、"无市会亦无窒碍"①为由，表示反对。袁世凯取消地方自治后，汉口的城市自治运动也遭受重挫。②袁世凯死后，汉口原先被遏制的城市自治再次重启，汉口总商会"提议创设市政厅"③。但随着1917年6月黎元洪被迫解散国会，汉口商界建立市政厅的梦想再次破灭，汉口市自治会更是无影无踪。

1919年春，由俞清澄、孙武、屈佩兰、蔡辅卿等商人、退职官员发起，组成了"汉口市政促进会"。不过，这个组织似乎只关注具体的市政改良，并没有明显的运动城市自治、革新市政管理体制的意图。④次年9月，夏寿康受任湖北省长之后，为了对抗直系督军王占元，他高举"地方自治"和"鄂人治鄂"两面旗帜。在这种背景下，武汉的自治运动又开始活跃。马刚侯、周允斋立即在汉口各团联合会下成立市政学会，并决定开办市政研究所，培养市政人才。⑤但其活动因夏寿康的去职而停顿。1921年《市自治制》颁布以后，市政学会又开始活跃起来，商界还成立了市区自治研究会。1922年，市区自治研究会完善了内部组织，其下设立了总务、教育、劝业、调查、交通、水利、卫生、慈善、商防、消防、建筑诸股及公共营业处等14个股和处。⑥不过，最终未见其对汉口恢复地方自治产生多大影响。

总的来说，民初汉口商界争取恢复地方自治的活动，远不及上海积极。并且，在行动上总是深受省长、督军人事更换的影响或省长与督军争权夺利的直接影响，甚至连汉口市区自治筹备处都直接处于督军的控

---

① 《否决筹办市会之议案》，《国民新报》1912年7月14日第4版。
② 《市治会进行之一般》，《汉口中西报晚报》1916年11月12日第3版。
③ 《市政厅之泡影》，《大汉报》1917年5月18日新闻第3张第6页。
④ 《市政促进会志进行》，《汉口中西报》1919年4月5日第3版。
⑤ 《各团联合会》，《汉口中西报》1920年9月15日第3版。
⑥ 《自治研究会内部之扩充》，《汉口中西报》1922年10月9日第3版。

制之下①。因此，汉口方面运动的结果也不能与上海南市甚至闸北同日而语。直至民初之终，汉口既未能成立市议会，也未能建立市政厅，甚至市政公所也未能建立。

北京作为首都，在20世纪20年代以前，其地方自治工作要么处于徒有虚名的状况之下，要么处于停滞状态。1919年，徐世昌总统下令再次实行地方自治之后，北京市民也掀起了城市自治运动。1920年8月16日、9月24日，北京市民两次上书内务部，要求恢复全国地方自治，声称"中华民国主权在民，自治为国民应有之职权，目为立国之大本……市民等念国势之阽危，求根本之补救……为统一计，为财政计，为预防祸乱计，舍速为恢复地方自治诚不为功"，西方列强的人民自治已达千年，而清末筹备立宪并未切实实行自治以为国会之根基，终至覆亡。前车可鉴，为挽救当前危急之势，首先应该实行自治，"万不可视为缓图"。② 9月25日，北京市民组织京都市自治筹备会。③ 1921年12月，中央政府下令京兆地方自治自次年4月1日起开始实行。一个短暂的城市自治运动热潮随即兴起。

1922年1月上旬，北京市民听说内阁将借外债1000万元扩展市政，并将另派督办经理其事，于是，由京兆同乡联合会、北京法华教育会、京兆工会、京兆农会、京兆商会联合会、京兆水利联合会、京兆工业促进会、京兆自治协进会、京兆地方自治筹进会、京兆民治促进会等十团体会议推举代表，于1月6日分别赴总统府、国务院、内务部呈文，反对另简督办，要求速颁市自治施行细则，公布施行日期，于最短期内，将市政交还市民自办。④ 当听说将简派陆宗舆出任市政督办的时候，市民更加反对。⑤ 其后，京兆同乡联合会、京兆自治协进会、京兆工会、

---

① 萧耀南就兼任该处的处长。参见《自治筹备处特别会议》，《江声日刊》1925年2月23日第3张第1版。
② 参见《京兆市民自治热》，《大公报》（天津）1920年9月29日第1版。
③ 《北京市民之自治热》，《申报》1920年10月2日第6版。
④ 《京兆人之两大表示·力争市政权请撤孙振家》，《申报》1922年1月7日第7版。
⑤ 《陆宗舆将任北京市政督办·京兆人亦奋起反抗》，《申报》1922年1月8日第7版。

第三章 争取城市自治：体制层面的近代中国民间市政参与

农会等十团体开会讨论后决定："（一）京兆行政根本改革计划……目下不问京兆尹继任人物为谁，若能服从民意，实行改革行政，厉行自治者，暂不反对，先由各团体起草行政根本改革计划，以便促京兆当局之实行……（二）市政公所问题……俟督办定人后，再开会议，与之正式接洽，收归市民自办。"① 京都地方自治筹进会还上总统府、国务院呈文，要求取消官办的市政公所，勿再续简督办，即日实行都市自治，以倡导民治。② 4月1日，京兆士绅反对少数议员把持自治，而本应于是日成立的自治筹备处以闹剧收场。

1922年6月17日，黎元洪发布教令，定北京为特别市，宣布从9月1日起实行自治，北京市的城市自治运动遂快速形成热潮。

如前所述，在1922年，各种以争取城市自治为目的的自治社团在北京纷起并积极开展活动。据张德美研究，这些自治团体通过制定章程，对各自团体的名称、成员的权利和义务、组织机构、会期等进行规范。为了争取实现城市自治，它们多次就北京市政问题如北京自治会会员名额和颁布京都市自治会会员选举规则及京都市自治制施行细则等事宜，向内务部建言献策，要求划定京都市区域。③ 但是，1922年的北京自治潮很快就平复了。

1922年以后，北京市民也未真正取得市政自治权，官办的市政公所依旧紧紧地掌握着北京的市政权。市民会认为当局经办市政多年，因其故意延缓，未能实行自治。1923年，当局创办警捐，市民会对此取抵制态度，他们提出以提前成立市自治会为承认警捐的条件，认为这样才好依照程序，提交议案，依照决议行事。④ 1924年北京政变之后，京都市政公所被中央收回官办。同年12月，前地方自治筹进会代表包庸等上

---

① 《京兆团体之联席会议》，《北京日报》1922年1月12日第5版；亦见《京兆各团体会议》，《大公报》（天津）1922年2月13日第2版。
② 《自治会上府院呈》，《大公报》（天津）1922年1月14日第2版。
③ 张德美：《1922年的北京自治潮》，《中国政法大学学报》2011年第4期。
④ 一鸢：《北京通讯》，《申报》1924年4月30日第6版。

书北京临时执政府,"请明令恢复京都市自治,以符共和之真谛"。①

天津的地方自治活动在清末民初时是由官方直接主导展开的。张利民认为:"天津地方自治机构几乎没有城市的概念。开始是以天津府或者天津县的名义设置各种机构,如天津府自治局、天津县自治期成会、天津县议事会等,1910年10月才成立了城议事会。1914年北京政府下令停办地方自治后,县议会和城议会等均销声匿迹。1924年后,天津的一些自治活动也都是在县议会的形式下开展,看不到以城市为行政管理单位的痕迹,直到1928年6月天津依据国民政府的行政法令成为特别市。"② 这种认识并没有大的偏差。不过,这并不意味着天津的绅商市民心中就没有城市的概念。在1920年,天津民间社会各界也曾要求恢复地方自治,他们宣称:"窃地方自治为立宪国家切要之图,世界列强无论君主、民主,而其一国之市自治、县自治、镇自治、乡自治各机关,莫不灿然大备。前清季世犹且附从民意,设立自治机关,乃民国以来,反遭非法解散,乃国会、省会先后恢复,而地方自治仍付阙如。"③ 有省议员就提出,应该设立市政厅,以便管理捐务和工程事宜。④

1921年,旅京天津同乡会设立了天津市政会筹备处,并在北京同乡会事务所内附设天津市政会筹备分处。⑤ 同年,又设立了市政研究所,以研究市政进行之方法。1921年7月17日,天津绅商学各界成立了天津市政研究会。⑥ 1922年1月10日,天津市政研究会、地方自治筹进会召开市政自治联席会议,决定先行成立自治会。⑦ 两天以后,天津自治研究会呈请省长将自治旧款拨充选举等费,迅速选举。他们以

---

① 《自治团体反对市政官办》,《大公报》(天津)1924年12月29日第1张第7版。
② 张利民:《清末天津与上海地方自治的比较——从近代城市管理机构建立的角度》,《城市空间与人国际学术研讨会论文集》,2006年,第163、164页。
③ 《天津各界请求恢复地方自治》,《大公报》(天津)1920年11月6日第3版。
④ 《提议将设市政厅》,《大公报》(天津)1920年6月29日第3版。
⑤ 《设立市政研究所》,《大公报》(天津)1921年5月11日第2版。
⑥ 《天津市政研究会成立》,《大公报》(天津)1921年7月19日第2版。
⑦ 《市政自治联席会》,《大公报》(天津)1922年1月12日第2版。

第三章　争取城市自治:体制层面的近代中国民间市政参与

"各国自治事业之发达,大都以市为权舆"为说辞,要求拨款开办市政会。① 直到1925年,该会还在开会讨论,认为"市自治会亦应早日成立,本会亦应扩大范围辅助自治进行"②。

由上述可知,直到1925年,中国的一些城市和城区,只有上海南市经过运动大体上达到了恢复地方自治的目的,而上海闸北及其他城市的争取恢复地方自治的运动一时还看不到希望或者归于失败。

三　争取成为特别市运动

民初争取城市自治运动的末期,一些城市为了争取更大自治权,以商人为核心的民间力量纷纷组织起来,把民初争取城市自治的运动推向了高潮。

(一) 争取划为特别市,要求颁布自治条例

1. 北京政府时代的特别市制

近代中国市制的特别与普通之分,始于20世纪20年代初期的北京政府时代。其时,市制有中央颁行的市制,也有省宪中之市制。其中,有特别市的市制有以下几种(见表3—1):

表3—1　　　　　北京政府时代特别市市制源出简表

省宪、中央通过或颁行市制的名称	时间 (年月日)	备注
市自治制	1921.7.3	由大总统徐世昌以教令公布。规定市分普通市和特别市,特别市由内务部认为必要时呈请以教令定之;首次明定市为法人。市之直接监督机关,在普通市为县知事,京都市为内政部,特别市则为地方最高行政长官。③

---

① 《请款开办市政会》,《大公报》(天津)1922年2月14日第2版。
② 《自治研究会开会记》,《大公报》(天津)1925年2月20日第2张第6版。
③ 钱端升:《民国政制史》,上海人民出版社2008年版,第694—695页。

续表

省宪、中央通过或颁行市制的名称	时间（年月日）	备注
浙江省宪	1921.9.9	简称九九宪法。该法分市为（普通）市及特别市，市受县监督，特别市受省监督。①
广东省宪	1921.11	由广东省议会通过。规定凡都会人口满10万以上者设特别市，直隶于省。②
湖南省宪	1921.12.11	全省人民投票表决通过。1920年11月开始制宪，1922年1月1日公布。市分三等，一等市实际上就是特别市，直接受省政府监督。规定"一等市之公民对于市之重要立法有直接提案及总投票之复决权"。③
青岛市自治制	1922.11.18	教令第26号公布。其组织推荐，除该法令有特别规定外，均依市自治制办理。其立法机关及行政机关与其他特别市同，监督机构为胶澳商埠局。④
四川省宪	1923.	四川省宪法起草委员会于1923年1月10日开始制宪。该法规定市之人口满30万以上者得为特别市，直接受省之监督。在各省宪中，对于市制之规定，以川宪最为简略。⑤
淞沪特别市公约	1925.3	由江苏省长下令组织的淞沪特别市筹备委员会起草。北京政府不认可。
淞沪市自治制	1925.5.30	北京临时执政府公布。⑥ 市政有中央任命的淞沪督办监督，督办的监督权非常大。

2. 上海的争划特别市运动

民初争取特别市运动实缘起于上海，具体而言，起于闸北。当时，

---

① 钱端升：《民国政制史》，上海人民出版社2008年版，第694页。
② 同上。
③ 同上书，第693页。
④ 张锐：《市制新论》，中华印书馆民国十五年（1926）版，第75页。
⑤ 钱端升：《民国政制史》，上海人民出版社2008年版，第694页。
⑥ 同上。

第三章 争取城市自治：体制层面的近代中国民间市政参与

《市自治制》已经颁布，并且规定市分为普通市和特别市两种。与南市相比，闸北恢复地方自治阻碍重重，情况很不理想。这种情形激起了闸北绅商的强烈反应，1922年闸北绅商遂联络闸北20多个团体，组织闸北各团联合会，强烈要求恢复自治，并请将闸北定为特别市。① 不过，此时城市自治运动尚未进入高潮，闸北一隅又势单力薄，其争取特别市的运动缺乏响应。

1924年江浙战争爆发，上海沦为战区，两次遭受兵燹，市区惨遭破坏，市民损失惨重。深受战乱之害的上海商界，为了永久避免战祸殃及上海市区，同时也为了争取实行城市自治，他们强烈要求划上海为特别市。他们的要求得到了上海各界的积极响应。绅商们提出，应该废除淞沪护军使，将兵工厂迁出上海市区，按照国际惯例规定将上海永远划出战区，上海市区之内不得驻军，且首先将驻军撤出上海市区。他们认为这样除了避免战祸之外，还可以限制外人扩展租界，便于收回治外法权。② 因此，上海商界争划特别市运动实际上也是以争取上海成为特别市作为抵制军阀专制的手段。

在当时，北京临时政府也想利用城市自治来制衡地方军阀。因此，中央政府与上海商界在抵制地方军阀这一点上形成了默契。1925年1月15日，北京临时政府对以上海商界做出了积极的善后性回应，下令："（一）裁撤淞沪护军使一缺；（二）停止上海兵工厂，改为招商办理工厂；（三）上海永远不得驻军及设置任何军事机关。"③ 后来，兵工厂于2月15日封存，暂由上海总商会管理。中央命令下达后，临时执政府开始酝酿具体如何善后运作，"拟划上海为特别市，关于不准驻军及管理制度，务求明白列举，将拟一草案、提出善后会议，正式通过、

---

① 《闸北各公团联席会议纪·预备恢复市自治》，《申报》1922年11月12日第13版；《闸北各公团之重要会议·恢复自治与商办水电两问题》，《申报》1922年11月19日第13版；《闸北各公团联合会之发起》，《申报》1922年11月22日第13版。
② 《淞沪特区条例问题》，《大公报》（天津）1925年5月19日第1张第4版。
③ 钱端升：《民国政制史》，上海人民出版社2008年版，第698页。

· 175 ·

俾垂久远"①。

中央政府的善后处置，对于上海等城市的特别市运动起到了激励作用。一时间，新的市政自治社团纷纷涌现，且越来越具有整合性。1925年2月8日成立的淞沪市政协会，到同年7月下旬，该会已经成为一个涵盖上海、宝山等县市，包括145个团体在内的巨型社团集合体了。②10月31日，该会又决定会同上海19市乡行政联合会、宝山市乡行政联合会、淞沪特别市筹备会、淞沪特别市临时市议会，发起组织淞沪市政联合会。③12月6日，各路商界总联合会、全国学生总会、上海学生联合会、上海总工会、闸北商会、南市商会与皖苏浙三省联合会合组了上海特别市市民公会。④其后，上海特别市市民公会得到了众多团体的拥护。同时，也可以看出，这样一个特别市市民公会内部组成也越来越复杂，上海的绅、商两界在其中的影响力被削弱⑤，而学界、工会的影响力急剧上升。

也就是在各种社团整合的过程中，各团体纷纷对有关特别市问题进行研究、讨论和发表主张。他们讨论上海特别市的区域问题⑥、市自治制的条文问题、特别市应该隶属于中央政府还是江苏省政府的问题与市长的人选问题⑦，以及城市自卫的问题，等等。这一系列的问题实际上都是特别市运动的有机组成部分。由于中央政府在上海特别市问题上很

---

① 《筹划上海为特别市运动》，《申报》1925年1月18日第14版。
② 《淞沪市政协会呈郑省长》，《申报》1925年7月23日第13版。
③ 《淞沪市政协会委员会纪》，《申报》1922年11月1日第10版。
④ 《上海特别市市民公会昨晚成立》，《申报》1922年12月7日第13版。
⑤ 1925年2月初，有谢蘅牕者，还上书上海总商会，认为商会"为各业领导之集合机关，应有参与市政之权"，"督办必须直隶中央，市政事宜由地方绅商共同组织"，商会应该出面集会讨论、研究特别市区域、权限支配等问题。参见《谢蘅牕对于沪市善后之意见》，《申报》1925年2月4日第14版。实际上是在推重商界，希望商界在上海特别市筹建过程中起主导作用。
⑥ 在界定特别市区域的过程中，不仅有上海、宝山两县辖境内的一些市乡纷请加入特别市，还有邻近上海和宝山的别县市乡也纷纷要求加入特别市。一时间，形成了加入特别市的热潮。
⑦ 这三个方面因为涉及特别市的核心问题——权力分配问题，所以在中央与地方、国家与社会之间存在着严重的分歧。

第三章　争取城市自治：体制层面的近代中国民间市政参与

难平衡江苏省军、政两方与特别市监督——淞沪市政督办之间的关系，实际上就是很难在中央与省府之间就特别市权力分配上达成妥协，故而在确定淞沪市制的时候显得期期艾艾，犹豫不决。1925年1月底，江苏省长韩国钧电令上海市董筹备自治，令其筹备改组为淞沪特别市。上海市董随即成立了筹备会和特别市临时市议会，奉命起草淞沪特别市公约。约成之后，中央政府不予批准。而在中央，又产生了两个版本的《淞沪市自治制》，一个是内务部版本，一个是法制局版本。最后，临时执政府于1925年5月30日公布了《淞沪市自治制》。所以，在中央举棋不定的时候，上海社会各界尤其是商界屡次催请中央政府颁布自治条例，他们希望颁布法制局版本的市制。对此，报章屡屡进行报道。诸如：

上海总商会为请颁布市自治条例事，致北京电云："北京段执政府内务部均鉴，报载淞沪市制，各方意见分歧，有主缓行之说。查沪埠自治制，萌芽清季，在国中实为最早，项城当国，摧残至今，甫于本年一月明令回复。沪为经济与舆论中心……且上海五方杂处，情形复杂，外人越界筑路，日在猛进，非合市民群力，修明市政，断难日起有功，与其放任而别滋隐患，何如廓然大公，授权市民，愿请将临时法制院原拟草案，迅予施行，万勿筑室道谋、致误事机，上海总商会叩至。"①

淞沪市政促进会致电北京段执政、内务部云："淞沪为全国商业繁盛区域，自明令改归商埠自治，沪民望治，有若望岁……自治条例延期未布……务希迅将法制局拟就自治条例，从速公布，着手措施，俾淞沪市政，得以日进无疆云云。"②

汉口路商界联合会致电北京段执政府内务部云："……自经中央明令划改商埠区域，中外瞩望，期观厥成，惟自淞沪督办发表后，历经数月，法制局所拟，应速颁布，以慰民望……但为维持中央威信计，应即将法制局所拟之自治条例。提交阁议处决，从速颁布。"③

---

① 《总商会催请颁自治条例》，《民国日报》（上海）1925年5月3日第3张新闻第10版。
② 《市政会催颁自治条例》，《民国日报》（上海）1925年5月4日第3张新闻第10版。
③ 《商界请颁布自治条例》，《民国日报》（上海）1925年5月8日第3张新闻第11版。

市民协会也请求颁布法制局拟定的自治条例。①

为什么上海社会各界要求颁布法制局拟定的自治条例而不是要求颁布内务部拟定的呢？因为根据内务部所定条例内容，上海即使成立特别市，也要受到严密的监督，市自治权限大受限制。

与此相应，在上海的特别市运动中，还存在有特别市是省属还是直属中央的分歧。最初，上海各界力争淞沪特别市直属于中央政府，被命为淞沪市政会办的上海头面人物虞洽卿就是持此立场的一个代表。他说："依内务部之意，一切关于市政之进行，须会同江苏省长办理，即将区警察厅长，亦归江苏省长委派。余以为淞沪既改为特别市区，应归中央直辖。如一切关于市政之进行，必定会同江苏省长办理，直等于旧时县治无异，无所谓特别市也。况将来市长系由民选，一切应本市民自治独立之精神，为国家确行创办市民【政】之先声。"②

后来颁布的《淞沪市自治制》就使这种担忧成为现实。虽然上海没有受江苏省长的直接监督，但是北京政府设置了市区督办一职，将上海市置于与省长平级的淞沪市区督办的近乎行政直辖般的严密监督之下。对此，淞沪市政协会曾呈请省长表示强烈不满。呈文说，社会各界都因为商埠督办未奉令撤销却又忽然有改设市区督办之举而感到不胜惊惶。淞沪区内国家行政暨市乡自治，系统分明，相安已久，淞沪境内的国家行政受省长监督，市乡行政受省长、知事监督。而新颁布市区督办署官制暨《淞沪市自治制》，情势扞格，窒碍难行。因为根据既定的官制和《淞沪市自治制》，淞沪市区督办将省长、知事的监督职权据而有之，淞沪区就自外于江苏而独立，淞沪地方财产将可能悉被国家攘夺；而自治制对于上海市限制之严苛，就是前清专制时代也没有过的：监督官厅对于市议会，按惯例无提案权、召集权，而市区督办偏偏有这样的权力。市区督办对于决议案及否决案，又可以下令市长撤销或执行，其监督权之庞大，举世无双，市议会等于虚设；新市长由市议会选出3

---

① 《市民协会请颁布自治条例》，《申报》1925年5月3日第6版。
② 《淞沪特区条例问题》，《大公报》（天津）1925年5月19日第1张第4版。

第三章 争取城市自治：体制层面的近代中国民间市政参与

人，再由市区督办呈请临时执政府选择其一而任命之，使得民选市长操控于行政长官之手，有名无实。因此，该会强烈反对淞沪市区督办署官制暨《淞沪市自治制》，认为其"窒碍难行"，要求省长转呈中央收回成命，仍请设立商埠督办。① 这实际上就是退而求其次——要求建立以省政府为上级监督机构的特别市。但是，北京临时执政府没有收回成命的迹象。同时，时势的急剧转变使得即使这个令上海社会各界强烈不满的市制也得不到落实。

1926年，当南方国民革命军向北急进的时候，上海工农尤其是工人的力量被运动了起来，并且国民党方面也全力发动舆论宣传，积极主张成立上海特别市，原先控制上海的孙传芳等北洋势力乃至北京政府的合法性受到严重的挑战。从南军抵沪之后到"四·一二"政变前夕，上海城市社会舆论发生了急剧的变化。一方面，原来绅商界的一些头面人物，他们被视为"曾为帝国主义或军阀效力者""土豪劣绅""学阀"等，被排斥在可能成立的上海特别市之外。② 在轰轰烈烈的革命语境中，他们开始陷于失语状态；另一方面，国民党党部在这个过程中，依仗党军的气势，很快抢占了上海舆论高地，不失时机地灌输国民党以党治国的主张，确立其对于未来的上海特别市政府的指导者和监督者的地位。③ 至此，由上海城市社会尤其是商界掀起的特别市运动已经发生重

---

① 《淞沪市政协会呈郑省长文》，《申报》1925年7月23日第13版。
② 大任：《介绍上海市民代表会议与市政府组织条例》，《人民周刊》第49期，第3—4页。
③ 1927年3月上旬，上海的报纸刊出了中国国民党上海市党部对于即将成立的上海市政府发表宣言说："……本党愿以一贯之精神，为全市市民之利益而奋斗，惟是民选政府应在本党指导之下，始合以党治国之精神，而为革命军北伐之总依据。职是之故，本市党部第十次执行委员会，关于上海市政府问题，因有以下之决议：（一）上海临时市政府委员会之人选，应由全市民代表会，选举若干人，由本市党部提出政治会议上海分会，呈请国民政府任命之；（二）上海正式南【市】政府之委员，应由市民半按职业半按区域选举之，其选举法由本市党部就市民代表组织起草委员会拟定之；（三）依据去岁中央各省各特别市各总支部各特别党部联席会议之议决，本市党部对于上海特别市政府的关系，处于指导、监督之地位。本市党部谨遵历来之主张，与本届第十次执行委员会三项决议，愿以诚意与上海各界人士，共同奋斗，相与始终，以完成革命之大业，实现中国之自由平等。仅此宣言。"载《党部对于上海市政府宣言》，《申报》1927年3月8日第10版。

大的变化：其诉求的对象迅速由江苏省政府和北京临时执政府，转变为中国国民党军政当局了。"四·一二"政变之后，国民党政权开始了全面控制上海的进程，上海的特别市运动遂迅速转入低潮，终至偃旗息鼓。①

3. 汉口等城市的争划特别市运动

在上海方面的影响下，汉口商界对于特别市问题的反应是比较积极的。首先，汉口总商会在相关善后会议上，就相关方面提出了三项提议：其一，实行裁兵。商会指出，连年内乱的根源大半在于军阀鼓动，导致商业凋敝，因而政府应在短时间内实行裁兵。其二，裁厘加税。其三，中央政府将汉口划为特别区域，永远不驻军队，由商团维持地方治安。②鉴于上海方面废使、移厂、免于驻军得到了政府的承诺，汉口各界立即以上海为榜样，"特由总商会领衔，电呈执政府，要求爰照上海先例，作为特别市区，以免驻兵扰民□事"，致电北京临时执政府段执政交内务部核批。③汉口后湖业主会、汉口教务教育促进会、夏口地方自治促进会、新汉口学会等八大团体为运动汉口商埠为特区，多次召开会议，并推派代表晋京请愿划汉口为特别市，其请愿书曰："……拟援广州成例，仿上海别市，整理市政、振兴商场，既杜外人觊觎之心，复免商民涂炭之苦……将汉口商埠划为特别市区，以慰众望，伏祈钧裁，明令颁布。"④

天津各团体代表和市民也呼应特别市运动。1922 年，旅京天津同乡会就曾请定天津市为特别市并颁布自治制施行日期，以促市自治之发达，而助民治之进行。⑤次年，天津市政筹备处又呈请中央政府承认天

---

① 国民党上海市政权建立之后一直到 20 世纪 30 年代初，上海社会尤其是商界争取城市自治——突出地表现为要求民选市长——的努力并未停止。在这一段时间里，国民党上海市政权与上海商界还处于磨合阶段，它一方面通过法令政策对后者进行控制；另一方面又争取获得后者的配合、支持——后者没有表现出普遍热烈的支持。所以，在这一阶段，国民党上海市政府人事组织更换频繁（当然其中还有国民党内部派系之争的因素促成）。

② 《汉商会之三大提案》，《晨报》1925 年 2 月 11 日第 3 版。

③ 《鄂人运动改汉口为特别市》，《晨报》1925 年 3 月 12 日第 3 版。

④ 《汉口人也运动特别市》，《民国日报》（上海）1925 年 3 月 7 日第 2 张新闻第 7 版。

⑤ 《天津请为特别市》，《大公报》（天津）1922 年 7 月 11 日第 2 张第 3 版。

第三章 争取城市自治：体制层面的近代中国民间市政参与

津为特别市。① 1925 年,在特别市运动渐入高潮的时候,天津团体代表会具呈省长请设立特别市,实行市自治,并希望天津市民自动地创设天津特别市促进会,以促特别市早日成立。②

青岛商会于 1922 年也曾请定青岛为特别市,民选市长;不驻军,专办警察。③ 同年,青岛商民代表上总统、总理、各部呈文,请求勿驻军,施行自治,"请按照自治章程第一章第二条第一项,将青岛市定为特别市,由内务部呈请教令公布,以便筹办自治会,组织市政所,举定市长,呈请委任,以专责成"④。

九江商民则主张仿上海办法,划为特别市区,以便施行自治,认为要振兴市政,"自非根本改革,一面划为特别区,一面设立市政会办,不足以副名实,而促商埠之进行,亦希望政府察核九江特别情形,明定为特别市……并请择商界之有资望经验人才,委以市政会办之职,以总其成"⑤。此外,南京也出现过特别市运动。⑥

值得注意的是,1922 年,北京被定为特别市之后,北京市民对于《市自治制》并不感到满意,他们认为,北京作为京都,不应该与其他特别市共此一制,因为这样会造成未来北京市政管理过程脱离实际而生障碍,而应该向欧美国家学习,将国都所在之地的地方制度单列定为都制——《特别都市制》。⑦

(二) 争取市长民选,反对市政督办

在争取成为特别市运动中,城市社会各界还强烈反对官派市政长

---

① 《天津将认为特别市》,《申报》1923 年 9 月 22 日第 7 版。
② 《请早日成立特别市》,《大公报》(天津) 1925 年 1 月 16 日第 2 张第 6 版。
③ 《青岛商会条陈接收青岛意见》,《大公报》(天津) 1922 年 3 月 7 日第 2 张第 3 版。
④ 《青岛商民之善后意见拟办法十二条》,《大公报》(天津) 1922 年 3 月 30 日第 2 张第 3 版。
⑤ 《九江划特别市区之建议》,《申报》1925 年 5 月 19 日第 6 版。
⑥ 《南京亦有特别市运动》,《晨报》1925 年 2 月 13 日第 2 版。
⑦ 《北京施行特别市之反响(续昨)》,《大公报》(天津) 1922 年 9 月 2 日第 2 张第 3 版;《北京施行特别市之反响(续)》,《大公报》(天津) 1922 年 9 月 3 日第 3 张第 2 版。

官——当时主要是反对督办，要求民选市长，以期特别市市长人选能够真正反映民意，城市商业、市政等能够得到快速发展。

1. 上海

在 1925 年 1 月上海特别市运动取得一定的进展，江苏省长委任上海市总董李平书等十一人为筹备委员之后，上海社会各界又积极推动市长民选。事实上，这种努力在上海一直持续到 30 年代初。北京政府虽然酝酿设立上海特别市，但它并不想失去对上海这个财源之地和中国最大都市的控制权。因此，对北京政府而言，任命市政督办成为必要的举措。于是，孙宝琦被纳入市长人选。消息传出，"沪公团对于督办，颇有反对者"。2 月，各团体纷纷致电江苏省长和旅京同乡，要求仿照广州市政制度，设立市长。由市民公选市长，由本地公正绅士担任，政府不要委派督办。① 而在此之前，淞沪旅京同乡刘式训等已经呈请北京临时执政府，遴选淞沪当地士绅为淞沪市政督办。②

其后，上海绅商界的头面人物李平书等致电北京当道，声称"时论多主张市长民选，而不惬督办之任命也"③。各团体纷纷响应，要求市长民选。④

2. 北京

由于京都地位特殊，北京政府在 1914 年宣布北京将实行"特别市政"。⑤ 但是，北京地方的市政管理机构主要是北京市政公所，该所附属于内务部，督办一般由内务总长兼任。所以，如果不改变这种市政机构附属于中央行政机关、市政长官由行政官员兼任的局面，北京市就不

---

① 《沪公团反对市政督办》，《申报》1925 年 2 月 6 日第 14 版。
② 《沪人力主沪绅治沪》，《晨报》1925 年 2 月 4 日第 3 版。
③ 《李平书等致北京当道之公电·陈述对于商埠与特别市之公意》，《申报》1925 年 3 月 1 日第 13 版。
④ 《请力争市长民选》，《民国日报》（上海）1925 年 3 月 12 日第 3 张新闻第 10 版。
⑤ 1914 年，政府决定宣布北京为特别市，实行特别市政。当时，北京商务总会总、协理还曾呈请北京市政当局和北京政府，缓行北京特别市政，实际上北京商界并不是真正反对实行特别市，而是因为特别市政如果实行，需要拆迁房屋，修筑马路，他们惧怕拆让拆迁损害商界的利益。参见《缓行北京特别市政之呈请》，《申报》1914 年 7 月 5 日第 3 版。

第三章　争取城市自治：体制层面的近代中国民间市政参与

可能实现城市自治。而对于民初北京市民和城市社团而言，争取特别市运动的重点不在于是否要划京都为特别市，而在于通过争取市政组织上人事关系的调整，达到转换市政体制的目的，即通过反对官派督办、市政长官脱离中央行政系统，来争取城市自治。

20世纪20年代初，城市自治运动再次兴起。一开始北京市民和社团并没有采取什么行动进行响应。到了1921年，这样的表现受到了舆论的严厉批评。有北京市民宣称，既然要争取自治，为什么必须内务总长才可以督办市政呢？为什么不当官和不在官场的人都不关心北京市政呢？"各省对于市政立说上书，而北京尚无有追风直起之人，北京市民之程度可叹"。其后，才有北京市民表示不甘人后，认为北京市民对于市政公所有不能不从根本改善之计划，在市政人事安排上，不能全部委任官僚，并计划联合社会各方力量，力争自治，声称市政公所的市政管理权如果不交给市民，宁可将市政公所裁撤。① 1922年1月，京都地方自治筹进会上书府院，要求取消官办的市政公所，政府不要再简任市政督办，即日实行都市自治。② 同年2月，京兆同乡联合会、京兆自治协进会、京兆工会、农会等十团体，还开会讨论决定，京兆行政应该根本改革计划……当下不问京兆尹继任人物为谁，他若能服从民意，实行改革行政，厉行自治，暂不反对。但是先由各团体起草行政根本改革计划，以便敦促京兆当局之实行；关于市政公所问题，俟督办人选确定后，再讨论与之正式接洽，如何收归市民自办。③ 1922年6月17日，教令定京都为特别市，自1922年9月1日开始实行。④ 但是作为京都的北京与其他的特别市一样，市长规定由民选出3人，再由大总统选择其一而任命之，对此，舆论表示反对："市长既然规定民选，何用拟陪之制？将留官僚把持之余地乎？抑为政党操纵之预备乎？此我市民所绝不

---

① 《市民议改善市政》，《大公报》（天津）1921年6月20日第2版。
② 《自治会上府院呈》，《大公报》（天津）1922年1月14日第2版。
③ 《京兆各团体会议》，《大公报》（天津）1922年2月13日第2版。
④ 《天津改为特别市中之波折》，《大公报》（天津）1922年9月7日第3张第2版。

· 183 ·

承认者也。"① 1924 年，京都市政公所被收回官办，由内务总长龚心湛兼任督办，市民对于此非常不满——"颇不为然"，因此他们要求北京临时执政府明令恢复京都市自治。②

此外，青岛商会也曾于 1922 年请定青岛为特别市，民选市长——由商民公选数人，再呈请政府简择委任。③ 九江商民也曾在争取划为特别市的时候，选择商界之有资望有市政经验的人才担任市政会办。④

四 争取警政权和警捐监督权

争取警政权和警捐监督权，也是民初民间在体制层面参与市政的重要表现之一。

（一）争取拥有自治警察

城市警察是国家暴力机器的一部分，它作为国家权力强制机关，可以是非自治的附属性的国家行政机构，也可以是城市自治机构的组成部分——为辖属于城市自治共同体的自治警察。对于一个城市而言，是否拥有警政权，就意味着城市治安是否有保障或多一分保障，城市地方性质的各种管理，就会因为多一分基于强制力为后盾的威权，大大地提高效能；否则，市政管理就可能缺乏执行力，效率低下，市政管理者难以施展拳脚。因此，任何城市要想拥有切实的自治权，拥有自治警察或类似的强制机关是十分必要的。也正是因为如此，在民初的城市自治运动中，一些城市积极争取警政权，城市民间社会各界尤其是商界希望拥有具有强制执行力的自治警察。

---

① 《北京施行特别市之反响（续）》，《大公报》（天津）1922 年 9 月 4 日第 2 张第 3 版。
② 《自治团体反对市政官办》，《大公报》（天津）1924 年 12 月 29 日第 1 张第 7 版。
③ 《青岛商会条陈接收青岛意见》，《大公报》（天津）1922 年 3 月 7 日第 2 张第 3 版。
④ 《九江划特别市区之建议》，《申报》1925 年 5 月 19 日第 6 版。

第三章 争取城市自治：体制层面的近代中国民间市政参与

"警察是自治动量得到充分体现的一个重要量度。"① 上海南市在清末城乡内外总工程局时期和自治公所时期，曾经拥有了警权。1905年，由南市绅商主持的上海城厢内外总工程局开始拥有警察。从第二年开始，警长穆杼斋"受总工程局总董的委托，推放南市巡警，设立警官学校，招收警生，逐渐毕业，量才任便，于是东、西、南三区之警务日渐发达。其时城区、闸北、浦东之警察属巡警道管辖，分域而治。论者谓南市之警察优也"。辛亥革命爆发后，上海人心惶惶。在上海光复时，清朝警官都逃避走了。鉴于上海各区巡警漫无统领，当道就将上海城厢、浦东各乡镇的警政交归穆杼斋统理。这样，市政厅的警政就"离自治而隶于官治"——上海警察由淞沪警察厅统管，自治机构从而失去了警政权。由此，"自治团体诸凡市行政事宜须借力于巡警者至多"②。李平书曾就此抱怨说："南市自光绪三十一年来，设立专局，办事颇觉顺利。入民国后至收回民办，转觉困难，良以改进有心，执行无力，无可奈何。"③ 也就是说，市政厅在实行市政管理时，不得不借助于官治下的警权以维护其自治机构的威望，失去了警权的市行政让人感到心有余而力不足，这表明其城市治理能力大为降低。

闸北绅商在民初也没有掌握警政权。自治被取消后，他们对一些事务的处理也感到十分棘手，迫切需要警察的协助。例如：房租问题，"闸北市房所有追租等事，前清系由警局办理。自闸北设立审判分庭后，追租一事，即起诉于该庭，警察未能干预，以致辗转间欠租者风闻逃避，追缴者十不得一。人民程度太低，不知法律羁绊。现拟数元、十数元，仍由警局追缴，数十元及百元起诉分庭，三百元上诉地方庭，以免无着，致为振兴市面之累"④。

1913年，为方便关押"宋案"罪犯，淞沪警察厅长穆杼斋下令关

---

① 周松青：《上海地方自治研究（1905—1927）》，上海社会科学院出版社2005年版，第134页。
② 《孙传芳昨假总商会招待各界》，《申报》1926年5月6日第13版。
③ 《公饯卸任警厅长》，《申报》1914年1月6日第10版。
④ 《整顿闸北市场之会议》，《申报》1915年9月11日第10版。

闭市政厅的大门,这一做法使市议员出入市政厅感到大为不便,因而导致市政厅与警方的激烈冲突。双方相持了一段时间,但穆杼斋不顾市政厅方面的情面,对市议员们解除门禁的要求置之不理。警察厅长的我行我素,激起了市政厅方面的强烈不满,同时,市政厅的绅商们深感没有了警权,城市治安乃至地方自治权利均缺少保障。因此,他们在争取城市自治权的过程中,酝酿着筹设自治警察。"警察为保卫地方治安而设,今警长穆杼斋不惜蹂躏我全市公民组织之自治机关,即是蹂躏我全市公民之治安,地方已失保卫之力,人民尚有安枕之日耶?我公民当出全力以善其后,办法约有三种:(一)市政厅应尽力筹备自治警察……"①

1924年爆发淞沪战争,上海绅商对其爆发的根源进行了分析,认为"实导源于贩土(按:指烟土)",而根本在于警察的缺位。因此,上海绅商在争取城市自治的时候,他们致电中央政府当道,强烈要求警察改为市办:"苟非仿行欧美制度,将警政隶属市政,脱离官权,则此毒不去,祸根仍在,而卫生、路政,亦难指臂相联,必与租界相形见绌。兼以苏官办之商埠局,层见叠出……特别市为自治团体,在事业未发达时,警政属辖于市政……应明令淞沪特别市组织大纲,由划入各市乡原有自治团体之代表,公同议定,以警权属市政,特申烟禁,务使永绝乱萌……"② 因此,要求警政权成为上海绅商争取城市自治的题中之义。

汉口在辛亥首义期间,产生了武装商警,在革命爆发期间对于维持城市社会秩序起过重要的作用。但是,革命过后,武装商警被解除了武装,实际上变成了普通的非武装的治安商警。到1917年,"全镇之保安会共有三十六团,附组保安商警者,有十二团。每团多则六十名,最少亦有三十名,与官警并立于通衢大道,保卫秩序颇著成效,商家咸利赖之。如无辛亥兵燹破坏商场,现今必全镇俱设商警矣。各保安会于该地

---

① 《八志市政厅与巡警长之激战》,《申报》1913年5月17日第10版。
② 《李平书等致北京当道之公电·陈述对于商埠与特别市之公意》,《申报》1925年3月1日第13版。

第三章 争取城市自治：体制层面的近代中国民间市政参与

段内商民如被非法蹂躏，每为力图解救。故近年官厅多不敢滥施淫威……"① 非武装的商警对于稳定城市社会、维护商界利益都能够起到这样的作用，那么，期望城市获得自治权的汉口商界，自然希望建立起自治警察。

民国建立之后，试图成立市议会和市政厅的汉口商界，也曾试图建立地方警察。1912年，一部分未得到安顿的辛亥首义士兵以及江湖会党，他们试图改变现状而滋生事端，成为武汉城市社会治安的一种威胁。而鄂军都督黎元洪为了巩固自己的地位，控制局势，对武汉革命党人大肆捕杀。当时的武汉三镇一度风声鹤唳，"谣风虽息，人心未定，加之大小飞铁、各种摆队，竟勾结匪徒，肆行妄为，以致商民难安"②，经过巨大社会震荡的汉口商界，迫切希望局势能够尽快稳定下来，以便着手汉口城市重建和恢复正常的商业秩序。于是，作为商界领袖的汉口总商会主张筹办警察，汉口各团联合会其实也希望筹办地方警察，只是它认为缓不济急——当时情形的确如此，可先办商团，再办地方警察。汉口总商会董事李紫云就此请示了黎元洪，希望得到他的支持，但是黎元洪表示："现在商情困苦，力恐难支，加以机关增多，时虞冲突，反行窒碍，旧有军警两界尚敷分配，自应力任保护。"③ 汉口总商会遂不再出面作为了。这次创办地方警察的筹谋就此没有什么进展。1923年，京汉铁路工人大罢工，武汉城市社会一度陷入恐慌之中，汉口商界中的两大社团——总商会和汉口各团联合会决定联手承办武装商警（当时也称武装商团），它们甚至还筹划了经常用费，并且不准移作他用。④ 对于筹办武装商团一事，汉口市区自治会非常重视，它责备"总商会对于武装商团，长久放弃"，并去函催请商会提前举办。⑤ 汉口总商会就此事出面请示萧耀南。然而萧耀南表面上"极表赞助"，但此事最后还是

---

① 《纪汉皋商市与社会状况》，《申报》1917年2月13日第7版。
② 《汉口各团联合会移商务总会文》，《国民新报》1912年7月28日第4版。
③ 《汉口商务总会复各团联合会函》，《国民新报》1912年8月3日第4版。
④ 《各团联合会常会纪事》，《汉口新闻报》1923年9月14日新闻第3张第6页。
⑤ 《自治会催办武装商团》，《汉口中西报》1923年8月27日第3版。

· 187 ·

无果而终。

1922年，旨在协调警商关系的汉口警察董事会成立之后，并没有很快消除官府与汉口市民之间的不信任感，对于警察捐一项，"官商苦于不足，人转疑其有余"。1925年1月，在城市自治运动走向高潮之际，汉口警察厅长周继芸主动将警察捐局移交给汉口警察董事会接收。也就是说，汉口商界不仅取得了汉口警捐的监察权，还取得了警捐的征收权。这似乎是一个不错的结局。但是，汉口警察董事会却并不感到满意，该会进而呈请省长，要求商准咨部，规复汉口商埠警察厅名义，以重舆情而符事实——要求汉口警察只为汉口商埠也就是汉口市政服务。他们还相应要求将汉口警察董事会名称改为"汉口商埠警察董事会"，认为这样做有很多好处，诸如："以商埠之钱，办商埠之事。定名一，上下相安"；可以专款专用、专官专责、便于官商协理、名实相符，等等。[①] 这实际上也是要求警察地方化，希望城市拥有自己的警察。

1922年，湖北沙市总商会也曾拟将商团改办警察，并在全国商会联合总会召开临时大会期间，要求全国商会联合总会转呈内务部，表达沙市商界希望实现城市自治、自办警察的愿望。[②] 但是，并没有得到内务部的积极回应。

因此，不论是上海，还是汉口、沙市，商界创办自治警察的希望皆落空。警权的缺失使取得部分城市自治权的商界在实行市政管理和维系城市社会秩序的时候，无法摆脱对国家警察和军事武装的依赖，也就无法摆脱军阀的勒索和武夫专制。

（二）争取警捐监督权

在争取城市自治的过程中，一些城市如汉口、北京、天津等的商界曾经努力争取警捐监督权。这实际上是没有能够获得自治警政权的城市

[①] 《汉口警察董事会呈请规复商埠警察厅》，《大公报》（天津）1925年3月16日第2张第5版。

[②] 《商联会请速办自治之呈文》，《申报》1921年12月15日第14版。

社会，在试图改变市政体制上的一种退而求其次的努力。

1. 汉口警察董事会与商界争取警捐监督权

民国之初，设置有"汉口商埠警察厅"，且警察经费，完全出于汉口一埠的商业等捐，并经官设警察捐局。① 1915年，当道鉴于汉口警察经费每年都存在不小的缺口，年约不敷6万元，遂打算就货物税征收附加警捐，授意汉口商务总会核议。该会总理吴幹廷为见好官场起见，并未集众公议，只与少数议董商酌承认，每正税1串加抽警捐50文，而以大会通过并朦禀湖北巡按使批准实行。结果，汉口商界哗然，表示不予承认，并致电湖北巡按使饬令暂缓实行，声称："查警察为保卫地方要政，自应普及抽捐，不能偏取纳税商帮，若就货税抽收，窃恐货捐加重，货价愈高，将来商贩裹足，商务税收均受影响……不妨就房铺各捐再议酌加，以免偏枯……"② 虽然不知道交涉的结果如何，但由此事可见汉口商界对警捐问题的重视。

1916年以后，汉口商埠警察厅的名称被更改，"删其'商埠'二字为汉口警察厅"。于是，商界感到"官无专注之名，地等普遍之类"——警察厅不是专门保卫汉口城市地方治安的，汉口与一般商埠没什么区别。结果，"至收捐之日，则扞格时闻。用捐之时，则猜忌百出，以致应开展者不便开展，应扩充者不能扩充"③，更增加了商界对警察的不信任感。

1922年，汉口商会与汉口业主会联合组织成立了汉口警察董事会，并经拟订章程，呈奉湖北军、政两署核准。会内董事长、董事任期系以两年为限。直到1926年，汉口警察董事会仍然存在。④ 汉口商会和业主

---

① 《汉口警察董事会呈请规复商埠警察厅》，《大公报》（天津）1925年3月16日第2张第5版。
② 《汉商电请缓征警察附捐》，《申报》1915年11月2日第6版。
③ 《汉口警察董事会呈请规复商埠警察厅》，《大公报》（天津）1925年3月16日第2张第5版。
④ 《上海银行汉口分行·汉口总商会来函涉及大革命时期军政人员》，武汉市档案馆藏，档案号61—1—291：018。

会想"藉以浃洽官商,沟通意见"。① 汉口商会和业主会的单独行动,显然是商界上层想建立起对警捐的监察权和干预警政的主动权。汉口商会和业主会的做法曾经引起了汉口各团联合会和汉口市区自治研究会的强烈不满和反对,因为在后两者看来,汉口警察厅经费是全汉口人民所捐集,只要是汉口的社会团体,均有监督之权。如此重大的事情,作为市民的重要集合体的汉口各团联合会理应参与,而汉口总商会与业主会并不能代表汉口全市人民,不应该以少数人垄断了多数市民对于警察厅经费的监察权。② 争执的结果是,汉口各团联合会等社团最终依旧被撇在一边,这自然不利于汉口商界协同争取城市自治权。不过,从总体上看,汉口商界在争取警捐监察权方面是获得了较好的结果的。

2. 天津商界力争接管天津捐务处

民初天津社会各界尤其是天津总商会、自治研究会、县教育会对城市自治权的争取,很大程度上是通过力争接管捐务处表现出来的,这是民初天津城市自治运动的一个特点。天津市工巡捐所(按:后改为处)创设于1900年,在清末地方自治运动期间,其所收房铺车辆等捐,在性质上属于市自治用途,本应该划入天津市政范围,归自治会自行抽收。但当时鉴于警察布满各区,方便抽收,就暂归警厅办理。行之既久,各方都觉得很方便。因此,该处实已具有自治性质。1920年,天津警察厅根据省议会的决议,将属下的捐务处划归财政厅管辖。天津绅商两界认为该处"倘一经官府接管,殊与地方自治不合",就呈请省长,表示反对。③ 稍后,天津商界又分别致电和上书大总统、国务院各部总长、参众两院、步军统领、京兆尹、(京)都市政公所督办、警察厅总监及参众两院,陈明天津捐务处的来龙去脉,说明该处所收捐款系市政捐款,"属于市自治范围收入,非一省单行税,则省议会绝无此项

---

① 《汉口警察董事会呈请规复商埠警察厅》,《大公报》(天津)1925年3月16日第2张第5版。
② 《组织警察董事会之反响》,《汉口中西报》1922年10月14日第3版。
③ 《天津绅商力争捐务处》,《大公报》(天津)1920年6月17日第3版。

第三章　争取城市自治：体制层面的近代中国民间市政参与

议决权。案关津市自治要政，务乞主持取消前案，暂缓接收。俟自治机关成立，即行移交，用以维持市政，以符定章"。该处"纯为本地工巡所设，与国家征收机关不同"，其所收捐款"纯系自治用途，划入市政范围以内"。① 为了力争地方自治权，由天津总商会、教育会、各界联合会三团体共同发起，运动恢复天津地方自治，为了壮大势力，又特地通函各界请派代表来会，共同筹议成立天津地方自治促进会。参加的团体还有红十字会、公教救国会、胶皮车同业公会、救国十人团体联合会、西药同业公会、织染同业公会、私塾联合会、律师公会、基督教联合会。② 此后，以天津总商会为主的社团一直反对将捐务处划归省财政厅管辖，并且呈请由社团接收捐务处。

到了1925年，全国地方自治运动再次进入高潮之际，天津总商会再次呈请接收工巡捐务处。于是，省长下令，由警察厅监督，令商会、教育会各举三人为监察员监督捐务处捐款使用情况，但不得干预内务行政事宜。商会意识到这样的监察将有名无实，因此立即表示反对。③ 但是，最终不得不屈从省长的指令。很快，总商会的担忧变成了现实，因为新任财政厅长屡次派人到该处提借款项，并否认此前省方所提该处之款，总商会和教育会的监察员对此却无可奈何。④ 这意味着天津社会各界争取城市自治的努力根本性地归于失败。

3. 北京市民绅商反对警捐，力争市政自治权

民初北京市民和社团也曾努力争取警捐监督权。北京的警察经费不足或被挪用，警饷不能按时发放，导致北京警察逃亡，治安状况令人担忧。1923年，北京市政当局曾打算将尚未征收的房捐变更为警捐，因遭到市民反对而未能实行。⑤ 其后，市政当局再拟创办警捐，又遭到市

---

① 《天津商民之重要电呈为工巡捐不应划归财政厅事》，《大公报》（天津）1920年7月25日第2版。
② 《筹备地方自治开会纪》，《大公报》（天津）1920年10月28日第3版。
③ 《请接收工巡捐务处近讯》，《大公报》（天津）1925年1月17日第2张第6版。
④ 《捐务处改辖后之暗礁》，《大公报》（天津）1925年3月5日第2张第6版。
⑤ 《北京通讯·薛之珩疏通警捐问题》，《申报》1924年6月22日第11版。

· 191 ·

民的反对。北京商会、市民会对于征收警捐，提出了三个条件，即其一，应将北京市民已有的负担与警捐合并，实行公开支配；其二，由民选团体负责警捐的征收与监督；其三，捐款的数目应该由市民会开会公决。① 然而当局有自己的打算，拟邀请商会和地方团体共同组织一个董事会来监督警捐的用途，以减少开征警捐的阻力。对此，商会未发表意见，而市民会则认为当局故意拖延实施地方自治，他们提出，根据"不出代议士不纳税"的原则，若要市民缴纳警捐，就要提前成立市自治会。② 同年5月，北京外右五区自治筹备会、京师内左三区市民筹办自治会、京师市民会、京师右三区市民会及外右二区自治筹备会等五团体派出代表开会反对警捐。③ 有市民代表声称，他们这次反对警捐，并非与警察为难，而是因为"警捐一项，已列入预算，政府挪作别用，无法发饷，却欲苛敛人民，违背宪法。我们反对警捐，就是拥护宪法，争市民权，为警察请命"。还有市民代表指出，如果政府认为京都警察为国家警察，那么民国五年、八年已经有预算案，可以依据预算案给警察发饷；如果认为是地方警察，那么，就应该将警权交给市民办理，无需政府代劳派捐。依照宪法，政府增加人民负担，应当依法行事。而此次开征警捐，未免违法。④ 市民们还质问市政当局，并向众议院请愿。⑤

面对汹汹的市民反对潮，官方主动分途开展疏通活动，才使市民方面的态度稍有缓和，但是市民们多数主张以交还市自治为认捐的交换条件。新闻界也有人发表意见，认为警捐用途，应该完全公开，不得挪用。在这种情势下，众议院开会提出了折中办法，诸如：应事前邀集公正绅商商定募集警捐的章程；限制用途，做到警捐专款专用；议定警捐限额与征收时限，不得作为常捐和挪用；市政收入应该一并公布，昭示大众；

---

① 《北京电》，《申报》1924年4月28日第4版。
② 一鸢：《北京通讯》，《申报》1924年6月23日第7版。
③ 《北京市民反对警捐》，《申报》1924年5月14日第6版。
④ 《北京市民续开反对警捐会》，《申报》1924年5月20日第7版。
⑤ 《北京市民坚决反对警捐》，《申报》1924年5月30日第6版。

第三章 争取城市自治：体制层面的近代中国民间市政参与

交还市政，应该按期实行，"此项警捐，即系市民自办市政之初步"。①

北京市政当局因开征警捐势在必行，对于市民的反对采取了强制手段。市民张承荫就始终反对，他还召集住户开市民会，讨论坚决反对的种种办法，准备具呈内务部和警察厅，结果被该区警署侦知，将该市民会解散。张承荫于是以个人名义，具呈平政院，起诉内务部在警捐问题上违法，应该依法处理，停征警捐。此案被平政院受理。② 不管这个案件的结果如何，我们由此可见当时北京市民反对警捐，维护市民权的坚决态度。

民初北京市民坚决反对开征警捐的情形表明，市民们试图借此获得市政监督权，实现市政自治。

4. 松江商界反对警捐改征小洋风潮

民初松江市曾发生市民反对警捐改征小洋风潮。1922年，松江县温知事致函县商会，请其劝导商家将缴纳的警捐由钱码改为小洋。实际上就是要加征警捐。对此，县商会要求警所公布经费用途，并决定商民在警捐问题解决之前停缴铺捐，当局须将加征警费的用途明白宣布。此外，商界将仿照上海组织纳税人会，以便随时监督税捐用途。③ 接着，松江市民和商家开始抵制警捐改征小洋，城内外商家300多家呈请免缴房捐。就在这个风头上，教育界有人指责商家不应该停纳警捐，致使有的商店主张连学捐也停缴，事态有扩大之势。教育会会长张蔚丹发起解决警捐的公民大会。④ 而差不多同时，西三区发生了警官鞭责商人事件，更令警捐风潮火上浇油。西三区市民也召集市民公会，议决：希望省、县查明事实，折中调解；赞成商会提出的经费公开主张，并提出松江市有款产，应一律公开；改征小洋没有事先征得市民同意，领头的警佐应该引咎辞职。⑤ 商会要求警所将附加税项下行政补助费的支配账册交款产经理处审核，让人知道公款的用途；警所应该将商人缴纳的捐款收支细目公布通

---

① 一鸢：《北京通讯》，《申报》1924年6月23日第7版。
② 《平政院受理反对警捐案》，《申报》1924年7月17日第9版。
③ 《加征警捐风潮》，《申报》1922年7月11日第11版。
④ 《警捐风潮扩大》，《申报》1922年7月22日第10版。
⑤ 《警捐潮中之杂闻》，《申报》1922年7月22日第10版。

· 193 ·

衢。县商会全体会董还致函省长，指责松江警察腐败达于极点，温知事纵奸殃民，对商民的呼吁置之不理，结果导致了警捐风潮。不仅如此，还试图压制商民，混淆视听。① 县商会会董还拒不出席温知事召集的绅商会议。感到压力的温知事，通过绅商会议做出决定：警捐照旧纳钱；警费公开。② 然而，县商会还不依不饶，致函省长，要求撤换知事。③ 可以说，松江市民和商界在这次警捐风潮中是大获全胜，一定程度上推动了警政公开。不过，与上海、汉口、天津、北京相比，松江市民的自治意识还不是很强烈，这应该与市政与县政混存有关。

五 试图建立稳定的武装商团等商属武装部队④

警察是维持日常治安的暴力机器，但在城市无法成为非战区域的情况下，拥有地方警察也并不能从根本上保障城市的安全。在武夫专横、政局动荡的民初，城市社会迫切需要得到武装保护，因此，他们在接受外在军事保护的同时，不得不牺牲城市的利益，最表层的就是要忍受军阀在经济上的盘剥和敲诈⑤，更深一层的就是要牺牲城市自治。因此，在

---

① 《警捐潮中之会董会》，《申报》1922 年 7 月 24 日第 11 版。
② 《警捐潮中之绅商会议》，《申报》1922 年 7 月 27 日第 11 版。
③ 《警捐潮尚未平息》，《申报》1922 年 7 月 29 日第 11 版。
④ 有关近代中国商团的研究概况，朱英的《近代中国商团研究述评》（《近代史学刊》第 1 辑，华中师范大学 2001 年版）进行了较为详尽的论述。本节对汉口和上海商团等论述，一定程度上可以弥补城市商团研究在时段方面的缺憾，并将商团与民初断续展开的城市自治运动和市政体制革新运动联系起来，反映城市社会的发展尤其是商人力量的增强与市政体制转型之间的关系。
⑤ 例如，王占元盘驻湖北的时候，手下的新编湖北第一师缺饷，他就对商界大肆渲染武汉治安维持的困难和危险程度，商会方面担心发生兵变，就答应增加附加税——每年约计增加 40 万元。但这并未从根本上保障城市的安全，不久，武昌发生兵变，波及汉口，人心惶惶。王占元又向汉口商界敲诈了 10 万元。参见《奉行惟谨之汉口商会》，刘挫尘《鄂州惨记》，武汉市档案馆藏，档号 bU83/70，交通印书馆印，民国十年（1921）版，第 13—14 页。而江浙战争前夕与期间，军阀大肆对上海等城市进行勒索聚敛，亦令上海商界等深恶痛绝。参见熊月之主编《上海通史》第七卷（张培德、王仰清、廖大伟：《民国政治》），上海人民出版社 1999 年版，第 162—165 页。

第三章 争取城市自治：体制层面的近代中国民间市政参与

民初争取城市自治运动的过程中，城市社会尤其是商界还曾试图建立警察之外的稳定的商属武装部队，如武装商团、保卫团等，以便从根本上摆脱城市防务与治安方面对外在军事力量的依赖，以争取实现城市自治。

近代上海是城市商团组织的发源地，其城市商团是其他城市学习的榜样。在上海，不仅租界有商团——被称为万国商团，华界也曾拥有商团。清末上海南市就曾仿照租界，建立了商团，并且成立了沪南商团公会。1911年辛亥武昌起义爆发后，沪南商团公会会合各业商团组织联合商团总机关，分段保卫，李平书担任该联合商团总司令，并且奉准发给军械。① 该联合商团因而变成了武装商团，它在其后的上海光复战中起过重要的作用。

民国建立后，武装商团被纳入市政范围之内。1912年8月，上海商团公会要求市政厅补助出防保卫的经费。在该会领袖看来，市政顾名思义就是为了"商"，商团公会就是"以商保商"，"市政既可扶助市立学堂"，那么，也应该扶助商团公会，以便今后从容布置一切防卫事宜和总机关部而不至于经费支绌。② 商团公会将防卫与市政关联起来，这的确是耐人寻味的事情。这说明商团领袖在此时已经意识到武装自卫对于商业和市政发展的重要性。二次革命期间，上海商团支持革命。二次革命失败之后，上海商团被解散，李平书流亡海外。袁世凯死后，黎元洪下令恢复地方自治，而举办商团被认为是办理地方自治的内容之一。③ 这就意味着商团属于市政的范围了。随着地方自治运动的深入和商界对于城市治安、自卫保障的迫切需要，办理商团直接被视为市政事务。④ 1925年，李平书等淞沪特别市筹备员在致北京临时执政府执政的

---

① 《鄂乱影响》，《申报》1911年11月2日第2版。
② 《商团公会请拨补助经费》，《申报》1912年8月18日第7版。
③ 《恢复商团之建议》，《申报》1916年7月26日第11版。
④ 《申报·常识周刊》就直接将保卫团、商团事务纳入"市政专栏"之内进行论说，就是明证之一。参见西西《市政·各地组织保卫团者须知》，《申报·常识增刊》，1924年10月9日第13版；鹿角《市政·民商团宜积极扩张》，《申报·常识增刊》，1924年10月27日第13版。

· 195 ·

电函中称,"淞沪既为不驻兵区域,其治安之职,商民执行担负"①。显然,在他们看来,这是上海特别市真正实现自治的保障。虽然函电没有说明商民以何种形式来执行治安之职,但是,恢复武装商团显然是其中的最佳选项。

民初以汉口总商会和汉口各团联合会为首的汉口商界,也多次筹建商属武装。下面将对民初上海和汉口商界筹建商团、保安团等方面的大致情况进行梳理,以便稍作对比分析。

(一)上海方面

上海商团在 1911 年辛亥革命光复上海的战争中起到了重要作用。民国建立后,上海商界自认为武装商团属市政范围,要求上海市政厅给予经费补助。据当时的统计,商团公会下的各业商团共有 26 个。民国建立后,它们在上海市区的日常治安中仍旧发挥着作用。

1913 年,上海商团支持"二次革命"。北军占据上海后,将商团解散,商团领袖李平书流亡海外,武装枪支以代管的名义被没收。

1914 年冬,时届冬防期,抢案层见叠出,上海官绅商定,仿照上海租界万国义勇队,并参酌商团、保卫团成案,由民间办理上海义勇队。南市方面先由沪西着手组织,得到前沪西商团领袖吕耀庭等的响应,他们筹议组织义勇队保护地方,与绅商尹村夫、江正卿等商议后,拟改名为"上海商团",计划招募编制 3 个营的团员,先组织模范团,在此基础上扩充规模,团员所用枪支存放警区代为保管,以便商团与军警相互联络。当时还拟定了《组织上海商团之草章》。② 后来,沪西义勇队因为阻力丛生(最大的阻力应该是被没收的枪支未被允许发还)

---

① 《淞沪特别市筹备员之电函》,《申报》1925 年 2 月 6 日第 14 版。
② 参见《筹办冬防之大要》,《申报》1914 年 11 月 8 日第 10 版;《组织上海义勇队》,《申报》1914 年 12 月 3 日第 10 版;《议决组织商团之办法》,《申报》1914 年 12 月 14 日第 10 版;《组织上海商团之草案》,《申报》1914 年 12 月 18 日第 10 版;《集议组织商团问题》,《申报》1914 年 12 月 21 日第 10 版。

第三章　争取城市自治：体制层面的近代中国民间市政参与

而没能成立。①

1916年，黎元洪上台任大总统之后，恢复约法。上海商团公会会友袁颂丰以"约法既已恢复，自治当然复活。商团为地方自治之一，如何重要，无待赘言。上海商团创办最早，又为各地之模范。迩闻闸北已有成立之信"，南市也应恢复商团。② 他的倡议得到响应，多数主张统一办法，定名"上海商团"，并成立了商团通信处，希望前商团会长李平书出任会长，为李平书拒绝，但是李允诺给予资助。此次各商团等纷纷筹备恢复，其间言辞表现出城市社会对北军南下后人民自由被剥夺、屈从专制淫威、北洋巡警充斥上海导致商、警两界严重隔膜的不满。前沪西商团会员尤其踊跃，积极筹备恢复。同年8月，上海31个公团共计600余人共商筹备办法。1917年2月，商团筹备处通过简章。同年3月，全国商会联合会将呈部核准令行的《商团组织大纲》，由内务、陆军、农商三部会同公布，该《大纲》提倡商界办理商团。③ 不久，黎元洪被迫解散国会，地方自治再度受挫，加之商团前被缴枪械一直没有归还，故上海的武装商团未能恢复。

1923年冬，上海商界鉴于年来战祸频仍，江浙战争一触即发，市内宵小不靖，盗匪公然抢劫，商不安业，由南北市商业公团共同发起，决定恢复上海商团。各公团召开联席会议，于1924年1月宣告成立上海南北市商团筹备委员会。至1924年3月中旬，共计有一百数十个公团加入发起，并会议决定正式呈请官厅立案，声明恢复商团不仅为自卫起见，并且对于商人道德、法律、卫生、习惯，也加以注意。④ 南北市商团筹备处还专门推派

---

① 《恢复商团沪西之动议》，《申报》1916年8月6日第10版。
② 《恢复商团之建议》，《申报》1916年7月26日第11版。
③ 参见《恢复商团之建议》，《申报》1916年7月26日第11版；《恢复商团之积极进行》，《申报》1916年7月31日第10版；《李平书不允再任商团会长》，《申报》1916年8月4日第10版；《恢复商团沪西之动议》，《申报》1916年8月6日第10版；《商团筹备处会议特别事》，《申报》1917年3月13日第10版；《商团筹备处通过简章》，《申报》1917年3月23日第11版；《关于筹办商团之函稿》，《申报》1917年6月3日第10版；《南北市商团委员会纪》，《申报》1924年4月3日第13版。
④ 《南北市商团筹备大会纪》，《申报》1924年3月19日第13版。

· 197 ·

代表与商会方面洽商，商会遂将恢复商团一事列入议事日程。① 4月7日，筹备会通过正式章程，以商会为商团总部，以团本部操员为基本队，南北市各区依次分别组设支部，添设支队，仿照陆军步兵编制。② 1924年8月，时论称"上海商团，组织完备，习操又勤，各团员又皆好义急公之士，当此风云变幻之际，正可以出而捍卫地方，协防贼盗"③。不过，这时的上海商团并未获得枪械。江浙战争爆发后，商界筹设武装商团一事就此停顿。

1924年9月江浙战争已爆发在即，闸北和南市陷入恐慌，在筹组武装商团未果的情况下，上海商界决定组织保卫团以应付事变。闸北地方自治筹备会会长徐懋、闸北商业公会沈镛、王栋代表闸北商界上书上海、宝山两县知事，说明闸北商界已经依据1914年5月20日政府公布的《地方保卫团条例》拟定了《闸北保卫团章程草案》，希望批准商界建立保卫团。9月4日南市东北城成立了商业自卫团。7日，上海各路商界总联合会决定由商团委员会讨论组织商团、保卫团以及互助南北市保卫团的办法。同日，闸北保卫团成立，闸北商界联合会发起的闸北商界自卫团举行大游行，两团于9日获得淞沪警察厅发给的枪械；10日，《上宝两县闸北保卫团章程》获得核准，团员暂定120人。几乎与此同时，南市保卫团由县商会等各公团发起组织就绪，并拟定了《上海南市保卫团简章》，拟定团员人数为300人，经费自备，购买军械也获得官厅允许。南市的邑庙、江湾、董家渡等处亦组设保卫团或保安团。④

---

① 《总商会定期讨论恢复商团案》，《申报》1924年3月27日第13版。
② 《南北市商团筹备会纪》，《申报》1924年4月9日第13版。
③ 《闸北组织保卫团之呈文》，《申报》1924年9月1日第15版。
④ 《闸北组织保卫团之呈文》，《申报》1924年9月1日第15版；《各方纷起谋自卫·南市保卫团组织就绪附上南市保卫团简章》，《申报》1924年9月8日第14版；《各方纷起谋自卫·闸北保卫团组织就绪》，《申报》1924年9月8日第14版；《各方纷起谋自卫·闸北商界自卫团大游行》，《申报》1924年9月8日第14版；《军警防范与人民自卫·闸北保卫团章程业经核准上宝两县闸北保卫团章程》，《申报》1924年9月11日第10版；《军警防范与人民自卫·警厅发给警士及保卫团枪弹》，《申报》1924年9月11日第10版；《军警防范与人民自卫·南市保卫团进行消息》，《申报》1924年9月11日第10版；《人民筹自卫之昨讯》，《申报》1924年9月16日第10版；《各保卫团之消息》，《申报》1924年9月18日第10版。

第三章 争取城市自治：体制层面的近代中国民间市政参与

10月中旬，江浙齐卢之战结束，上海总商会、县商会、银行公会、钱业公会、省教育会、闸北商会筹备处六团体联合致电北京政府和江苏督军，要求废除淞沪护军使，改设镇守使移驻外地，兵工厂外迁，上海不再驻兵。① 20日，上海总商会和县商会邀集各公团组织了"上海保安会"，以筹划保安救济事宜。②

1925年1月之后，上海地区的城市自治潮更趋高涨，划上海为特别市运动兴起。但此时的商办保卫团仍然受官方严密监督，如，南市保卫团仍由上海县知事兼任总监督，闸北保卫团仍由上海、宝山两县知事担任总监督。因此，上海商界还是希望建立城市自治性质的武装——它将处于商界的有力控制之下。2月上旬，成立于1924年1月的上海南北市商团筹备委员会，致函总商会，请代呈张宗昌军长，请求恢复商团，并发给步枪5000支。总商会等遂"应时世【势】之需要"，重行发起恢复商团，转达了上海南北市商团筹备委员会的请求。③ 商界的要求遭到军方的拒绝。④ 军方当然不希望在自己的地盘上出现一只自治的5000人规模的民间武装。

1925年2月中旬之后，上海商界谋求商属武装部队的行动又退回到组建和维系小规模的保卫团的状态之下，并且他们所维系的保卫团的枪械受到军方、警方的严密控制，有时甚至被收缴，需要借枪巡防。但他们又不得自主购买枪支。经费也得不到保障，南市方面欲通过增加房捐的形式来保障保卫团经费，又遇到了来自商界的阻力。⑤ 其后，南市保卫团又被改编，规格明显降低。⑥ 实际上意味着官方的控制进一步加强。此后，南市保卫团团员的素质也遭受商界的质疑。⑦ 而总商会等商

---

① 《总商会等六团体之公电》，《申报》1924年10月15日第17版。
② 《保安消息种种》，《申报》1924年9月21日第10版。
③ 《重组商团之进行消息》，《申报》1925年2月7日第13版。
④ 《商团筹备处请拨枪械未准》，《申报》1925年2月11日第14版。
⑤ 《反对加收房捐之函牍》，《申报》1926年5月9日第14版。
⑥ 《南市保卫团改编后之呈报》，《申报》1926年7月3日第15版。
⑦ 《商界对于保卫团之疑问》，《申报》1926年8月8日第15版。

界组织似乎也没有什么大的作为。没有了强有力的武装做后盾的上海商界在谋求城市自治的道途中,即将面临被边缘化的处境。

(二) 汉口方面

1912年7月初,黎元洪为巩固自己的地位,在武汉大肆捕杀革命党人,汉口城市社会动荡不安,商会方面遂主张筹办地方警察,汉口各团联合会方面则认为此时举办地方警察手续太繁,缓不济急,主张先组织商团各团联合会,即治安性质的联合商团或统一商团。实际上,汉口商界也将组织商团看作一项重大的市政行动,要求商会出面召集"夏口全属自治会、城董事会、城议事会、汉口各善堂、各会馆、各团体,妥为研究,藉觇一般之意见,翼助市政之进行"。① 此前,汉口市商界曾想建立市政厅。这次办理商团(治安商团或地方警察)一事因黎元洪反对而无果。

1913年7月,孙中山发动"二次革命",汉口市内惶惶不安,汉口各团联合会又出面筹办1000人的武装商团,未得到商会的积极协助,仅筹到经费3000元又300串,故未能成事。

1917年10月,孙中山发动"护法战争",湖北荆、襄宣布自主,响应护法战争。12月,湖北战事正酣。"各团联合会因鉴于时局不靖,拟创办1000人的统一武装商团,选举各段保安会强健会员为马、步、炮、工、辎等队,由联合会聘请洋员教练,并与万国商团联名以卫地方。"② 汉口总商会与武昌商会一起呼吁将武汉划出战区③,没有结果,遂转而支持汉口各团联合会筹办统一武装商团。汉口各团联合会正会长王琴甫等人发起认捐巨款④。1917年12月28日,该会预期于1918年

---

① 《汉口各团联合会移商务总会文》,《国民新报》1912年7月28日第4版。
② 《议创统一商团》,《汉口中西报》1917年12月13日第3张新闻第6页。
③ 《武汉商会保全市面之痛切陈词》,《汉口中西报》1917年12月25日第3张新闻第6页。
④ 《商董担任巨款》,《汉口中西报》1917年12月25日第3张新闻第6页。

第三章 争取城市自治：体制层面的近代中国民间市政参与

元旦"试行组织成立"①。不久，《联合会组织商团草章》见诸报端。从《草章》上看，商团的主要任务是对付匪，包括抢劫的土匪和纵火者，团员有义务将抓获的匪送"交官厅讯办"。②因此，团员实际相当于武装警察，商团实际上就是武装警察部队。但是，汉口各团联合会期待的武装商团亦没有诞生。

1920年，沙宜兵变，商店被抢劫一空，外县兵燹时有所闻，北方灾民云集汉口，汉口总商会遂"筹议组织实力商团"。团员暂定3000人，公举杜锡钧为正团长，马刚侯、万泽生为副团长；军械已商准王占元发给；军饷均归商担任，士兵分甲、乙、丙三等，饷银分别为8元、7元、6元，先由商会会长万泽生筹开办费60万元；商团的职责方面，规定不干涉地方事件，与巡防营同。③故商会这次在办理武装商团方面是很讲究策略的，即欲表面上置商团于官府的控制之下，达到实质上建立商办武装警察部队的目的；以自卫为名，达到摆脱军阀、官僚控制汉口的目的。当时，湖北省长夏寿康正打着"地方自治""鄂人治鄂"的旗帜反对王占元，而汉口商界是支持夏寿康的。商会这次积极出面组织武装商团的目的，除了维持汉口治安之外，应该还有一个一以贯之的东西——欲以商团取代官警，谋求汉口自治。然而，王占元终究不给枪，武装商团只好作罢。

1923年，湖北爆发了京汉铁路工人大罢工。这次罢工最终被萧耀南镇压了下去。同年秋，汉口总商会、汉口各团联合会开始联手筹议创办武装商团，也称武装商警。④汉口市区自治会将筹办武装商团看作汉口实现城市自治的题中义，它催促商会赶紧创办。这次武装商团最终也没能办成，其根本原因应该是萧耀南不允许汉口商界拥有借以作为汉口城市自治资本的独立武装力量。还是在这一年，汉口模范区的主人

---

① 《统一商团成立期》，《汉口中西报》1917年12月29日第3张新闻第6页。
② 《联合会组织商团之草章》（续），《汉口中西报》1917年12月31日第3张新闻第6页。
③ 《组织商团之急进》，《汉口中西报》1920年12月19日第3版。
④ 《各团联合会常会纪事》，《汉口新闻报》1923年9月14日新闻第3张第6页。

· 201 ·

近代中国城市社会发展进程中的民间市政参与研究

们——买办大资产阶级发起组织成立了一个保护该区商民安全的武装组织——"汉口华商商团"。① 汉口模范区是以汉口租界为模范,其建立的汉口华商商团当然具有自治性质,但它却不足以影响区外广大范围内的华界市区。

(三) 沪汉比较

从民初汉口商界历次筹建统一商团或武装警察部队的总体情况看,"实际上都想建立一支能够捍卫汉口市区安全的武装警察部队,而且将其与谋求城市自治联系起来"②。民初上海商界同样试图建立稳定的商属武装部队,其实也是将建立和拥有武装商团作为争取城市自治运动的一项重要举措。

上海每次争取恢复的商团必为武装商团,汉口则可能只是非武装的商团,两者的差异显示出上海商界更具恢复武装商团的决心与意志,实际上是更具争取城市自治的决心与意志。

上海筹组恢复武装商团遭遇的困难,主要不是经济困难,而是官方的控制——它控制了枪支和武装的规模;而汉口方面则既存在经济困难,又根本上没有枪支可用——军政当局拒发枪支,这从一个侧面反映出汉口商界的力量大不如上海商界。

上海商界遇有恢复商团的倡议,则往往意见比较统一,从而出现一唱百和的情形,商界力量相对易于整合。其中,上海商会与行业公会发挥着重要作用。汉口商界则因汉口商会易于屈从官府,且与汉口各团联合会意见不易达成一致,不能形成强大的合力。③ 这也反映出汉口商界力量的分散与相对弱小。

---

① 程宝琛口述、夏国尧整理：《汉口华商商团》,武汉市工商业联合会工商业改造类档案,武汉市档案馆藏,档号119—130—114。

② 拙著：《近代汉口市政研究（1861—1949）》,中国社会科学出版社2017年版,第363页。

③ 各团联合会既是统一的消防组织,又是统一的治安团体。它和总商会都认为自己才是商界的代表,并且前者逐渐与后者互争雄长。

第三章　争取城市自治：体制层面的近代中国民间市政参与

也正是因为存在上述差异，所以民初汉口和上海商界争取城市自治的结果大不一样：汉口商界发动的城市自治运动一直处于官方的有力控遏之下，从来没有建立过商界主导的市政厅和市政公所，更不用说建立特别市。而上海商界发动的城市自治运动，有时候得到了官方的认同，甚至一度建立了市政厅、市政公所。这种差距反映出汉口和上海两个城市商人力量的差异给城市社会发展尤其是市政体制转变带来的不同影响。

在民初地方自治运动中，一些城市争取特别市运动：纷纷成立自治性社团，争取恢复地方自治，要求成立或恢复市政会、市政厅，争取成为特别市运动，争取警政权和警捐监督权，试图建立稳定的武装商团等商属武装部队等，实际上就是城市社会集聚的自治力量，试图借助于特定的方式，将有限的商人自治转变为高度自治的商人自治——城市自治。在这期间，官商之间存在着一定的矛盾和冲突，其根本在于是否变革既有市政体制以建立新的市政体制之争，其本质是市政管理权之争。而在所有争取城市自治的这些城市中，只有上海曾绽放出惊艳的花朵——于1927年3月29日成立了但又昙花一现的上海特别市临时市政府，显示出上海在近代中国市政体制变革和城市社会转型中的基于城市自治理念的先驱性作用。

民国市政专家张锐曾经说，民初上海是民办市政，所以上海在当时的城市自治运动中更活跃，而"当时各市如北京、天津、汉口、沈阳、昆明等处仍多为官办市政，对于市自治之进行，寂然无闻"[1]。他的话在很大程度上反映出当时全国城市自治运动整体上的不活跃状况。但是，从前文论述的相关情形来看，张锐断言整个民初上海市政为民办市政，以及笼统地说汉口等处于官办市政状况下的这些城市"对于市自治之进行，寂然无闻"，则未必完全合乎实际情形——至少，就汉口而言，就未必是"寂然无闻"。

民初上海与汉口城市商界试图建立商属武装的活动，是近代中国城市民间争取城市自治运动过程中的一项重要行动和重要组成部分。不

---

[1] 张锐：《中国市政史》，《中国建设》第2卷第5期。

过，从民初上海、汉口等城市民间市政参与的总体情况而言，这种断续争取拥有商属武装的行动，显然不是民间市政参与活动的常态。

综观本章及上一章有关近代中国民间市政参与所论可知，在近代中国城市社会发展的进程中，不同身份、地位的民间个体、群体和社团，其各自参与市政的内容不尽相同，所起的作用也各自有别。有关近代中国民间市政参与的总体特点及其对近代中国城市社会发展的总体影响，笔者将在余下的两章进行探讨。

需要指出的是，近代中国民间社团组织的市政参与，大多不只是参与单项或单层面的市政事务，而是参与了多项甚至是多层面的市政事务，我们对于其市政参与作为不能做简单的评价。例如：上海各路商界总联合会重要成员邬志豪在向该会建议组织市政筹备会时说，"夫当时所以发起斯会，纯为谋市政发展，商业改良，唤起市民，有自治之精神，享自由之幸福，同参市政，无分畛域"，本会还在争取公共租界设立华人五顾问、组织纳税华人会等方面发挥了积极作用，这是本会注意市政的表现之一。"此后对于地方公益、教育、治安、慈善等事业，无时不注意，无事不进行，如创办义务学校也，施茶施米施医也，防盗也，反对彩票也，收容难民也，救济灾区也，筹办商团也，本会皆尽力而为之……上海为我上海市民之上海。本会为上海市民代表之机关……应请速组市政筹备会，合群策群力，详细计划，以备将来之采用……"[①] 从他的这段表述来看，该会的市政参与涉及的内容至少涵盖前文所属及市政层面与市政环节的大多数。因此，本章及上一章节对近代中国民间市政参与具体作为的探讨，总体来说还属于抛砖引玉的工作。

---

① 《组织市政筹备会之建议·邬志豪致商总联会函》，《申报》1925年3月7日第13版。

第四章

近代中国民间市政参与的特点

从晚清到民初，国家对社会的控制能力从整体上呈现出下降的趋势，与此相应，地方自治运动断续展开，民间参与市政的意愿更为强烈，参与的能力也有所增强。民国中期以后，国家对社会的控制又趋于强化，民间市政参与受到法律规范，参与空间伸缩的余地不大。在这样一个变动的过程中，近代中国民间市政参与起起伏伏、多姿多彩地展开，呈现出几个明显的特点。

一 参与过程深受地方自治运动的影响

近代中国民间市政参与的一个显著特点就是它的展开深受地方自治运动的影响。

近代中国的地方自治运动萌生于 20 世纪初年，而迅速兴起于清末立宪自治运动中——《城镇乡地方自治章程》颁布之后。该章程规定，"地方自治以专办地方公益事宜，辅佐官治为主。按照定章，由地方公选合格绅民，受地方官监督办理"，地方可以举办的自治事务包括：办理中小学堂、蒙养院、教育会、劝学所、宣讲所、图书馆、阅报社等有关学务之事；清洁道路、蠲除污秽、施医药局、医院医学堂、公园、戒烟会等关于卫生之事；道路工程：改正道路、修缮道路、建筑桥梁、疏通沟渠、建筑公用房屋、路灯等关于道路工程之事；改良种植牧畜及渔业、工艺厂、工业学堂、劝工厂、改良工艺、整理商业、开设市场、防

· 205 ·

护青苗、筹办水利、整理田地等关于农工商务之事；救贫事业、恤嫠、保节、育婴、施衣、放粥、义仓积谷、贫民工艺、救生会、救火会、救荒、义棺义冢、保存古迹等关于善举之事；电车、电灯、自来水等关于公共营业之事；办理相关筹款项事宜；以及其他因本地方习惯，向归绅董办理，素无弊端之各事。①

  上海、天津、长沙、汉口等城市，是较早推行地方自治的城市。在绅商实力最强的上海，以绅商为主的社会力量，成为城市推行地方自治运动的主力，同时，也成为民间参与市政的主动力。上海城厢内外总工程局及市政公所的产生，既是地方自治运动在上海兴起后在城市管理机构变动上的体现，又是地方自治运动在上海开展的过程中，民间参与市政在组织机构上的表现。在天津，地方自治运动主要在官府的主持下展开，民间市政参与的开展未能如上海那样自如。在汉口，地方自治运动的兴起得力于地方政府的大力提倡，同时，绅士尤其是商人（其实很多商人是有功名的绅商）的力量也不可小觑，他们很快就成为晚清汉口地方自治运动的主力。汉口地方自治运动晚于上海而兴起，而地方自治运动给社会所带来的影响也是巨大的，其突出表现就是民间市政参与越来越积极，并且表现不俗。虽然汉口绅、商未能成立如上海那样的有影响力的专门的市政组织，但是他们也曾积极投身汉口市政建设与市政管理，诸如主办街区消防、维护街区治安、管理街区内的街巷清洁卫生，并最终于1911年成立了负责整个城区消防的组织——汉口各团联合会，此外还办理其他城市公益、公用事业（如开办自来水公司、电话公司），等等。

  进入民初，地方自治运动断续展开，而城市民众的市政参与活动也不无波折。民国建立后，全国的地方自治运动继续向前推进。与晚清有所不同的是，民初地方自治运动法令由中央颁布的一统局面被打破，有的省份自行制定地方自治法规，江苏省就是如此。隶属于江苏省的上

---

① 故宫博物院明清档案部汇编：《清末筹备立宪档案史料》下册，中华书局1979年版，第728—729页。

海，是辛亥武昌首义最重要的奥援之地，有护军都督府的开设与领导。由于得到了护军都督府等的大力支持，上海南市得以在民初建立上海市政厅，以李平书、姚文枬、莫锡纶等为首的上海绅商掌握了上海南市的市政权，而闸北则产生了闸北市政厅。上海市政厅和闸北市政厅实际上是上海南市和闸北两地绅商、市民参与市政的主要组织。可惜好景不长，1914年，袁世凯下令停办自治，上海市政厅和闸北市政厅均被撤销。此后直至1916年袁世凯去世，上海地区的民间市政参未能如从前那样比较自如地展开。而汉口在此期间，未能如上海南市与闸北那样成立市政厅，民间市政参与因自治的困厄而受挫，汉口市区重建问题始终未能顺利解决。20世纪的20年代初，地方自治运动又趋于高涨，不论是上海、天津还是汉口、北京等城市，城市社会以空前的热情投入这场运动之中，也以十分积极的态度参与各自城市的市政建设与市政管理。在民初接近尾声的时候，上海的城市自治运动如火如荼地展开，城市商、学、工等各界为争取市民的市政主导权和实现市民自治而共同努力。而汉口等一部分城市则以上海为领头羊，随声相和。这些城市的自治运动汇合在一起，将清末以来的地方自治运动推向高潮，同时也将民间市政参与推向高潮。

民国中期以后，地方自治运动偃旗息鼓，虽然中央政府颁布的《市组织法》也将实行地方自治作为地方政权建设的既定目标之一，但是由于国民党政权力图加强对地方的控制，故地方自治名不副实，始终未能得到切实的推行，更没有形成运动。当时国内的城市中，尽管不乏成立市政府的，然而地方自治始终要让位于地方行政，故学者华伟将市政府的"市"的建制称为"行政市"[①]。市政府借助于法律确立了市政主导权，原先可以操之于民的市政办理权和管理权中的绝大部分，按照法律归市政府所有，民间市政参与的空间也大为压缩，其自主性逐渐丧失。

综前所述，当地方自治运动得到切实推行或渐趋高涨的时候，民间

---

① 华伟：《自治市与行政市：市制丛谈之二》，《中国方域》2000年第1期。

市政参与就得到切实推行或有较大发展空间；当地方自治运动遭受阻扼或得不到切实推行的时候，民间市政参与就会受挫，参与空间就因受到挤压而缩小，参与的自主性难以伸张。

二 参与主体众多，类型多样

近代中国民间市政参与的第二个显著特点就是参与市政的主体众多，市政参与的类型多样。

（一）参与主体众多

近代中国民间市政参与的主体，既包括个体，又包括群体；既有个人，又有社团组织。具体而言，主要包括市民、留学生、专家、学者等个体，及商界、学界、市民等群体及其社团组织。

值得注意的是，近代中国民间市政参与的主体，在不同的历史时段是有所变化的。在清末，城市社会的主要组织者是绅士、商人及绅商，民间市政参与的主体主要是绅士、商人尤其是绅、商两位一体的绅商，以及在他们组织、动员下的市民。在民初，商人的势力得到了较大的发展，商界发展工商业、开拓市场的呼声日高，他们也越来越希望能够借助于市政改革而扩展其影响，因此商人和商界在民初的市政参与空前活跃。同时，留学生个体和群体、关注国家和民族命运的专家、学者尤其是有着留学经历的专家、学者，他们也日趋积极地参与市政。五四运动之后，作为群体的学生、工人日趋活跃于城市舞台，成长壮大，并越来越积极地投身于城市社会运动，成为民间市政参与的重要主体之一。当然，普通市民也是民间市政参与的基本成员。民国中期以后，旧式的功名在党治的大势下顿然失去了光彩，"绅士"和"绅商"不再是体面的代表词，最终变得不再是商界头面人物的必要头衔，商界头面人物虽然是民间市政参与的主要组织者，广大市民依旧自觉不自觉地成为民间市政参与数量最多的主体，但是他们逐渐丧失了先前的参与市政的主体意识与主动性；同时，专家、学者以其为国、为民、为城的强烈使命感，成为民国中后期最富主动性的民间市政参与者。

（二）参与类型多样

近代中国民间市政参与，包括个体的市政参与和群体及社团等组织的市政参与。其市政参与的类型多样，主要类型可以归纳为如下几种：

第一种，商人自治型。

商人自治型市政参与是以实现社团、社区乃至城市公共利益为目的，以实现城市自治为政治诉求的一种民间市政参与类型。清末民初在地方自治运动中兴起的各种商人或以商人为主体的自治组织，它们不同程度地参与市政建设和市政管理。

这些自治性组织，由于自治的层次或服务的对象、区域不同，因而性质上有所区别。它们有近乎团体自治性质的，如清末民初上海城厢内外总工程局、民初上海市政厅，厦门的市政会等组织；有行业性质的，如各城市商界组织的商会、业主会等；有街区性质的，如清末民初上海、汉口、苏州、杭州、松江等城市内以街道为区划的区域性的救火会、消防会、保安会等；有针对全城并具有专门性和公益性的，如清末民初上海、汉口、苏州、杭州等城市的救火联合会，无锡的中国卫生会无锡支会、汉口慈善会、上海慈善团等。

这种类型的民间市政参与因其借以参与的组织形式各式各样，而涉及的市政范围又十分广泛，故而为清末民初所有民间市政参与类型中最为普遍的一种。

在清末，由于《城镇乡地方自治章程》的颁布（1909），使得前此在少数城市自发开展的商人试行的地方自治活动合法化，故而商人自治型民间市政参与在少数城市存在着一个由非制度化向制度化转化的过程，例如清末上海的商人自治型市政参与就是如此。

民国中期以后，商人自治因商人的城市主体性逐渐被市行政所侵蚀而发生蜕变，商人自治型民间市政参与缺少了先前的主体意识而有名无实。

第二种，商营型。

商营型也可以简称为经营型，就是商人以经营的方式参与城市市政建设和管理的一种民间市政参与类型。商营型可以分为两种：一种是商人主办或独力经营型，如清末汉口商人刘歆生等经营汉口既济水电公司，民初（1915年以后）上海商人经营的内地自来水公司；一种是商官合办经营型，如清末广东官商合资接办了英商所办省城电灯公司，名为广东官商合办电灯股份有限公司（后更名为广东官商合办电力股份有限公司）。1945年11月，上海市政府接管永大清洁公司，组织清洁所改为官商合办。①

　　商营型这种民间市政参与类型在近代长期存在。不过，在不同的历史时期，商营型民间市政参与的历史际遇也有所不同。在清末，政府由于城市建设资金匮乏，同时出于维护市政主权的需要，往往鼓励民间资本投资城市公用事业，如自来水、电灯、电话等，因而往往给予商人以扶持与优惠政策——有时候是以参股的形式进行，如清末商办汉镇既济水电股份有限公司（即汉口既济水电公司），就是在湖广总督张之洞的扶持下开办的，官府除了给予在汉口经营专利权外，还由湖北省官钱局投资股银30万两以示支持。进入民初，政府对于市场基本上采取自由放任政策。因此，民间获准投资经营城市公用事业，在经营上是比较自由的。有时候官员也以私人资本的形式参与投资，如黎元洪等人就曾投资汉口既济水电公司。在宽松的经济政策下，民初中国的商营城市公用事业获得了较大的发展，民间因之称民初的市场为"完全市场"②，意即自由市场。民国中期以后，官僚资本开始向城市公用事业渗透，商营型民间市政参与因之受到了冲击。仍以汉口既济水电公司为例，该公司到了20世纪30年代中期，被迫重组，根本原因就是宋子文的中国建设银公司看好汉口既济水电公司，将权力之手伸了过去，迫使该公司将旧有股本便宜折价，同时参入新股。这样，汉口既济水电公司走过了它的

---

① 张泉声：《上海市粪便清洁工作之概述》，《市政评论》第9卷第9、10合期（1947年10月），第27页。
② 刘少岩、李荻心：《本季检查偷漏述略》一文中称，"本市在民国十五年以前，各种营业，尚称发达，且属完全市场"，见《水电季刊》第10期，湖北省档案馆藏，档号LS80—1—746，"论坛"，第17页。

民营黄金时代。汉口既济水电公司的际遇,从一个侧面反映出近代中国商营型民间市政参与的总体情况。

第三种,顾问和代议型。

顾问和代议型民间市政参与就是参与者以地方行政机关的市政顾问或以市民代表的身份参与政府的市政会议或市政决策的一种民间市政参与类型。近代中国市政机关聘请民间人士充当名誉董事、参事、参议或评议员等,或组织参事室、临时参议会、参议会以接纳市民代表,参与市政,目的在于消除市政建设与市政管理过程中存在的官民隔阂,更好地解决市政问题。充当顾问或市民代表的往往是商、学、报等界的头面人物。如在民初,上海绅商朱子尧、莫子经、顾馨一、钱贯三、吴子敬、陆崧侯等曾受邀担任上海工巡捐局的名誉董事,"以便磋商地方事宜"①,汉口大商人韦紫封、刘歆生等人曾担任建筑汉口商场事宜筹备处的建筑参议,学者、市政专家董修甲曾经担任淞沪商埠督办公署的顾问、汉口市政府参事。在民国中期,汉口商界名流万泽生、郑燮卿、蓝熙周曾经担任汉口特别市政府临时参议会参议,贺衡夫、陈经畬、郑燮卿等曾经担任汉口市政府临时参议会参议。

顾问和代议型民间市政参与是民间力量进入既有市政体制之内,影响市政建设与市政管理的一种民间市政参与类型,其重要特征就是通过顾问、建议和会议,监督或影响市政决策和市政作为。

值得注意的是,从整体上看,自民初直至民国中期,中国城市市政体制并未出现代议机构与行政机构平权制衡的状态,由于城市市政体制整体上在民国末期以前从来没有实行过代议机构与行政机构的平权制衡,因而此间这种体制内的顾问和代议型民间市政参与的实际影响比较有限。而在民国末期,作为市民代议机构市临时参议会和市参议会取得了与行政机构之间的平权,形成立法与行政的制衡关系,这时候代议机构拥有实质性的市政决策权,其在市政运作中的影响较此前大为增强。但是随着战争的影响、城市社会危机的加深(诸如通货膨胀、财政困

---

① 《续志工巡捐局聘请名誉董事》,《申报》1915年1月24日第10版。

难、社会治安困难等），市参议会的决议往往得不到市行政的执行或落实，监督显得有心而乏力，因而严重影响了民间通过代议机构参与市政的效果。

第四种，社会舆论型。

社会舆论型民间市政参与就是民间市政参与主体借助报纸杂志、著述、广播电台等传媒和集会宣讲等形式影响市政的一种民间市政参与类型。清末民国时期的社会舆论主要阵地就是报刊或广播、影片、幻灯片等，它们成为民间组织发表市政舆论的重要平台。由于广播电台在近代中国出现的时间本来就比较晚，并且在民国中期以前又不够普及，故直到民国中后期，少数城市的民间社团组织如上海的中国市政协会上海分会，才开始利用广播宣传市政。播放影片、幻灯片和表演剧目也不是普及化的舆论宣传手段，因为这些都受到"市政"这个题材的局限。而利用报纸、期刊和集会宣讲作为市政参与平台，则是近代中国社会舆论型民间市政参与的主要途径。

社会舆论型民间市政参与的主体，既可能是某个民间社团，又可能是私营报刊。中国市政问题研究会就属于前者，它曾依托《华北日报》出版了该报的副刊《市政问题周刊》。而《申报》《大公报》《汉口中西报》等许多私营报刊，均不同程度地参与了市政宣传或评论。有关市政热点问题的报道、评论，如前所述民初汉口《国民新报》《申报》等报纸对民初汉口重建问题的追踪性报道，各相关报纸有关市政事件的社评——这个方面《申报》的"杂评"栏目对民初上海市民争取市政参与权的评论是个典型；市政常识的宣传，如《申报常识周刊·常识》中的"市政"专栏，就是宣传市政常识、普及市政知识的一个专栏；市政建议或市政意见的表达，如20世纪40年代后期《申报》"读者意见"栏目；对市政改良或改革的提倡或响应，如天津《大公报·社评·我们需要公园》，等等，成为报纸舆论型民间市政参与的主要内容。中华全国道路建设协会及其主办的《道路月刊》和中国市政问题研究会（后改名中国市政协会）及其所办的《市政评论》两种期刊，它们也进行新闻报道和发表市政评论，张扬市政进步，批评市政腐败与落后，实际上也发挥着很好的舆论导向作用，民间社团借此积极推动了民国时期中国市政的革新，记者、市政专家、学者及其社团是近代中国社会舆论型民间市政参与的核心主体。

官方报纸也可以成为民间参与市政的通道。当然，这个通道是官报给定的，它通常是一个让市民等发表言论的专栏，如："读者来信""意见箱"之类的名称，栏目内允许市民等发表自己对市政的意见、建议等。在这种情况下，民间市政参与主体就可能是某个民间个体或某民间群体。

集会宣讲是民间参与市政的常用形式。清末民初各处由城市社团组织的地方自治宣讲会、街区性或市区内的市政讨论会，及组织专家、学者宣讲市政、组织区域性或全国性的市政会议、发动地方自治运动会议，均属社会舆论型市政参与。

就整个近代中国而言，民初是新闻舆论自由度较高和社会舆论控制相对松弛的时期，因此这一时期也是报纸舆论型、集会宣讲型民间市政参与表现得最为活跃的时期。

三 参与范围广，涉及层面多

如果我们对近代中国民间市政参与涉及的市政项类进行梳理，就不难发现，近代中国民间市政参与涉及的市政范围很广，且涉及市政的各个层次。

（一）参与范围广

从近代世界市政发展的总体情况来看，各国市政的实际范围（即市的职务）各不相同或不尽相同，这主要由于各国市政法规尤其是市组织法或市宪对于市政范围的限定不同造成的。有的国家对市政范围的限定取列举式，对市政事务或管理就规定得非常具体；有的国家对于市政范围的限定取概括式，因而市政的范围会因为执行过程中的实际情况有所伸缩而不同。

近代中国由于政局多变，有关市的法规与章制也随之多变。总的看来，近代中国相关市政法规与章制对于市的职务的限定基本上是以列举式为主，兼容概括式。如清末《城镇乡地方自治章程》规定的城市自治的范围，实际上就是规定市的职务，限定市政的范围，其列举如下：

（一）学务，（二）卫生，（三）道路工程，（四）农工商务，（五）善举，（六）公共营业，（七）因办理自治事宜筹集款项等事，（八）其他因本地方习惯向归绅董办理素无弊端之各事。

其后的《江苏暂行市乡制》基本上沿袭了《城镇乡地方自治章程》对市政范围的限定。

1921年的《广州市暂行条例》则规定市政的范围如下：

（一）市财政及市公债，（二）市街道沟壕桥梁建筑及其他关于土木工程事项，（三）市公共卫生及公共娱乐事项，（四）市公安及消防水患事项，（五）市教育风纪及慈善事项，（六）市交通电力电话自来水煤气及其他公用事业之经营及取缔，（七）市公产之管理及处分，（八）市户口调查事项，（九）中央政府及省政府委托办理事项。

国民政府成立后，其历次颁行的市制和市组织法，对于市政范围的限定多多少少有所调整。由于城市日益发展，市的职能相应强化，市政的内容有递增之势。[①] 不过，这些市制和市组织法文本中对于市政范围的限定，基本上取法了《广州市暂行条例》中对于市政范围的确定。

我们首先可以对照清末《城镇乡地方自治章程》对于城市自治事务的列举，梳理一下近代中国民间市政参与所涉及市政的范围。通过对

---

① 从1928年、1930年、1933年市组织法所规定的市政的范围，可以看出这个趋势。其所规定的市政范围的具体内容，请参见钱端升等《民国政制史》下册（上海人民出版社2008年版）第三章、第四章的相关内容，兹不赘述。

第四章　近代中国民间市政参与的特点

照，可以发现，清末民初民间市政参与的范围基本上与清末《城镇乡地方自治章程》所规定的城市自治事务相重合。也就是说，该章程涉及的市政事务，民间基本上都参与过。如果说一定要找出参与很少的事项的话，那么只有农务方面的事情了。其他事务，民间社团组织则有不同程度的参与。

就学务而言，汉口各团联合会下的部分分会就设有学堂或夜校，很多城市的善堂、同乡会等组织，其中的部分设有学堂，而商余学会之类的组织，往往设有夜校或业余性质的商业学堂。

就卫生而言，汉口各团联合会及其下的各分会、苏州各市民公社、上海的中国卫生会、无锡的清洁卫生会及后来的中国卫生会无锡支会等组织，许多城市的善堂、善会等组织，它们均曾参与城市环境卫生尤其是街区巷道的清洁卫生、防疫卫生（如抗御鼠疫、种牛痘等）和医疗卫生事务（施医送药、开设医院或诊所）。

就道路等工程而言，其所涉及的民间市政参与主体十分广泛，有商会、街区性的自治组织如汉口各团联合会及其下的分会、上海救火联合会及其下的分会、各路商界联合会、苏州的市民公社，工厂、学校、善堂、会馆、公所，业主会（如汉口的业主会、上海闸北兴市植产会），等等。具体涉及筑路计划或筑路建议、筑路经费的筹措、筑路线路的确定及地基的迁让——房屋拆迁问题（如天津商会专门成立了一个街市退修研究会，专门讨论筑路过程中的让路基的问题），修筑、改筑桥梁，等等。

就农工商务而言，商会、全国商业联合会、同业公会等组织较多地参与工商事务的管理。

就善举而言，包括民间组织筹措赈款、捐钱捐物、施医送诊、施药种痘、救火、收埋露棺、打捞浮尸、设置渡船、培修道路、添设路灯、水面救生、设置义冢、施茶、施米、设置义塾义学、救济孤贫等。

就公共营业而言，涉及开办并经营公共汽车、电车、长途汽车、电厂、自来水公司、电话公司、煤气公司及其他公用事业之经营（如公共娱乐场所、公园）。

此外，如组织人员宣讲市政理论或市政常识，要求认同"合情合理"的市区界限，防止洋人的越界筑路和装设自来水管、电灯以维护市政主权，协助地方政府管理路灯，维护公共安全、购买市政公债、响应政府的号召参与卫生运动等，也属于近代中国民间市政参与的范围。

不过，近代中国民间市政参与的范围在不同的历史时期，是存在着变化的。就全国范围内言，这个变化的时间界限主要是1927年。因为国民政府建立之后，由于市政府等地方市政当局，将原先由地方自治组织承办的城市事务中的绝大部分进行了接管，并借助于市政立法，将原先的民间市政参与力量置于其监控之下，只允许民间参与地方市政当局认为有补于市政的事务，或者地方市政机构感到心有余而力不足的市政建设或市政管理方面的事务。对于少数省份或地区而言，这个变化的时间界限是不同的，一个典型就是广州，因为广州在1921年的时候，就确立了市政府对于市政的主导权，使民间市政参与的范围大受限制。而不论是在1921年的广州市，还是在1927年的中国城市，促使其民间市政参与范围发生重大变化的根本原因在于"党治政权"的建立或"党治统治"的确立。从这个意义上说，在近代中国，政党政治的国家化，是影响近代中国民间市政参与范围的一个最重要的因素。近代中国市政领域的重大转变，不能简单地以1912年1月1日中华民国的建立为断限。从市政体制转变的角度而言，民初之于晚清的转变，显然不及民国中期之于民初的转变之急，之巨。民初对于晚清而言，在市政体制上主要呈现出的是延续而不是巨变。而民国中期之于晚清民初，则是在延续的基础上更显巨变。不过，这种巨变并没有摆脱中国传统的行政管理体制，而是在很大程度上对传统市政体制的回归。毕竟，晚清市政体制的萌生与民初的市政体制的发育，是对西方市政体制的模仿，以及对中国传统行政体制的一种否定。

（二）涉及层面多

如第二章、第三章所述，近代中国民间市政参与涉及的市政层面众多：近代中国民间市政参与，有市政组织层面，有具体的市政建设与市政管理层面，有市政舆论层面，还有市政体制变革的层面。

综上所述可知，近代中国的民间市政参与几乎涉及所有的当时市政得以展开的领域和层面。这些广大范围的和众多层面的民间市政参与，深刻地影响了近代中国市政的发展。有关这一点，将在第五章进行集中论述。

四 参与空间大小与中央及省市政府权势强弱密切相关

近代中国民间市政参与的又一个显著特点就是，其参与空间的大小与中央及省市政府权势的强弱有密切的关系，并且总体情况一般呈现出一种负相关关系：当政府处于强势时，民间参与市政的空间就缩小；当政府处于弱势时，民间参与市政的空间就会得到扩展。

（一）参与空间的大小总体上与中央政府权势的强弱紧密相关

清末立宪自治运动以后至民初的这一阶段，中央政府的权势总体上趋于衰微。而清末中央政府为了实行立宪，动员各级地方政府推行地方自治运动。在这种情势下，民间参与市政受到政府的鼓励和政策的保护。因此，尽管中央政府将民间市政参与限定在"以自治辅佐官治"的范围之内，然而民间参与市政的空间呈现出大幅拓展的态势。只是由于清末地方自治运动没有来得及充分地展开，民间市政参与还处于法律明确认可下的初步培育阶段，民间市政参与的空间还是比较有限。民初中央集权进一步衰微，民间参与市政的空间总体上得到进一步拓展。

民国中期以后，中央政府的权势得到加强，开始通过更多的市政法律及社团立法，规范地方政府——尤其是市政府的市政职能及民间组织的活动范围。市政府又制定相应的市政府组织法和更为具体的社会立法，来划定民间组织的活动范围。由于立法确定了市政府的市政主导权，因而这些法律法规总体上是大幅缩小了民间组织和个人的市政参与权，压缩了民间市政参与的空间。

（二）参与空间的实际大小取决于省、市政府权势的强弱

近代中国民间市政参与的监管者有县级政府，有市政府，有省政府，而实际能够决定民间市政参与范围的是省政府和市政府，县级政府往往只是起到上传下达作用。例如，在张之洞督鄂时期，成立了夏口厅，汉口市区属于夏口厅管辖。但是，对汉口市政起决定作用的是强势的湖广总督和巡抚，多数时候湖广总督才有决定汉口市政建设方案的权力。在政府财政困难的情况下，张之洞决定将汉口华界市区水电事业的主办权转让给民间，实力支持汉口商人开办水电公司。这是近代汉口市政发展史上的重大事件。张之洞之所为实际上是将汉口市区的部分市政建设与管理权以特许经营的方式转让给民间。清末地方自治运动期间，湖北谘议局成立后，情况有所变化，汉口重大市政事务实际上由湖广总督与谘议局共同决定。到了民初，黎元洪当政，曾以鄂军都督府都督后兼副总统的身份强势控制了汉口，虽然他拒绝汉口商界建立市会与市政厅的要求，但是他还是在各种压力下，一定限度地允许汉口商界参与城市重建——参与商讨城市重建规划。黎元洪去鄂之后，直系将领控制湖北，武人专横跋扈，他们对汉口市政控制的强势远非黎元洪可比，对汉口商界极尽搜刮之能事，却又不愿意更多地赋予汉口商界市政管理权。进入民国中期，汉口市区的市政事务由市政府主导，但重大事务的决定权在省政府。不过，如果市长强势，市政府就比较强势，民间市政参与的空间实际上一定程度上取决于市政府。例如，吴国桢执政时期，汉口市政府是个强势政府。本来，南京国民政府下令整顿民间社团，要求民间社团尽快登记。登记之后的民间社团，其参与市政的行为就受到规范，同时，其市政参与空间也受到了局限，从总的发展趋势看来是缩小。自然，汉口保安联合会及其分会也应在整顿之列。但是，由于汉口市政府的强势，汉口保安联合会及其分会在汉口市社会局的呵护下，推迟加入被改造的行列。汉口市政府的作为，固然是出于抵制汉口特别市党部的做派，但是它的强势，却在客观上导致了汉口保安联合会及其分会暂时避免了市政参与空间大幅收缩局面的出现。还是在吴国桢执政

时，南京国民政府出于加强控制全国城市的需要，下令在汉口市加强保甲编制以推行地方自治。显然，强化保甲与推行地方自治两者在内在精神上是相抵触的。吴国桢肯定意识到这一点，以他为首的汉口市政府对国民政府的命令一度进行了抵制，也在客观上使汉口民间市政参与的空间暂时得以维持。不过，这些都改变不了民间市政参与空间逐渐缩小的大趋势。

五 始终无法突破官治的控遏而实现自治

如前所述，在近代中国，民间力量通过各种途径参与到市政运作之中，其参与的面广，层次多，类型与模式多样，他们试图表达自身的利益诉求，捍卫基本的市政权力，追求城市自治。但最终还是事与愿违，难免这样一种结局：无法实现城市自治。其原因究竟何在？

对于这个问题，笔者在研究近代汉口民间市政参与的时候，曾有所思考——当然只是就近代汉口立论的——从内外两个方面对民初汉口商人自治为何没能迈向城市自治的原因进行了剖析，认为一方面是因为官办市政体制对汉口城市自治进程的阻遏，"政府为了保持在政治上的强势地位，不仅不想放弃对城市管理的主导权，而且始终掌握着对汉口市政体制革新的制动权，控遏着汉口的城市自治进程"[①]。另一方面是因为"民初以汉口各团联合会和商会为核心的商办市政社团组织未能很好地进行整合，商界内部最终未能形成统一的商人自治共同体"[②]。现在看来，当时的思考仍有拓展和深入的空间。如果进而将设问的对象扩大到整个近代中国民间市政参与，那么，对于问题的解答就应该作更具深度与广度的思考了。

[①] 拙著：《近代汉口市政研究（1861—1949）》，中国社会科学出版社2017年版，第231页。

[②] 同上书，第383页。

（一）集权主义政治传统的阻遏

中国是个有着集权式政治运作传统的国家，这种传统对近代中国民间争取城市自治起着关键性的阻遏作用。纵观整个近代中国，社会政治制度经历了由中央集权主义专制帝制向共和政制的转变，而"无量头颅无量血"所换来的共和政制，却是一个备受摧折而相当程度上名不副实的共和政制。最终，国民党建立的党治政权依旧不能还共和政制以本色，一党专制淹没了民治呼声。

在清末新政实施前的中央集权主义专制帝制下，中央政府已经比较衰弱，而地方政府在市政建设与市政管理方面多取消极主义，地方政府在市政方面的注意力主要在关系城市治安的消防、冬防、防水、保障粮食供应和社会救济方面，一些重大的市政工程方面还是需要官府出面主持，官民之间在诸多市政事务方面是通过协商和协作解决问题的，而官府对民间的主动往往持支持与优容的态度，但前提是承认官府对城市事务的领导权——民间市政参与在重大事务上必须请示官府，得到官府的许可。因此，清末新政以前中央集权主义专制帝制下的市政管理实际上是一种比较消极的官治。由于在传统体制下，城市社会的自主意识尚未觉醒，民间对于市政自治的意愿并没有积极的显露，既有政治体制对民间市政参与的阻遏还没有明显的表现。[①]

到了19世纪末，专制帝制终于难以照旧维系下去了。最终，清政府只好变制——宣布实行新政，目标是实行君主立宪，于是颁布了试图奠定立宪基础的地方自治法规——《城镇乡地方自治章程》。不过，清政府对于地方自治的定位是"以自治辅佐官治"，以自治立宪来维系政权统治的意图也十分明显，加之清末城市自治处于培育和初兴阶段，具

[①] 关于清末新政前夕汉口民间市政参与是否达到城市自治层次这个问题，笔者给出的答案是否定的——否定了美国学者罗威廉的观点。具体论证请参阅拙文《湖北新政前夕汉口的民间市政参与问题研究——兼论罗威廉的"19世纪汉口自治说"》，《江汉大学学报（人文科学版）》2011年第5期。

第四章 近代中国民间市政参与的特点

有市政主体意识的民间市政参与尚处于萌发阶段，故清末的民间市政参与在国家政治体制急剧转换之前未能走向城市自治——历史未能留出宽裕的实践时间。

专制帝制崩塌之后，共和政制得以建立，地方自治运动很快恢复，民间市政参与一时间空前积极。但是，由于袁世凯复辟帝制，企图改变旧有的政治制度，一度叫停地方自治，使城市自治组织大受摧折。

照理讲，后袁世凯时代中央集权趋于荒废，提倡分中央之权的城市自治正好有机会获得实现才是。但是，中央集权的荒废却使原先代表中央集地方之权并分驭地方的省级权力机关，因失去强有力的中央集权的制约而各自为政，并习惯性地对省级以下的行政区域实行专制主义集权体制，各省督军的专权甚至专横跋扈就是这种下移的集权统治的最直接的体现。在这种情势之下，城市成为中央与地方各军政集团争夺的目标，由此导致要么新的地方自治法规难产，要么即使中央颁布了地方自治法规，但地方自治却迟迟难以得到切实实行的状态。因此，在共和制惨遭摧残、地方军阀或实力派集权专制的民初，城市自治运动在跌跌撞撞中艰难进行，民间市政参与在相当长的时间内缺少转至正轨的途径，最终民间试图通过更为暴烈的社会运动——武装斗争的形式改变现状，而以民间市政参与为根本、以和平民主形式变革城市管理体制的城市自治运动则很快就被强权和武力所压服，城市控制权转入国民党党治政权手中。

在国民党的一党专制之下，城市被置于严密控制之下，具有消减专制机能的地方自治始终被置于地方市政当局的行政控制或党治之下。加强国民党地方政权的行政职能而不是自治职能是国民党一党专制的必然结果，加之强邻逼处、外患日深，加强作为国家行政一部分的市行政的控制能力成为民国中期以后城市政权的普遍现实，而地方自治更多的时候被视为不急之需。石瑛在其南京市长任内，就尽可能将经费用于大力发展教育和经济，而对于推行地方自治并不下力，甚至下令将节省下来的用于推行地方自治的经费转用于教育（由此亦可见其心中之地方自治之狭隘）。首都的市政及地方自治的情形如此，全国范围内多数城市的

· 221 ·

情形就不难想见。在这种情势之下，民间市政参与不可能在地方自治的语境下展开，城市自治只能是一个难圆之梦。

美国学者凯瑟琳·西伦认为，"制度决定了参与者的权力大小，也决定了特定行为者在特定位置上的责任和其他行为者的相互关系，决定着参与者给某一政策带来的压力的大小和方向"。[①] 王云骏则认为："近代中国始终未能实现国家政治制度与经济制度的根本变革，无法对市民社会的扩展提供真正的制度性保障。"[②] 其实，近代中国国家政治制度缺少根本变革的根本原因也在于集权主义政治传统的制约，集权主义政治传统是使近代中国民间市政参与难以迈向城市自治的关键。

（二）政府从根本上掌握着市政体制变革的制动权

与集权主义政治传统阻遏相应的是，政府从根本上掌握着市政体制变革的制动权。集权主义的政治决定了参与市政的近代中国民间社团只能处于政府的绝对控制之下，只能处于协作、附从或者最高也只是有限自主的地位，决定了民间与政府在市政主导权问题上，争锋不可能具有持续的强度与烈度，决定了民间社团组织与政府的合作（主要是民间协助官府）成为官民关系的基本面，也就决定了城市自治的难以实现。

关于这一点，民国中后期的国家立法对民间市政参与的限制，堪称明证。南京国民政府建立后，对民间市政参与的约束，主要通过市政立法和社团立法实现的。

通过市政立法，一方面，市政府的市政主导地位得以确立。无论1928年颁布了《特别市组织法》和《市组织法》，还是1930年颁布的《市组织法》、1932年颁布的《市参议会组织法》、1934年颁布的《市自治法》、1937年的《修正市自治法》等。这些全国性市组织法规的颁

---

① ［美］凯瑟琳·西伦、斯温斯坦默：《比较政治学中的历史制度主义》（《新制度主义政治学译文精选》），何俊志、任军锋等编译，天津人民出版社2007年版，第143页。
② 王云骏：《民国时期城市市民参政意识刍议——以南京城市社团组织（1927—1937年）为个案》，《江苏社会科学》2002年第1期。

布，标志着"市"作为地方行政体制于法律层面上得到一再确认，即市制得以确立。同时，也确认了市政府作为统辖市区的单立行政实体具有主导市政的合法资格。因为每一个市自治法，都清楚地规定了市政府的市政职能和权限。另一方面，民间市政参与的空间大为压缩。根据法律规定的市政职能和市政权限，只要市政府有意愿并有能力进行市政建设与市政管理，它就会紧紧地掌握手中的主导权，全面掌握市政管理权，不管这些建设事务是否有民间社团参与以及部分管理权是否由民间社团掌握。因此，民间如果要参与，要么嵌入市政体制之内，要么遵从既有市政体制下的制度安排。总之，必须在市政府的许可或认可下才具有参与市政的资格。否则，就是非法，即使其参与的是于民于市有利的市政事务，也必须受到惩罚。

通过社团立法，国民政府日益将诸如消防社团、慈善团体、商会、同业公会等民间社团置于各级政府的严密控制之下，使得原本相对独立、具有较强自治性的各主要商人社团组织，在依法改组或者在市政当局的高压态势之下，或徐或速地发生了角色转换，其显著标志就是社团自主性丧失和具体市政领域的市政主导权的丧失，即便它们在具体市政领域里起着主力作用。民国中期以后上海和汉口的民间社团组织在消防领域主导权的丧失就是一个显著表现。在这样的情势下，民间市政参与离城市自治的目标不是越来越近，而是越来越远了。

（三）以商人为核心的民间市政参与力量自身存在致命的缺陷

商人是城市社会的中坚力量，以商人为核心的民间市政参与成为近代中国民间市政参与的重要组成部分，因此，商人及商界自身的发展状况，对实现民间市政参与目标——城市自治的影响也至关重要。事实上，近代中国民间市政参与之所以未能迈向城市自治，还因为以商人为核心的民间市政参与力量自身存在致命的缺陷。

近代中国商人和商界，在经济上无法挣脱外国资本主义和国内政治势力的双重重压，难以获得自由的发展，商人和商界实力的发展受到了阻碍，是近代中国以商人为核心的民间市政参与未能迈向城市自治的最基本的原因。当然，中国商人或资产阶级的力量——实际上首先是指经济实力——不够强大，导致了中国资产阶级政治上的软弱。

不过，在近代中国，商人和资产阶级是在经济上发展最速的、经济实力增长最快的一个社会群体和社会阶级。但是，最终成为时代新宠的不是商人。这说明我们要探求商人或资产阶级在近代中国政治上的失败，在近代市政参与中的不成功，用经济基础决定上层建筑的理论进行分析固然必要，但这样的分析还不足以做出圆满的解释。

在笔者看来，近代中国民间市政参与力量至少还存在以下致命缺陷：

缺乏强大的武装后盾，是近代中国民间市政参与力量在争夺市政管理权的竞争中存在的最致命的缺陷之一。近代中国以商界为核心的民间力量争取城市自治的运动，其终极目的是要建立起商界或资产阶级主导的城市政权。当他们认为的正当利益或诉求根本无法得到保障或体制内的回应的时候，也曾试图采取非常态的手段——建立商属武装力量——建立武装商团，来争取利益得到保障，诉求得到满足。实力最强的上海商人和商界曾经建立有自己的武装商团，却未能稳定地拥有武装。二次革命之后，上海商团枪支被没收，加之军阀的阻扰，再也没能重建商属武装商团了。汉口本来在辛亥首义期间建立了一支商团武装，但是后来武器也被缴械，其后就再也没能恢复——尽管多次想要恢复。而上海商团和汉口商团之所以能够影响一时，这与当时商界与革命军结盟紧密相关。失去革命军奥援的商界，即使恢复原有的武装商团规模，他们的武装力量与地方军阀所拥有的武装相较，其实力相差也很悬殊。而没有强大武装后盾的近代中国城市商人和商界，沦为了待宰的羔羊，备受地方军阀的敲诈与勒索却又无可奈何。也正因为如此，即使中央政府颁布了恢复地方自治的法令，而地方军阀还是可以在地方上对于制度层面的城市自治进行制动，使得民间的市政参与未能如其自身所期待的那样顺利达成城市自治的目标。

缺少有利于迈向城市自治的理论建构，是近代中国民间市政参与力量又一致命缺陷。在理论的建构方面，中国国民党和共产党都做得非常成功。中国国民党逐渐形成了以三民主义为核心的理论建构，中国共产党逐渐形成了以科学社会主义为核心的理论建构。而以商人和商界为核心的近代中国民间市政参与力量，他们虽然在民初已经有明确的活动目标——争取城市自治，但是在政治上的确缺少相应的理论建构。即便市政参与最有力的上海南市商界，他们曾经出版《上海市公报》，但是太过局限于具体的市政事务的刊载，缺少超越具体市政事务之上的城市自治方面的理论建构——尤其是未能将西方有关地方自治和市政的理论较好地本土化。最终，在排山倒海的党治舆论之中，商人和商界毫无还手之力，一时间便被作为落后势力受批判——那些主持自治机关市政的绅商被视为"劣绅"和不合时宜的旧势力了。

与上一缺失紧密相关的是，近代中国商界作为基础广泛的城市社会中坚力量，没能够很好地整合城市社会。其一，没有着力联合具有市政新知识新思想的社会力量。市政的向前发展应该是专家治市和市政管理的专门化，缺乏市政专门知识的商人和商界无法跟上迅速变动的时局，这也使其对城市社会各界的号召力逐渐在剧变的时局中很快减弱，不能很好地整合城市社会内部各种分散的组织，形成一个自治共同体。其二，没有能够整合本土的权威力量，结成利益联盟。最终，为了避免被边缘化，商界中的上层只好与党治政权合作，放弃原先的城市自治目标，其自身遂成为被整合的对象。

六　城市个体差异与区域差异大

近代中国民间市政参与的城市个体间的差异和区域城市间的差异都很大。

（一）城市个体之间差异大

有的城市民间市政参与相对活跃，不仅要求客位参与权，甚至要求主位参与权——主导城市市政管理权，实现城市自治，像上海、天津、汉口、北京、青岛这样信息丰富、市民主体意识觉醒较早的通都大邑

（尤其是辟有租界的城市），就是如此。而其他相对闭塞的城市，其民间市政参与的活跃度则远逊于上述城市。

即便是像上海、天津、汉口、北京、青岛这样民间市政参与相对活跃的城市，其个体差异也非常大，促使其市政参与活跃或一度活跃的主要原因存在着很大差异。有关这一点，我们从民初民间争取自治运动的情形就不难看出。

例如，上海和汉口虽然都是全国发达的工商业城市，但上海的民间市政参与更为活跃。以商人和商界为代表的上海民间力量，对于与自身利益密切相关的市政建设、市政管理，均积极地参与；对于可能争取市政管理权的市政体制变革——城市自治，他们也积极地参与和推动。因此，民初上海商界争取城市自治的运动最为积极，只要有机会，上海的商界就行动起来，争取城市管理主导权或城市自治权。相比之下，汉口商界在城市事务的参与方面，不及上海商界积极主动。清末上海商界主动成立商会，而汉口商会在官府的激劝之下才得以产生。在市政方面，汉口商界虽然也不时参与——其间也曾争取城市自治，但积极性远不及上海商界。一旦受到官方阻遏，汉口商界的市政参与很容易虎头蛇尾或偃旗息鼓。

导致如此差异的原因何在？应该在商人和商界的实力和城市事务话语权的大小方面。因为上海的工商业发达，商人实力相对雄厚，商人力量相对强大，商界在城市事务上拥有较大的发言权和参与权。地方当局对于上海商人和商界的市政参与诉求和参与事实，在很多时候不得不给予积极的回应。汉口虽然是中国内陆最大的商埠，商人和商界的力量不断得到发展，但其实力远不及上海。他们在争取城市自治权的过程中，由于实力不济，很容易在官方的压力下屈服。因此，同是工商业城市，商人和商界实力的强弱是影响上海和汉口民间市政参与活跃度最重要的原因。

再如：上海和北京都是中国的文化中心，但是它们在民初又分别是中国的经济中心和政治中心。如果说民初上海的民间市政参与相对活跃的原因在于上海商人和商界实力相对强大的话，那么，民初北京的民间

第四章　近代中国民间市政参与的特点

市政参与比较活跃，其原因又何在呢？

按理说，北京商界的力量远不及上海甚至汉口，政府在地控制的力量又十分强大，民间应该很难有参与市政的机会，更不用说要争取实现城市自治了。然而，在近代北京，民间争取城市自治的活动却是比较活跃的。究其原因，应该与近代北京特殊的城市地位密切相关。

与其他任何一个中国城市相比，近代北京城市地位和政局的变动是最为剧烈的。民国建立之初，以南京为临时政府所在地，北京丧失了作为一国之都的崇高地位。不久，在北京就任临时大总统的袁世凯又以北京为首都。后来，国民党政权定都南京，北京一下子从首都的位置下降为特别市，从此直至国民党政权在大陆覆灭之前，这种情势就再也没有逆转过。至于政局的变动，在南京国民政府建立之前，主要体现为不同派系的政治势力的角力和交替控制中央政权，其后表现为国民党政权取代北洋政权。这些变动又直接导致北京市政管理机构人事变动，以及市政管理机制的调整。而这样的变动和调整又与民间参与市政境况的不变和难得调整，形成了巨大的反差，从而刺激着民间参与市政。

1914年，北京政府设立了京都市政公所，设督办总理市政，但督办基本上由内务总长兼任。因此，在北京市民看来，北京的市政实际上还是官办市政，他们对此当然不会满意。1915年9月公布改订的《京师地方自治章程》中，明定京兆为特别行政区。1921年颁布的《市自治制》，定北京为京都特别市，并规定次年9月1日起施行自治。而在实施自治之前，市政事宜仍由内务总长兼理。京都特别市市长由大总统从民选的3位候选人中择其一来充任。这样的规定，令本已不满的北京市民更加不满，因为这既没有让他们感觉到实行自治与不实行自治的不同，同时又没有让他们觉得作为京都特别市有什么相对于其他特别市的特别之处。换句话说，尽管市政机构的名称在不断地变化，但是北京市民参与市政的机会并没有因此而明显增加，这当然令人感到失望、失落。故而，在民初，北京相对于其他城市而言，市民争取城市自治的目标，主要不是争"特别市"这个名分或资格，而是争特别市名下的实际的参政权。相比之下，在上海、汉口、天津、青岛等其他城市，市民

· 227 ·

为了提升其所在城市的地位，更好地保障城市的安全，同时也为了获得更高的城市自治权——民间获得更多的市政参与机会和更大的市政参与权，他们在争取恢复地方自治之后，就需要争取"特别市"的名分或资格。因此，同样是争市政参与权，但北京与上海等城市所争的目标或侧重点是有所不同的。

（二）区域城市之间差异大

在近代中国沿海城市以及沿江开埠城市，其民间市政参与的活跃度明显高于其他地区。其中，长江下游的城市，由于中心城市的辐射与影响，形成了以上海为中心的长江下游城市群——主要是上海及其周边的城市——它们很多是开埠城市，成为全国民间市政参与最为活跃的地区。处于长江中游的汉口，由于不具备上海那样的辐射力和影响力，其在区域中的示范作用相对较弱，故而以汉口为中心的长江中游城市，其民间市政参与的活跃度总体上与以上海为中心的长江下游城市差距较大。至于那些非沿海、沿江地区的城市，其民间市政参与的活跃度总体上则又逊于长江中游城市。

（三）华租两界之间差异大

首先，就华人争取市政参与权的斗争对象而言，租界华人争取市政参与的斗争对象是租界市政当局，而华界民间市政参与的斗争对象是中国地方政府与中央政府。

其次，就参与广度与深度而言，租界华人争取市政参与权的斗争首要是突破租界市政当局对华人参政的排斥，进而要求在租界中拥有更多的市政参与权；而华界民间争取市政参与权的斗争，最终上升到根本性体制变革层面，即要求市民自治，城市自治。

第五章

民间市政参与对近代中国城市
社会发展的影响

——一个以现代性为尺度的探讨

近代中国的民间市政参与对中国城市社会发展产生了过去不为人重视的巨大的影响,对于这种影响进行深入探讨,必将深化我们对于那个时代中国城市现代性问题的认识。

"所谓的'现代性'强调的是人们在历史过程中集体经验的主观认知,是一种强烈地感觉自己属于现在,并与过去所习惯的传统产生断裂的认识,也就是一种与过去对立的强烈'现代感'。"现代性不等于西化,它允许多元存在而不是只能以西化的形式存在才具有意义。在现代性的分析框架之下,"非西方社会可以挪用最初西方现代文明社会的特定主题和制度,透过持续不断的选择、重译和重构,将现代性的某些西方的要素整合到自己的新的集体认同的建构之中,而不必放弃他们传统认同的特殊成分"[①]。因此,它破除了原有现代化分析模式中的西方优越感,承认非西方社会的本土文化在现代性建构中的价值。这对于我们分析近代中国民间市政参与对近代中国城市社会发展的影响,具有重要的启示作用。

在现代性的分析框架之下,我们不必视市政为西方的"特产",也

[①] 参见巫仁恕、康豹、林美莉主编《从城市看中国的现代性》,"中央研究院"近代史研究所2010年版,"导论",第 iv 页。

不必认为在中国只有进入近代之后才存有市政，或简单地认为中国近代市政就是市政西化的产物，而对于中国近代市政中的本土化特色视而不见，或者对西式市政的本土化存在的价值予以否定。近代中国市政发展的进程既不是单纯的传统市政西化的过程，也不是单纯的西式市政本土化的过程。在这个过程中，民间市政参与发挥了重要作用——民间社会在近代中国市政发展的过程中，既显示了他们与传统市政——他们往往称之为"官治"或"官办市政"的主观决裂，同时他们的市政参与本身就是中国民间参与城市公共事务这种传统的一种延续。

在这样的分析框架之下，我们考察民间市政参与对近代中国城市社会发展的影响，可能会获得新的认识。

一 民间市政参与推动了近代中国市政的转型

民间市政参与对近代中国城市社会发展最直接的影响，就是推动了近代中国市政的发展：在微观上促进了城市具体的市政建设与市政管理的现代化，在宏观上推动了市政体制的变革和市政发展格局的变化。而市政具体领域的现代化、市政体制变革与市政发展格局的变化，共同构成了近代中国市政转型的基本面，与之伴生的则是城市现代性的滋长。

（一）促进了具体领域市政建设与管理的现代化

任何城市的市政建设与市政管理都存在具体而微的层面，小到巷道的铺筑，渡桥的架设，路灯的安装、保管，上水管的安设，下水道的构筑等；消防器具的维护，市街环境卫生的保洁，贫困人口的救济等，市政经费的筹措；城市治安力量的配置，清洁夫的雇用，市政职员的选聘等；如此种种，皆可以归入微观市政的范畴。

从前面章节的论述中，我们可以看到，近代中国民间市政参与已经涉及了上述微观层面市政建设和市政管理。由于民间参与市政，市政当局在市政建设与管理过程中无心、无力或难以顾及的地方，在一定程度

第五章　民间市政参与对近代中国城市社会发展的影响

上得到了弥补，城市社会发展不至于因官府相关市政职能的缺位或缺失而停滞不前。以民间市政参与最为成熟的消防领域为例，在近代中国多数城市的官办市政消极无为或力不从心的时候，先有民间自组性的会馆、公所或善堂的水龙、水会（或者就是无所依附的水龙、水会），继而有自治性的街区性的消防会、救火会、保安会以及后来成立的诸会的集合体——联合会，它们承担起了大部分城市消防职能，为维护城市治安，保障城市社会生活正常进行做出了重要的贡献。又由于民间参与水电公用事业的建设与管理，使得城市消防有了自来水这样的灭火原料，从而推动了消防器具从传统的水枪向皮带水龙的演进，消防水门的安置逐渐取代了消防水缸，大大地提高了灭火的效率和城市消防管理的水平，城市消防由古典迈向现代，城市的安全得到了更好的维护。同时，由于民办自来水事业的产生，使得近代中国的一些城市街道的环境卫生、防疫卫生、医疗卫生都得以大为改观，街道上出现了新式洒水车以给路面降尘洁面，洁净的自来水逐渐取代了易于传染疾病的江河水、井水，疫病发生的几率因之降低，医院也因用上了洁净的自来水而降低了病人感染致病的几率，城市公共卫生管理水平整体上得到了提高。可以说，商办自来水事业的发展，在改变人们饮食习惯的同时，又促进了城市公共卫生管理的现代化。如此等等，皆表明，由于民间在微观层面上的市政参与，促进近代中国城市具体领域市政建设与市政管理由传统向现代的转变，而这样的实例又真是不胜枚举。

（二）推动了市政体制由传统向现代的转变及市政格局的变动

在市政体制的宏观演进中，民间市政参与成为促变的重要环节。在这些"变"量中，透露出来的不仅仅是中国城市管理体制从传统市政官治趋向市政自治的民主化转进，还透露出显明的现代意识，近代中国城市社会的现代性从市政体制的转变中得到了彰显。

1. 晚清市政体制的演变

本来，晚清地方政府对市政普遍扮演消极主导的角色，民间也积极或消极地参与市政，但是，总体来说，民间是在协助地方市政当局办理市政。

清政府在推行立宪自治政策之后，尽管试图置民间于"辅助官治"的角色，然而地方市政当局在推行这个政策时，实际上又起到了催生民间市政主体意识的作用。所以，从全国范围来看，晚清市政体制在总体上经历着由官治向官府不情愿放权而又不得不着手培育的民间自治转变的初始阶段。不过，就上海这样的个别城市而言，官方其实已经开始让渡市政主导权，民间开始实践城市自治——这实际上是一种官方护持下的绅商自治或商人自治。

也正是从清季开始，市民有关"自治"的表述中，就存在着"一种与过去对立的强烈'现代感'"。苏州最早建立的观前市民公社虽然表白其旨在"试行自治，冀以辅助市政、火政之官治"，似乎并无争取城市自治的旨趣，亦无否定官治的意图，但是在发起成立者的心中，市民公社是"独立社会之起点"[①]——他们想要开创一个新的城市社会，形成不同于传统官治的自治。在汉口商界心中，汉口的民间组织存在新旧不同的两派，"各行帮之会馆与公所，为前人所创设者，属于旧派，其性质近于自卫的；各地方之社团，为近人所倡始，属于新派，其性质近于自治的"，"近于自治的"这些团体就是商界体育会、卫生公益会、汉口商团赛马会、银行研究会与汉口各团联合会及各保安会、自治会、救火会等社团——"自治团"。[②] 这其中"前人"与"近人""旧派"与"新派""自卫的"与"自治的"相对性的描述，显示出"强烈地感觉自己属于现在，并与过去所习惯的传统产生断裂的认识，也就是一种与过去对立的强烈'现代感'"。这表明，中国城市的现代性至少在清季就已经滋生了。而与之相伴的，是民间的自治实践和市政参与。

2. 民初市政体制的变革

民初全国各地城市由于实际所处的政治生态不同，其市政管理在宏

[①]《辛亥革命史丛刊》编辑组编：《辛亥革命史丛刊》第4辑，中华书局1982年版，第59页。

[②]（清）张寿波：《最近汉口工商业一斑》，上海商务印书馆宣统三年（1911）版，第8章，第1、5—17页。

第五章　民间市政参与对近代中国城市社会发展的影响

观上大致呈现出两种发展态势：

一种发展态势是官方弱势主导。在这种情况下，官方凭借政治强势压制民间的自治试图，但是又因财力实在处于困窘境况而无力有效地主导市政建设与市政管理。民初的汉口官办市政就是如此。而以富商巨贾为首的汉口商界，则不太甘心处于被主导的地位——绅商们自己试图借汉口重建和推行地方自治之机主导市政，但终因无法突破官治的遏制而未能如愿。因此，民初汉口市政呈现出官方弱势主导，官民为主导市政而在相互关系上呈现出合作为主、低度争锋的状态。因此，从市政管理体制上看，民初的汉口实际上未能从根本上脱离官治的底色；同时，商人自治与官治并行发展。在市政总体发展格局上，官民双方其实均无力独立主导市政，官方主导乏力，而民间只能主导消防等官方愿意让渡市政管理权的领域。尽管如此，从总体上来说，民初汉口市政中的商人自治还是得到了发展，尤其是街区性自治一直延续清末的发展态势而持续向前，从而从城市社会内部积累着争取城市自治的能量。[①] 所以，一旦有机会，汉口商界也不失时机地表达自己主导市政、自治城市的诉求。

另一种发展态势是官方在执行地方自治政策的前提下让渡市政主导权，民间尝试并实践市政自治，但整个进程却随着政局的动荡、地方自治政策的变动而一波三折。民初上海华界市政就呈现出这种发展态势。

与汉口等城市相比，民初上海市政的发展存在着很大的不同。其一，上海较其他城市具有更久的商人自治市政的传统和经验；其二，民国初元时，上海华界在局部地区——南市和闸北，相继建立了基于商人自治的西式市政厅，那里的绅商因之得以短暂地主导市政，拥有更多的

[①] 在官治气息浓厚的北京，地方自治运动的推行也推动着自治能量的聚集。"1922年的北京自治，与清末及袁世凯统治时期的北京自治有明显的不同，那就是前两次名为自治，实为官治，此次虽仍为政府明令推行，但北京市民积极参与，并发挥了重要的作用。正是他们的反对，导致了官办自治企图的破产。正是他们的请愿，推动了相关自治法令的出台，这种互动体现了市民团体的力量，尽管这次也只是筹备自治，与实行自治不可同日而语，但毕竟朝着真正的自治迈进了一大步。"参见张德美《1922年的北京自治潮》，载《中国政法大学学报》2011年第4期。

自治市政的经验和政治资本。所以,当地方自治停顿或转入隐形自治之后,上海的商界就会大声疾呼,要"自治"。可以说,上海商界乃至市民的脑髓中已经浸润着自治的精神,自治已经成为他们难以割舍的精神财富。上海绅商市民所作的"自治名义,虽经取消,自治精神,依然存在"①的表白,正是其实际精神状况的反映。当 1922 年城市自治运动渐趋高潮的时候,他们更是走在全国城市自治运动的前列,力争城市自治和市长民选。最终,随着全国形势的发展——学生运动、工人运动的蓬勃发展,国民革命军的北进,"绅商"形象被负面化,市民自治的市政府竟得以昙花一现。上海,也只有上海,才有此昙花一现!

因此,就整个民初的上海而言,商人自治乃至城市自治、市民自治才被民间视为社会常态,而官治(如沪海道尹兼管沪北工巡捐局时期及闸北商埠督办公署时期)乃至隐形自治时期(如上海工巡捐总局时期、沪南工巡捐局时期、沪北工巡捐局时期等),均被民间视为变态。当常态被改变的时候,民间就积极争取恢复常态,要"自治"。在上海商界乃至市民心中,城市自治才是市政变革当然的终极目标。故整个民初上海华界的南市和闸北实际上主要处于商人自治、隐形自治及官治交替状态,而最终短暂形成城市自治、市民自治的体制架构。

从民初中国市政发展的总体情况来看,作为民间追求目标的城市自治实际上未能实现。但是,即使在官方主导市政的情况之下,民间市政参与尤其是参与地方自治运动而培育出来的市政自治精神也不断地得到张扬。与此同时,传统城市官治不断被民间鄙弃与否定,印证着一种集体的"强烈地感觉自己属于现在,并与过去所习惯的传统产生断裂的认识,也就是一种与过去对立的强烈'现代感'",彰显着近代中国城市现代性的滋长。

3. 民国中后期市政体制的演变与市政府主导市政格局的形成及演化

"随着南京国民政府成立,国民党一党专制集权体制的确立,市政

---

① 《淞沪市政协会有函请设商埠督办》,《大公报》(天津)1925 年 7 月 26 日第 1 张第 4 版。

第五章　民间市政参与对近代中国城市社会发展的影响

体制也随之发生了重大改变。城市政府在运行机制的正规化、专业化、法制化方面逐步走上正轨，获得长足进步。但是城市自治却有倒退趋势，城市自治、市民自治只是体现在城市法规的条文之中，城市与中央、地方政府之间，市民与城市政府之间矛盾冲突不断发生。"[1] 同时，市制在此间终于定型了——形成了强市长制市政体制，市制的推行和市政体制的运行有了较好的法律保障。与此相应，近代中国的市政格局也发生了重大变化，形成了稳定的市政府主导市政的新格局。

民国中后期市政体制与市政格局演变的情形大致如下：

(1) 南京国民政府的黄金十年时期

市政体制法制化与市政府主导市政的新格局的奠基期。此间，强市长制逐渐定型，临时参事会（或参事会）、临时参议会（或参议会）其实只是备顾问而不能决策的角色，其职能与民初商界主导的市政厅或市政公所下的市议会不能同日而语——后者就是实质性的代议机关。市政府主导市政，民间社团逐渐由主动参与者转变为受动参与者。尤其是在义务劳动制下，在卫生运动、新生活运动等与市政相关的城市运动中，他们基本上是被动的参与者。而原先由民间社团主办或主导的市政领域，诸如慈善（社会救济）、消防等，基本上被政府通过市政立法和社团整顿的方式纳入市政府市政管理的监控之下。即便不纳入市政府的市政监管之下，他们的市政活动也必须依照一定的法律程序开展才会为政府所认同。如，商人要修路，就要按照法律程序办理手续、处理好相关问题，才能着手。否则，即使着手修路，也被视为非法。民间自主参与市政的空间因国家力量的扩张而受到挤压。故而，"被规范"的民间市政参与构成了市政府主导市政格局的另一面。

(2) 抗战时期

沦陷区城市的市政体制发生严重变态，市长不再是一市的实际长官，市政的实权掌握在日本人——嘱托、顾问的手中，市政府的市政主

---

[1] 涂文学：《城市早期现代化的黄金时代——1930年代汉口的市政改革》，中国社会科学出版社2009年版，第80页。

要对驻在的日本军政长官负责，市政的运作主要服务于日本占领军的军政需要。尽管一些城市的租界"被收回"，在名义上实现了市政管理上的由多头向少头的演变，然而并不具备什么实质意义。民间市政参与处于被支配的"被动地位"，民间的市政参与本质上是"被参与"市政。因此，不但沦陷区的民间市政参与有退无进，而且，市政府主导市政也有名无实，宏观的体制层面的现代性难以增进。

而尚未沦陷的城市和那些即将沦陷的城市，其市政体制即使未发生根本的变化，但均在市政运作中努力适应抗战需要，呈现出不同程度的军事化趋向。而因民族危机激发出来的民族救亡意识在很大程度上消解了民间市政参与的自治权力意识，从而制约了市民自治层面市政体制现代性的滋长。

（3）民国末期

市政体制与市政格局进一步发生变化，那些原先存有租界的城市，市政管理权得到了统一——租界被收回，原先处于市政府管辖之外的区域（包括租界和直辖于中央的特别区）均被纳入市政府管辖的范围之内。在市政运作的过程中，市（临时）参议会开始发挥着较民国中期很不相同的作用，市（临时）参议会不再仅仅是备顾问而不能决策的角色，而是市政府实实在在的决策机关——当然，市政府有时候不一定严格执行。特别是当国共战争爆发，国统区各城市政府面临强大的战争压力时，其施政优先军事，往往置市议会的决策于不顾。不管怎样，一种市议会决策、市政府执行的市政运作格局普遍成为事实。在这种格局之下，民间市民参政在体制内主要通过市议会进行，而在体制外的市政参与在南京国民政府的黄金十年时期并无十分显著的变化。

如此看来，民国中后期的体制内的民间市政参与从总体上得到强化——主要以代议的形式出现，体制外的市政参与缺少了民初地方自治运动中的那种积极主动。而市民自治或城市自治依旧是一些学者（有的尚身在官场）心中理想的市政体制，但已很难对市政体制变革产生明显影响。但总的来说，民间可以合法地制度化地通过代议参与市政决策，亦显示出市政体制现代性增进的趋向。

二 民间市政参与促进了近代中国 城市官民关系法制化、契约化

中国城市长久以来有一个传统，那就是民间虽然参与城市管理，但是，这种管理权的获得要么来自官方的默许，要么来自基于官民协商后的一纸通告式的认可。换句话说，民间参与城市管理很大程度上来自官民之间的默契，而不是通过契约来达成。因此，民间在参与城市管理的过程中，其管理权限是不确定的，其权力的大小与是否可持续地获得，还要取决于官民关系的好坏——更主要的是官府的态度和立场。因此，在传统的城市管理机制中，民间的参与在本质上体现出的不是民本位，而是国家掌控之下可以最大限度容许民间参与的官本位。也正因为如此，笔者在评论罗威廉有关19世纪汉口城市就实现了实质性的自治的论说时，否定他所认为的民间不需要政府的法律授权就实现了城市自治的观点。[1]

在欧洲，市民很早就通过法律途径取得城市管理权或市政管理权，城市通过获取政府的特许而实现了自治。但是，在中国，情况大不相同，终至整个近代，中国的市民从未获得完整的城市自治权，民间的市政自主权往往仅限于最基层的城市事务。此外，很少取得市政的主位参与权。而总的看来，市民对于明确的市政参与权的取得，往往借助于立法和契约。

例如，在清末地方自治运动开展之后，民间有了明确的市政参与权，因而市政参与的热情高涨，这自然得益于《城镇乡地方自治章程》的颁布。到了民初，民间力量的市政参与权一会儿得到明确，一会儿被废止，城市争取自治的运动断断续续，这个"争"，究其实质，就是要争一个法律的承认、允许或授予城市以切实的自治权。到了民国中后

---

[1] 参见拙文《湖北新政前夕汉口的民间市政参与问题研究——兼论罗威廉的"19世纪汉口自治说"》，载《江汉大学学报（人文科学版）》2011年第5期。

期，政府通过颁布法律，规范了民间组织的活动范围与职能。其中，很重要的一点就是，民间力量进入城市立法机构——市临时参议会或市参议会。其实，这也是以法律的形式确定了民间的市政参与权——同时也是民间争取市政参与权的结果，而不是自然产生的结果。关于这一点，可以通过安克强有关1927—1937年的上海市政权组成的论述，以及周松青有关1927—1949年上海地方自治的论述得到印证。① 因此，在这一时期，即使民间的市政参与权和参与的自由度远较民初缩小，却再也没有形成规模性的城市自治运动。就城市政治参与的层面而言，近代中国民间市政参与促进了官民关系的法制化。

就城市治理层面而言，近代中国民间市政参与促进了官民关系的契约化。近代中国民间在水电和公共交通等方面的市政参与，往往是通过取得水电运营、交通营运等的政府特许，以政府与民间签订契约的形式来实现的。例如：在清末，商办汉镇既济水电股份有限公司就是湖广总督府赋予其专利权才开办的。在民国时期，在事关城市公用的市政方面，民间要取得市政参与权，基本上都是采取这种形式。官商合办形式的民间市政参与，也要以契约的形式来确定民间参与的权限，只是契约的形式有所不同而已。② 1928年，上海闸北华商公共汽车股份有限公司成立，是在争取到上海市政会议决定由公用局与该公司签订合同，自4月21日起给予专营权12年，与政府签订合同之后，才得以运营的。

因此，不论是从城市政治参与的层面，还是从城市治理的层面，近代中国的民间市政参与实实在在地促进了官民关系的法制化、契约化，这是城市社会趋向法治化、民主化的一个重要体现，也是城市现代性的突出表征之一。

---

① 参见［法］安克强《1927—1937年的上海——市政权、地方性和现代化》，张培德等译，上海古籍出版社2004年版；周松青：《整合主义的挑战：上海地方自治研究（1927—1949）》，上海交通大学出版社2011年版。

② 高兴华：《新城兴衰——近代闸北城市化研究（1900—1949）》，上海师范大学硕士学位论文2007年，第24页。

第五章 民间市政参与对近代中国城市社会发展的影响

三 民间市政参与深刻而复杂地影响了近代中国的城市化

"现代性在城市里的表现特别明显,而城市化又是现代性的一部分,两者是相互含摄的。"① 所以,探讨城市化问题,同时就是探讨城市的现代性。值得注意的是,我们过去在探讨近代中国城市化、探求近代中国城市化动力问题的时候,虽然很大程度上也注意到"人"的因素所起的作用(如探讨外来人口、流动人口对城市化的影响,以人口密度来衡量城市化的程度,等等),也十分关注"物"的因素如汽车、电车、道路等,和客观的因素如城市的吸附力、吸引力、辐射力、拉力——其实这些个"力"都是在强调城市自身产生的一种不可抗拒的"态势",这些"力"它们在城市化过程中所起的作用,这样的研究固然没有什么不对,但对作为市政参与主体的"人"的主观能动性却很少给予关注。事实上,脱离人的作用的孤立的城市之"物",其自身是不会产生动力的,它必须经由"人"的因素才会发生作用和产生影响;客观是不能脱离主观的客观,其间当然离不开"人"的主观参与这个因素的作用。所以,我们在探讨近代中国城市化问题的时候,必须将具有主观能动性的"人"的因素也纳入考量的范围之内。只有这样,"物"的因素才会是"人"的主观能动性下的有机联系状态之下的"物",而不是不见"人"影的孤立的静止的客观之"物",而客观因素——不可抗拒的"态势"也就是一种富有运动性和富有"人"味的客观因素。毕竟,近代中国的城市化进程终究是近代中国城市社会发展的一个侧面,撇开具有主观能动性的"人"的因素去探讨近代中国的城市化,显然是不可取的。我们要探讨民间市政参与对近代中国城市化所产生的影响,其实就是充分关注具有主观能动性的"人"的因素以探讨近代中国城市

---

① 巫仁恕、康豹、林美莉主编:《从城市看中国的现代性》,"中央研究院"近代史研究所2010年版,"导论",第 ii 页。

化问题，这显然是必要的。而城市化又是现代性的一部分，故而开展这样的探讨，在很大程度上就是在探求民间市政参与对近代中国城市现代性所产生的影响。

那么，民间市政参与究竟对近代中国城市化产生了怎样的影响？我们又该如何认识这种影响？这将是下文要探讨的内容。

（一）民间市政参与成为近代中国城市化的重要动力

1. 民间市政参与从物质层面促进了近代中国的城市化

如前所述，近代中国民间——主要是商界——曾经广泛地参与道路、桥梁的修建，开办自来水、电气等公用事业方面的公司，运营公共汽车、长途汽车、轮渡、电车等公共交通，安置电气路灯和水门，等等。民间的这些市政作为往往是在官力不足、城市基础设施亟待完善的情况下展开的，因此，这样的市政参与对于完善城市基础设施的作用是不言而喻的。而机器制水、管道输水逐渐取代人工挑水，电灯逐渐取代油灯，电力逐渐取代人力，机器动力、电力交通工具逐渐取代人力、畜力交通工具，等等，无不从物质层面显示出城市基础设施现代化的发展趋势，彰显着城市的现代性。也就是说，上述的城市之"物"中的相当一部分实际上是通过人的因素——民间市政参与，实现了新陈代谢，从而促进了近代中国城市基础设施的现代化，民间市政参与从物质层面促进了近代中国的城市化。

2. 民间市政参与在道路交通方面促进了近代中国的城市化

民间市政参与从物质层面促进了近代中国的城市化，同时当物质性的设施经由民间的作用（按：包括对旧有设施的破坏，或者在市政设施方面推陈出新，并对新设施进行经营），进入市政运作环节，不断地对城市社会产生影响的时候，民间市政参与对近代中国城市化的动力性影响就会不断地显露出来。有关这一点，我们从道路交通发展在近代城市化过程中所起的作用即可窥见一斑。

首先，民间在道路交通方面的市政参与大大地拓展了近代中国城市的地理空间。

第五章　民间市政参与对近代中国城市社会发展的影响

在一般情况下，市政发展最初的启动在于城市道路交通的发展，故民国时人常说的市政以发展道路交通为前提——都市道路"较都市之其他建设事业，为首要素……都市建设，必先改良道路"①。而道路交通的发展，又可能带来市区的推展，人口的增多，市面的繁荣，新型城市空间的形成，新的城市生活方式的产生。所以，刘海岩断言："在促进城市发展的诸多因素中，交通尤其是公共交通，是改变城市的主要动力之一。因为它决定着城市的空间结构、人口的流动、市民的生活方式等等，交通的状态往往成为城市发展的里程碑。"② 其所言"交通的状态往往成为城市发展的里程碑"，其重要内涵就是公共交通影响和改变城市化的进程。其中，民间在公共交通方面的市政参与给近代中国城市化带来的影响不可小觑。

成立于20世纪20年代初的中华全国道路建设协会，以促进全国的道路交通建设为职志，该会积极鼓吹拆城筑路发展交通事业。在该会的影响下，一些城市的市政管理当局意识到拆城筑路的重要性，认为"市政范围至广且大，原非限于拆城筑路。而拆城筑路，实为最急最先"③，因此纷纷拆去城墙或者增辟城门，进而开辟道路，发展市政。杭州、南昌、广州、无锡、九江、安庆、南通等，陆陆续续拆去城垣，修筑马路。而昆明、无锡、苏州等城市，则拆去部分城墙，增辟城门，以便打通城墙内外的交通。以至于1928年前后，"各地拆城消息，亦书不胜书"④，形成了一个拆城筑路的高潮。

对于很多城市而言，其规模性的市政革新就是从拆城筑路开始的。同时，因为拆城使城市发展快速突破城墙——原有城市边界的束缚，城墙内外开始更好地贯通，城市化进入了一个内扩外展的新时期，且向外拓展城市空间的趋向十分明显。

---

① 刘矩：《论都市之道路》，《道路月刊》第25卷第3号（1928年2月），"论著"，第2页。
② 刘海岩：《电车、公共交通与近代天津城市发展》，《史林》2006年第3期。
③ 《各省市政近况》，《道路月刊》第6卷第1号（1923年6月），"调查"，第13页。
④ 刘矩：《路政前途》，《道路月刊》第25卷第2号（1928年11月），"论著"，第2页。

又因为城墙的拆除与城门的增辟，大大地方便了一些连接省城与省城之间、省城与县城之间、县城与县城之间、县城与市镇之间的道路的修筑与贯通。而作为道路建设节点的城市，其道路交通事业得到了较大的发展，市街沿着新筑道路延伸，城市空间扩展又明显地呈现出与道路的延伸相伴随的特点。

在这个过程中，商办公共交通尤其是公共汽车和电车的运营起到了十分明显的作用。例如，20世纪初，上海城区的界限大致为：东北从虹口河（横浜河）到顾家浜（今军工路南端），南面到达龙华路，西面从曹家渡向南过静安寺至徐家汇，北至闸北宝山路底和虹口公园。20世纪20年代以后，上海的商办长途汽车公司不断开辟运营线路。到了"七七事变"前夕，上海的长途汽车公司有5家——沪太、沪锡、上松、沪闵、青沪5大长途汽车公司，这些公司开辟的通往郊区县市的线路达13条。其中，沪太长途汽车公司成立后，在闸北共和新路和沪太路口设立上海汽车站，开辟了沪太线和沪嘉线2条路线，"由上海同方向启程，至宝山县属之罗店市后，乃分道扬镳。其间，大场、刘行、罗店，均与上海有对开之直接通车。沪太线至浏河而止沪嘉线至嘉定而止"[①]。随着汽车线路的开通，上海市区也向四周扩展，城市规模随之扩大。

其次，民间在道路交通方面的市政参与大大加快了城市市郊及周边市镇的城市化进程。

如果说城市地理空间的拓展只是城市化进程加快的外延式的表现的话，那么市郊及周边市镇的工商业化尤其是商业化空间及公共空间的形成，人口流动速率的加快，城与市镇间互动的增强，则大大充实了近代中国城市化的内涵。

上海闸北汇通桥建成之后，汇通公司一面购地百余亩，用以开筑马路及沿河驳岸，建设丝厂及店房、工房等类工商业厂房，一面商同地方

---

① 高兴华：《新城兴衰——近代闸北城市化研究（1900—1949）》，上海师范大学硕士学位论文2007年，第25页。

第五章　民间市政参与对近代中国城市社会发展的影响

绅董设立米行，成立米市，从而带动了闸北华界地区的发展："以汇通桥为中心，向闸北华界四周辐射开来，形成多个工商业中心，以光复路为中心的竹木和米业市场、以大统路为纽带的车站商业区在这一时期形成和繁荣起来。新闸桥以北一带，日到米船百余艘，沿街米行、米店近百家，是沪上著名米业北市场所在地。大统路开设各类商店50多家，有'闸北南京路'之称。光复路竹木行闻名全市，成为闸北西南部的繁荣中心。"①

沪太长途汽车公司运营路线沿途设有上海、彭浦、大场、塘桥、罗店、潘家桥以及太境之浏河站等。该公司在各站通车以后，彭浦站（设在宝山县新桥镇西南2里许）到1925年，附近已经有米、粮、油、酒、杂货店等10余家。而浏河大场等处，自汽车通行以后，商业、实业亦逐渐呈现出兴盛之象。一些旅沪粤商见有利可图，就在浏河汽车站以西购买30多亩地皮，仿上海永安公司式样，建立了一所"全乐园"，内设戏馆、滩宝场等；在大场一带建立了一所游乐园，规模较小，称为"半乐园"。嘉定县潘家桥镇（按：该镇位于曹王庙东北四里，界泾西岸属曹王乡，东岸属宝山县），界泾西岸之潘家桥庙前旧有商店约20家。沪太汽车通后，该公司在东岸设置了汽车站，于是东岸的市面开始兴起，有商店七八家，还有肉铺、药号、鱼行、花米行、杂货店、木作、理发店、茶肆。沪闵长途汽车通行后，户口殷阗，商业繁盛，昔日素称朴实的闵行镇风俗渐趋浮靡。到1927年前后，该镇已经成为沪邑首镇。②

上南汽车公司开车后，沿车站两旁的店铺"营业骤兴，获利倍徙"，除周家渡、杨思桥、三林塘之外，新开设有茶园、菜馆、医院、杂货小店铺，使得本来人烟稠密、市肆栉比的周浦"商业更兴，赴沪者每以其市物价廉，相率购之，馈诸亲友。来浦者固无风景地可游，则造

---

① 参见邢国徽《近代上海桥梁建设与城市发展——以苏州河桥梁为中心》，上海师范大学硕士学位论文2010年，第56—57页。

② 马建华：《汽车与近代中国国的城市化》，《贵州文史丛刊》2012年第1期。

菜馆大嚼。故华阳楼、华春楼莫不高朋满座，觥筹交错。而购三阳泰之宁波茶食者，则摩肩接踵，争先恐后，热闹不堪。将来游戏场、公园、工厂等落成，其繁荣更甚"。很快，就有人办置汽油船，开驶大团镇，以利交通。①

江北一带的长途汽车，自瓜扬一线通车以后，起点站扬州城福运门外，因汽车行驶而气象为之一新，商店骤臻繁盛，沿线市面遂呈活跃气象，以至于地方日渐发达，商业兴盛，几乎达到执江北各埠之牛耳的程度。②

可见，随着长途汽车的通行，上海市郊及各长途汽车沿线市镇的商业快速趋向繁荣，公园、旅馆、茶楼、医院、游乐场等公共娱乐与休闲之类的城市公共空间也逐渐形成并扩展，城市化进程加速。

商办长途汽车的运营，又大大缩短了人们在城镇间往返的时间，从而加快了城镇间人口流动的速率。上南汽车公司开车后，此前自周浦到周家渡需要跋涉6小时，现在只需要20分钟。江北一带的长途汽车，自瓜扬一线通车以后，起点站扬州城福运门外，每日开班四五次，来回需时仅50分钟。无汽船上下拥挤之苦，无人力车风尘之劳，趋之者如归市。据《上海市年鉴》统计115家长途汽车运输公司，其中仅沪太、沪闵、上松、沪锡4家，1936年载客数即为2588272人次。③

商办长途汽车的运营在增强了城镇间互动的同时，成为推动城市化的利器。周浦在上南长途汽车开通后，如前所述，外地人争相赴沪购物，而饭菜馆也迅速地兴建起来，以满足这些人的餐饮消费需要。该公司成立仅仅2个多月，其快速往来造成的影响出乎人们的意料。浦东的绅商为了方便市镇交通，决定修筑里道，与已修筑的汽车道相衔接。到1922年年底，除杨思桥已经开筑外，其他龙王庙至周浦、北蔡、张江

---

① 飞羽：《上南通车后之影响》，《申报·汽车增刊》1922年12月23日第3版。
② 参见马建华《汽车与近代中国国的城市化》，《贵州文史丛刊》2012年第1期。
③ 同上。

第五章　民间市政参与对近代中国城市社会发展的影响

栅等市镇，也纷纷兴工筑路，以期与汽车路一气相通。① 可见，正是商办长途汽车所催生的城镇间互动的吸引力，刺激了上海周边市镇的筑路以连接城镇交通的热情。而道路交通的兴办，正是城镇城市化的先导，因此，商办长途汽车成为推动城市化的利器。

由此可见，以商人为主体的民间力量，大大地促进了近代中国道路交通的发展，而道路交通的发展又积极地推动了近代中国的城市化。因此，民间在道路交通方面的市政参与成为近代中国城市化的重要动力。

3. 民间市政参与推动了城市生产方式的工业化、电气化、自动化

商办水电公司、自来水公司、煤气公司等，既是商人实力的一种体现，又是城市生产方式工业化的重要体现，也是城市化和城市现代性的显征。同时，这些服务市政的商办企业或市政企业的运营，在很大程度上促进了城市其他生产或服务部门的生产方式的工业化、电气化、自动化，从而推动了城市化的发展，促进了城市现代性的滋长。

例证之一：商办电业推动了手工工业向电动机器工业转化。1923年以前，商办汉镇既济水电股份有限公司（简称（汉口）既济水电公司）承揽工业用电，但很长时间都不能取得突破。1923年，该公司赠给顺兴恒米厂1部15匹马力电动机，该米厂遂开始采用电力加工制米，由于效果良好，各厂纷纷改用电力作动力，其中部分工厂就是由既济水电公司提供电力。此后，既济水电公司电力最高负荷逐年快速增长。② 导致这种增长的一个重要原因，就是汉口的手工工业开始向电动机器工业转化，工业生产的自动化程度提高。地处内陆的汉口出现如此转化，工商业远较汉口发达的上海就自不用说了。

例证之二：在自来水出现以前，近代中国的城市饮用水多为江河水，自来水出现以后，饮用水生产开始机制化也就是工业化。在这个过程中，商办水电公司的作用不可小觑。由于自来水生产程序更为复杂以

---

① 飞羽：《上南通车后之影响》，《申报·汽车增刊》1922年12月23日第3版。
② 参见拙文《论电业对清末民初汉口城市现代化的影响》，载《学习月刊》2008年第6期（下半月），第19页。

及管道铺设方面的原因，自来水厂开办不易。在汉口，各租界当局因畏难（设施不易，担心难以盈利）而未开办水厂，而华界市政当局又缺少财力，因而，整个汉口市区开办自来水公司的任务——同时也是机遇落在了华商手中。由于电厂先期开办了起来，加上华界之地利，故相对而言华商开办自来水厂比较容易。而自来水的成功生产，标志着汉口开始迈向饮用水生产的工业化。

自来水出现以前，中国城市消防用水器具使用老式的水枪，消防取水为江河池塘水或太平水池储水，灭火的效率十分有限。自来水出现以后，一些城市消防逐渐使用消防水栓接用皮带，使用高压水枪，不仅消防用水实现了工业化，而且消防自动化程度大大提高。如汉口华界市区的各保安会、救火会等，其消防用水逐渐使用既济水电公司的自来水，并购买比较先进的消防器具，消防现代化的程度明显提高。由于民办消防在灭火这个环节起着主导作用，所以，汉口华界民办消防的影响力很大，民办消防的逐渐现代化因之很好地彰显着城市消防的现代性。

4. 民间市政参与催生了现代的城市生活方式

如前所述，民间市政参与促进了机器动力、电气动力的产生与应用，促进了工业化、电气化、自动化生产方式的产生与推广。而与此相伴生的是现代城市生活方式的产生。

市民的起居饮食趋向现代化。电动机制饮料——自来水的出现与逐渐推广，使得这种比传统汲饮江河水、池塘水、井水更为洁净的日用饮料的消费逐渐普及和大众化。而自来水产生后，城市家居和旅馆中开始出现抽水马桶，街道上开始出现了用自来水冲洗的公共厕所。尽管抽水马桶至近代之终在城市居民中未必普及，而用自来水冲洗的公共厕所也总是满足不了日益增长的城市人口的日常生活需要，然而从总体上看，市民的起居饮食无疑越来越便利、卫生。电灯的逐渐推广与普及，居民日常照明的电气化及其逐渐普及，电扇、电热等电器的使用，共同提高了市民的生活水准和舒适程度，这也是"城市

第五章 民间市政参与对近代中国城市社会发展的影响

社会生活现代化的一个重要的表征"①。

市民出行、营生得益于现代交通与照明。商办公共汽车、电车、轮渡等现代交通工具的使用，大大缩短了市民出行耗费的时间，减少了以往乘坐人力车、人力划子那样的颠簸之苦。如：商办上南汽车公司开车前，从周浦到周家渡需要跋涉6小时；开行之后只需要20分钟，其快捷的程度令市民感到意外。②而华商公共汽车公司的成立，则为闸北地区居民的出行带来了极大的方便。③官商合办的北京有轨电车开办后，"电车作为新式交通工具，载客多、速度快，逐渐成为北京市民日常出行的主要交通工具，在给市民带来全新的近代交通感受的同时，不仅改变了人们生活的传统方式，而且促进了人们之间的交往，方便了人们的生活"④。江北瓜州—扬州间的商办长途汽车开驶之后，每日开班四五次，来回需时仅50分钟。"无汽船上下拥挤之苦，无人力车风尘之劳，趋之者如归市"⑤。而晚清民初武昌和汉口之间民营轮渡的开驶，乘客虽然也难免因拥挤而发生危险，但他们乘坐轮渡毕竟远较乘坐难抵风浪、经常翻覆的人力划子来得快捷安全，两地间商贸的往来因而大大方便快捷了，现代的水上交通因之大受两地商人的欢迎。

商办电力公司的开办与经营，不仅使市民日用照明开始步入电气化时代，还极大地方便了市民的出行与营生，电路灯的使用与推广安设就是一个明证。路灯不仅关系个人晚间行路的安全，还关系到城市公共安全。传统的路灯是油路灯。闸北水电公司成立后，在1927年不仅在南山路、乌镇路、南星路、宋公园路、大统路口添装路灯，还将共和新路及柳营路一带煤油路灯全部改成

---

① 拙文：《论电业对清末民初汉口城市现代化的影响》，《学习月刊》2008年第6期下半月，第17—18页。
② 飞羽：《上南通车后之影响》，《申报·汽车增刊》1922年12月23日第3版。
③ 高兴华：《新城兴衰——近代闸北城市化研究（1900—1949）》，上海师范大学硕士学位论文2007年，第24页。
④ 李玉梅：《民国时期北京电车公司研究》，湖北大学博士学位论文2012年，第2页。
⑤ 参见马建华《汽车与近代中国国的城市化》，《贵州文史丛刊》2012年第1期。

电灯。① 商办汉镇既济水电股份有限公司成立后，汉口各街区性基层自治组织如救火会、保安会等，为"便利交通、发达商业"②，纷纷将汉口旧市区的油路灯改装为电灯，故而"各公益团体装设路灯，日多一日"③。电灯比油路灯的照明效果更好，因而市民晚间行路更加方便。并且，路灯的装设，使得那些往往借着黑暗行使偷盗和抢劫的行为变得不方便起来，这类城市犯罪因此相对减少了，市民出行、营生更为便利和安全。所以，1922年汉口的报章不无夸张地登载说，"汉口市面，自有路灯以来，民间窃案，已成绝无仅有之事"④。

市民活动的现代性空间大为拓展。这主要表现为两个方面：一方面，市民日常交际空间大为拓展。晚清以前，市民们交际主要依托会馆、公所、集市、茶馆这样的组织性空间展开。晚清以降，尤其是地方自治运动开展之后，随着民间市政参与的展开，大量街区性或分区性的自治组织如救火会、保安会及其联合体等成立，此外，还有其他众多曾经参与市政的民间社团组织，诸如商会、房地产权益维护性质的业主会，大量同业公会、行业性协会研究会以及研究地方自治和市政的学术性学会等。近代中国城市社会组织发育最为充分的上海，其市民组织也最为繁多，除了上述民间市政参与组织及其全国性的组织之外，还有各区或冠以"上海"的地方自治协会、马路商界联合会、市民公会、市民代表会及市政总工会等名目的民间市政参与组织。当然，这些现代性组织不是一时间同时产生的，而是随着民间市政参与的逐渐发展、深入以及城市社会的日益发展而逐渐产生、发展的。其中，也有的在时过境迁之后就消散了。不管怎样，随着民间市政参与的发展，随着现代性民间组织的产生、发展、变化，近代中国市民日常交际所依托的现代性组织空间大为拓展。这也表明，近代中国市民活动的现代性交际空间大为

---

① 参见高兴华《新城兴衰——近代闸北城市化研究（1900—1949）》，上海师范大学硕士学位论文2007年，第35页。
② 《实行安设电灯》，《汉口中西报》1917年2月15日第2张新闻第5页。
③ 《既济公司清理电灯》，《汉口中西报》1920年9月21日第3张。
④ 《请求路灯免费之提议》，《汉口中西报》1922年3月19日第3张。

拓展。

另一方面，市民休闲娱乐的现代性空间大为拓展。近代中国市民的起居、出行、饮食等更加便利，而生活的节奏也随着交通等的日趋便捷逐渐加快，同时市民的日常娱乐休闲生活也更加丰富。随着道路的建设，长途汽车、电车、小轮等现代交通工具的开行，一些公园以及新式的旅馆、茶楼、游戏场等公共娱乐与休闲设施开始出现，这些变化无疑也是城市化的表征。

除了这些物理性的娱乐空间大为拓展之外，市民的娱乐空间越来越少地受到时间的限制。事实上，娱乐时间的延长，是娱乐空间拓展在时间维度上的一种表现。例如，娱乐场所日趋电气化，电灯照明逐渐普及，市民夜间休闲娱乐的公共空间不仅增加，而且夜间休闲娱乐的时间较少拘束，通宵达旦已不少见。

与此相应，市民的娱乐生活日趋丰富多样，也日趋现代化。如，随着电的应用与推广，电影这种现代性娱乐形式出现在娱乐场所，甚至乘坐旅馆电梯，观看X光（当时叫"爱克司光"）的透视效果，也成为市民的娱乐选项。[①]

综上所述，获益于民间市政参与，市民生活中的饮食、起居、出行以及休闲娱乐等渐趋现代化，换言之，市民生活方式日趋现代化。

5. 民间市政参与增强了近代中国城市人的市民意识

市民意识的增强，实际上是市政主体城市化的一种表现，也是城市文明进步和城市现代性滋长的重要表现，而民间市政参与就是近代中国城市市民意识增强的重要推力之一。

市民意识的增强突出地表现在市民对于城市公共利益的维护，民间市政参与就较好地体现了这一点。市民对于城市消防、公共卫生、公用事业、社会救济等城市公共事务的参与与维护，对于市民市政参与权的维护，这些都是市民意识增强积极表现，其中透露出来的是城市人文明

---

① 参见拙文《论电业对清末民初汉口城市现代化的影响》，《学习月刊》2008年第6期下半月，第19页。

程度的提高和主体的觉悟，以及对城市人自身命运的高度关怀。更为可贵的是，正是由于民间的市政参与，新式的公共交通逐渐发展，市民的平等意识随之增强了。

就电车的乘坐而言，京、津、沪等地的车座都是要分等次的，例如，在天津，"最初的电车，座位分头等二等，头等座位有绒垫，车厢有地毯、痰盂、电扇等；二等座位则是竹藤座椅。随着市民对电车的认同和乘客的大众化，电车不再有坐席的等次，一律改为木座位"①。官商合办的北京电车公司，"在创办之初，仿照上海英法租界电车制度，座位有头等、二等之分。后来，北京电车公司取消座位分等，改为一律平等，促进了人们的平等意识"。并且，"起初人们对于电车上男女杂坐有各种非议，但随着人口流动的加剧、城市近代化进程的加快及女性走向社会，人们逐渐接受了男女杂坐的现象"②。可见，随着公共交通的发展，人们的身份地位意识弱化，人人平等的意识增强；性别歧视淡化，男女平等的意识增强。这样的增强正是对在日常生活中注重个人身份、看重等级地位的社会传统的一种否定，也正是城市社会现代性增强的突出体现。

再如，自来水产生后，逐渐应用于公共便池与厕所的冲洗，一些城市还用上了机动洒水车，在干燥的街道上喷洒自来水，以便洁尘净地。这一切都是为了公共卫生的需要。当公共便池与厕所未得到及时冲洗而臭气四溢的时候，当洒水车不及时洁尘净地或者只是做做官样文章的时候，市民们会推出自己的代表——往往是商会及其会员，或基层自治组织及其头面人物，向市政当局提出交涉，或在报纸上表达自己的不满。他们抗议与交涉的目的，不外乎维护公共卫生。也就是说，自来水的产生促进了城市公共卫生意识的增强。

---

① 刘海岩：《天津：电车拓展城市边界》，《看历史》编辑部主编：《微历史》，九州出版社2013年版，第55页。
② 李玉梅：《民国时期北京电车公司研究》，湖北大学博士学位论文2012年，第196—197页。

第五章　民间市政参与对近代中国城市社会发展的影响

当然，我们不能将电车的发展、自来水的使用所带来的城市社会意识的改变和市民意识的增强，完全归功于民间市政参与，但是近代中国城市电车交通事业与自来水事业的发展，的确有民间的参与之功，其对城市市民意识增强的积极促进作用，对城市社会发展的促进作用，理当予以肯定。

综前所述，民间市政参与不但从物质层面促进了近代中国的城市化，在道路交通方面促进了近代中国的城市化，而且推动了城市生产方式的工业化、电气化、自动化，催生了现代的城市生活方式，增强了近代中国城市人的市民意识。因此，民间市政参与实际上已经成为近代中国城市化的最重要的原动力之一。

不过，民间市政参与对于近代中国城市化的深刻影响，并非表现为单纯的积极推动，而是表现为积极与消极并存的复杂状态。

（二）从沪汉市区马路推展看民间市政参与对城市化的复杂影响

如果说市区道路的修筑往往是城市化的先导，那么，市区马路的推展则通常是市区新一轮城市化的开始。因此，考察不同城市商界对于马路推展的不同态度和做法，很大程度上就意味着考察不同城市商界对城市化的不同态度和做法，从而窥见近代中国民间市政参与对城市化的复杂影响。

早在上海闸北工程总局和城厢内外总工程局时期，上海商界就在华界兴筑马路，其主要办法之一就是填浜筑路，或者将房屋退建在浜基上以拓宽马路。报载，城厢内外总工程局"试办自治，由是分区规划，推放警察，整顿路政，填淤浜以筑马路，平桥道而利车行。及二稔，气象一新"[1]。在上海城厢内外总工程局时期已经"凡翻造房屋处，明定章程，一律收进，使道路加宽"[2]。在市政厅时期，南市有了《上海市政厅工程科办事规约》和《上海市政厅路政规约》，前者规定"凡业户与

---

[1] 《请复上海市自治机关文》，《申报》1916年11月20日第10版。
[2] 《上海城厢内外总工程局简明章程（于开办时呈报备案）》，见杨逸纂《上海市自治志》，（中国台湾）成文出版社有限公司1974年影印版，第1012页。

路旁建屋，应收让尺寸，由路政员管理之"，后者对如何确定应行收让的尺寸做了明确规定。① 民初南市和闸北商界对马路推展的态度总体来说是很积极的，他们不仅遵照路政规章行事，而且还积极推动两个区域马路的推展。

南市小东门一带街路的推展起到了良好的示范作用。1914年，小东门宝带路东口至长生桥之第一段，坐南面北，铺户业已奉令一律退建浜基，自长生桥至紫全路亦奉令区分六段照第一段依次退建，路线开阔，定2丈3尺，将来面南铺面翻建尚须照章收进3尺，则该路共阔2丈6尺。但是，上海工巡捐总局却将宝带路东口界定为2丈。对此，小东门宝带路各商家公禀上海工巡捐总局，要求包括东口在内的宝带路全路路宽一律展至2丈6尺，以兴商务。② 后来，小东门内街一律得到放宽。③ 继其后上海工巡捐总局鉴于大东门内街道狭隘，导致商务不能发展，在填平肇家浜后，即决定仿照小东门内退屋筑路办法，并应沿浜各业户之请求，将南首房屋退建浜基，放宽路面，1916年又令该处面北各业户将房屋退至已填之浜基地上，并令对岸面南房屋亦须收缩，以展筑马路。大东门内面南各业户因不同意上海工巡捐总局的收让要求，组织了房屋维持会联名具呈要求改章，鉴于事出有因，上海工巡捐总局遂做出了变通性的处理。从整体上看，大东门内的改造方案为居民所接受。④ 1919年，沪南小南门外仓桥浜绅商，看到该浜在东首圣贤桥基址填塞后，配套的排水设施未能做妥，使该处每逢天雨，积水甚多，秽气逼人，加之垃圾堆储，臭气更甚，有碍卫生，拟呈请沪南工巡捐局（按：上海工巡捐总局于1918年改为沪南工巡捐局）将浜基一律排设瓦筒，接通阴沟，改筑平路，仿照大、小东门例，将市房迁建浜基，以便

---

① 杨逸纂：《上海市自治志》，（中国台湾）成文出版社有限公司1974年影印版，第1128、1130—1131页。
② 《请求展宽路口之公禀》，《申报》1914年11月2日第10版。
③ 《华界电车之扩张》，《申报》1917年7月30日第10版。
④ 参见《大东门内更改路章之会议》，《申报》1916年12月7日第11版；《朱局长答复业户代表函》，《大公报》（天津）1916年12月9日第10、11版。

第五章 民间市政参与对近代中国城市社会发展的影响

放宽道路，便捷交通，工费由地方人民筹措。① 此外，上海工巡捐总局还于1915年计划在南市十六铺迤南一带沿浦涨滩推放马路并将该地段规定划直路线，改建各处码头，以便商家运货。该局与绅商会议，得到了商家的积极响应，决定由官商合力筹资，酌定商家出资六成，官款拨四成。②

在南市商界积极要求扩展马路、振兴商务的同时，闸北商界在马路推展方面也表现得十分主动。例如：1915年，闸北四五两区境内由闸北工巡捐分局新辟完工马路多条，而各业户之营造房屋者，均照路线收让若干尺。更有宝山路各公民认为宝山路只有干路而无枝路，应该再开筑枝路数条，以便"兴商市而便交通"，呈准闸北工巡捐分局进行修筑。③ 闸北的青岛路是该区的中枢通道，沪北工巡捐局（按：闸北工巡捐分局于1918年改为沪北工巡捐局）原定路宽为4丈，闸北地方自治筹备会认为，这个宽度不够宽，将来一定会感到交通不便，而"欲图市政之发展，必以规划路线为先导，道路务求宽阔，交通方得便利"，"为力谋市政发达计，拟定该路为五丈"，该会先在会内开展工作，徐议长、理事陈维翰和高渭泉、朱仲华、王俊臣、尹质夫等表示愿意首先退让，以示提倡。在此基础上，该会呈请沪北工巡捐局将青岛、宋园、三阳等路路面展宽至5丈，得到该局的积极回应——发布告示，以便实行。④

闸北和南市马路的推展，很多都是以填浜、填筑荒芜的浦滩为基础进行的，使原本不具有城市风貌的地点和区域，变成了城市区域和城市景观，也使原先脏、乱、窄的市区，经过拓展马路之后，局部市容得到很大改观，城市局部得到更新。这些行动和变化本身就是城市化的一种表现。

---

① 《整顿沪南道路卫生之筹措》，《申报》1919年2月27日第11版。
② 《商定推放南市沿浦马路之办法》，《申报》1915年5月17日第11版。
③ 《闸北路政之改观》，《申报》1915年9月15日第10版。
④ 《闸北地方自治致函沪北工巡捐局函》，《申报》1922年9月12日第15版；《青岛等路展宽之布告·两旁各放宽五尺》，《申报》1923年2月4日第16版。

同时，南市和闸北马路的拓展，直接带来了交通的便利，商业因之得以兴盛。如："小东门内街道现经一律放阔。商铺市面，极为繁盛，且可直达城隍庙头门，是以往来行人甚众。其一直往西之两面房屋，亦均一律收进，马路颇为宽阔，可直达九亩地。"① 而马路兴筑，商务的繁盛，人口的日增，又导致房价上涨，闸北在20世纪20年代初，出现了房地产建筑的热潮。到1922年，上海华界的闸北及南市的西门、九亩地以及沿中华民国二路，成为整个上海房租涨价突出的区域。②

另外，上海商界在主动争取道路拓展的过程中，展现出一种维护商界利益而又超越眼前利益、关注长远利益的超前意识，以及一种尊重规章、遵守规章的社会契约精神和法治意识。这样的精神和意识，与城市化一起，共同成为上海商界现代意识的一个重要组成部分，成为上海城市现代性增长的重要源泉。

与上海相比，汉口商界于城市建设和城市更新过程中在推展马路事务上的表现，则总体上不免逊色。

以汉口商界在民初城市重建中让基筑路为例，商民、业主们在辛亥阳夏之战中遭受惨重损失，居屋多遭损毁，商务一度因之停顿。同时，战争导致了商家之间债务纠葛不清，整个汉口华界商务的展开因之大受影响，从而影响了商民、业主们在汉口重建中的承受能力。所以，当市政当局要求让基筑路时，汉口的业主们反应强烈。当然，市政当局方面最初规划过大，没有很好地顾及业主们的承受能力，又没有财力保障业主们让基之后的利益，没有很好地尊重他们在借款问题上的知情权、参与权，还试图以暴力压制业主们的抗争，等等，这些都足以促使汉口的业主们对让基筑路乃至城市重建产生抵触情绪。其间，业主们对于知情权与参与权的诉求，彰显了辛亥革命后城市民众市政参与意识、民主意识的增强。不言而喻，这是城市社会现代性滋长的显著表现。

---

① 《华界电车之扩张》，《申报》1917年7月30日第10版。
② 裴国雄：《一年来本埠之加租风潮》，《申报·国庆纪念增刊》1922年10月10日第13版。

第五章 民间市政参与对近代中国城市社会发展的影响

不过，从另一方面看，汉口的业主们又有过于执着于自身利益而不顾城市长远利益之嫌。汉口在兵燹之后进行城市重建，官商两界一致被认为是千载难逢的机会，因为让基筑路的阻力比起未经兵燹之前本应大为减小。然而，市政当局的重建规划一再调整缩小乃至最后缩减为只建筑马路，汉口业主们无论在让基筑路还是在地价补偿、借款问题上，几乎无不抵制。直到1914年汉口市街基本上任由业主们因陋就简地建筑而得以完成重建之时，地方市政当局才与业主会就市街道路的宽度问题达成妥协。而此时，市街重建的大好时机已经错过。

同时，就笔者所阅及的有关汉口马路建设的资料来看，几乎没有发现业主像上海商家那样主动牺牲自己的基产，来要求市政当局推展马路这方面的信息。就算是笔者阅读有所局限，有所遗漏，但以笔者在《汉口中西报》《国民新报》《申报》《民立报》等相关报刊上的寻寻觅觅，了无所获，纵然不至于是相关资料毫无，总该是与当时这类信息过于稀少有关吧。

由此看来，民初汉口的业主们太过执着于旧市区的既存利益，他们很大程度上是不愿意搬出旧市区而到市郊去开辟新市场，他们在城市建设问题上，缺乏上海商家那样的超前意识——这自然阻碍了汉口新一轮城市化的快速展开；同时，他们也缺少上海商家那样的尊重规章、遵守规章的社会契约精神和法治意识。

也正是因为汉口的商家存在着这样的缺失，所以民初汉口华界老城区的更新实际上没有取得显著的成果，市郊也没有如官方规划的那样，得到快速建设和扩展，这势必对城市的商业发展及城市化产生制约作用。而1917年汉口商界欲迁移汉口火车站址，以转移租界商业优势的企图，实际上从一个侧面反映出汉口商界对华界商业发展始终无法扭转租界方面具备的优势，这与汉口市街道路狭窄，难以很好地沟通重要的交通节点（火车站、江岸码头等）有关。民国中期，刘文岛执政汉口市，开辟"三民"（民族、民权、民生）路，很大程度上就是在做拓展汉口市街（马路），促进老城区更新和城市化的"补课"性质的工作。

从上海和汉口商界对市区马路推展的不同态度，我们不难得知，民间市政参与对近代中国城市化的影响是复杂的，它并不总是积极地促进城市化进程，也并非总是能够促进城市现代性的滋长。职是之故，我们对于近代中国民间市政参与的评价应避免简单化，即不能简单地肯定或简单地否定民间市政参与在城市化进程中所起的作用。

四　商界市政参与的示范效应与中国城市现代性的滋长

——以上海救火联合会为例

上海成为民间市政参与最活跃的城市，并且在区域乃至全国起到了示范作用。上海的民办消防是近代中国民间市政参与中最具现代性的领域之一，上海民间消防参与的水准，既体现了它自身所具有的现代性，同时，这种现代性又伴随着上海救火联合会消防示范效应的扩散，以及在所在区域乃至更广泛的范围内得到播散，从而对近代中国城市现代性的滋长产生了积极影响。

（一）"为国家主持消防事务"

上海商界对于自身与城市消防的关系有着明晰的认识。

南市上海救火联合会的绅商领袖们认为，按照地方自治制度的规定，消防——他们称之为"火政"——"本隶属市政范围"，而南市绅商同人等办理火政不费公家分文，共同维持火政，不但为地方谋公安，还足以与近在咫尺的租界火政一争高下[1]；他们"办理火政纯系地方慈善事业，不受公家分文，只知遇警施救，救熄为止，是为天职"[2]；不论是团体、人民还是国家，其实均有分担义务之责任，而南市救火会义务办理火政其实就是"为国家主持消防事务"[3]。显然，他们以城市主人翁自居。

---

[1] 《救火联合会公宴穆杼斋》，《申报》1914年1月9日第16版。
[2] 《救火联合会复交涉员函》，《申报》1916年11月25日第10版。
[3] 《请免救火机件之关税》，《申报》1919年8月27日第11版。

第五章　民间市政参与对近代中国城市社会发展的影响

闸北商界的市政主体意识在其消防观念中也有充分的体现。闸北的救火会声称自己"职掌消防"①，闸北救火会也被商家视为"综揽地方大政"②的组织。1926年，闸北救火会会长俞宗周在孙传芳校阅该会操演时，甚至声称"消防事业，为市政唯一要务"③。此说对于一意统揽闸北市政管理权的孙传芳而言，很有些斥其喧宾夺主的意味，其间蕴含的市政主体意识不言而喻。

市政主体意识的觉醒和公民意识，是城市社会民主化在精神领域的显著反映，也是近代中国城市现代性滋长的显著表征之一。

（二）清末民初上海救火联合会市政参与的示范效应

在清末民初上海救火联合会多方面的市政参与中，其消防管理成绩最为突出，也最为市民所肯定。早在1913年，南市商界就认为该会"总揽火政大纲"。④ 1916年，南市商会鉴于救火联合会对于消防"实力整顿，保卫地方，功绩昭著"，特地请当道转详中央给予嘉奖，最终获得中央政府批令奖给"功孚既济"匾额一方。⑤

上海救火联合会的市政参与还对其他地方尤其是江浙地区的众多城市民间消防组织产生了明显的示范效应。具体而言，其主要表现为以下几个方面：

1. 成为全国各地尤其是江浙两省城市消防社团的师范

1922年7月，上海救火联合会转奉外交部部令，遴派朱良材、徐映奎两位消防员赴美参与旧金山万国消防联合会。为此，该会还特地召开了盛大的欢送会。本埠到会的有南市和闸北的救火会会长、会董、一般会员，及英法两租界救火会西人等计200余人，外埠到会的有苏州、无锡、松江、杭州等20余救火会，代表200余人。在会上，救火会代表致欢送词说：

---

① 《闸北一段救火会感谢特捐》，《申报》1924年3月7日第2版。
② 《闸北商界致函工巡捐局注意消防》，《申报》1924年4月20日第14版。
③ 《孙传芳昨校阅闸北救火会操演》，《申报》1926年5月10日第14版。
④ 《萃秀堂定期集议火政》，《申报》1913年4月26日第10版。
⑤ 《救火联合会得一匾额》，《申报》1916年1月27日第10版。

……下稽近今十年，倡自苏之上海，始创所谓救火会者，筚路蓝缕，无惮寒困，极其精诚之所至，一时风气，乃斐然丕变，以垂及今，兹恢恢乎抗衡列邦而庶几矣。以故吾苏浙之言火政者，一奉上海为导师。全国郡县之闻风景从者，亦以上海为矩范。然则吾国今日火政之既备既臧，实自上海肇造之，犹之黄河一泻千里，而必远择其源于星宿海也。①

1924年，在上海救火联合会新会所落成的开幕式上，上海公共租界救火会会长潘菊热情致辞，充分肯定了上海救火联合会消防事业所取得的巨大进步，以及该会对内地救火团体的示范作用。他说："上海救火会，比较十年前规模，已斐然改观，耳目亦焕然一新，进步之速，成绩之优，出人意料，希望内地各埠，均以上海为模范，研究整顿，以图改良。"②

由此可见，上海救火联合会的消防事业不仅得到了华界同人的肯定，也得到了租界同行的肯定，被全国各地尤其是江浙两省的城市民间消防团体奉为师范。

2. 推动了江浙等地民间救火组织的完善

"上海救火联合会成立和完善不仅推动了本地区城市消防的发展，还对周边地区起到了巨大的示范作用，邻近上海的苏州、无锡、常州、镇江、杭州、宁波等地也纷纷效仿成立了救火联合会。"③ 其中，苏州救火联合会的成立就是一个典型。

苏州救火联合会成立以前，其民办消防的情况与上海救火联合会成立以前的状况颇有类似之处：组织分散，缺乏统一管理，救火效率低下。报载："苏垣城厢内外各处水龙虽多，然皆就地筹款，各归各办，未能统一。是以遇有火警，辄分畛域，不能互相救援，且时有冲突事。

---

① 《救火会欢送赴美代表纪》，《申报》1922年7月9日第13版。
② 《上海救火联合会落成开幕纪》，《申报》1924年6月23日第15版。
③ 《上海救火联合会报告·公牍·丁编》，上海救火联合会辑，民国十三年（1924），转见胡启扬《民国时期的汉口火灾与城市消防（1927—1937）》，华中师范大学博士学位论文2012年，第157页。

第五章　民间市政参与对近代中国城市社会发展的影响

而报警又无警钟，未免消息不灵"①；"苏州火政向不讲求，虽有洋龙六十余架，每遇火警，临场争先恐后，时有冲突"。于是，苏州商民公推姚谱琴为代表，专程前往南京、杭州、上海各处调查火政，以便仿办。姚谱琴经过一番考察之后，认为上海火政最臻完美。回苏后，就决定仿照上海办法办理，先设立救火联合筹备处，将各洋龙社计六十七处联合一气，建筑钟楼及会所，以期逐渐进行。②一说是毛子坚、方雅南、洪少圃等发起，仿照上海办法，组织救火联合会，预发传单，邀集城厢内外各路水龙社、各职员、各绅商等开会，商议筹集经费，建设警钟及分派调查员调查各路水龙，设法改良等事。③

苏州绅商决定，在1913年5月召开苏州救火联合会成立大会，并柬请上海行政官厅、商学各界，及各救火会、各商团会莅苏观礼。上海救火联合会以关系邻谊，理应前往，决定由正副会长李平书、王引才、莫子经及会员120人乘火车赴苏。④ 5月4日，苏州救火联合会正式成立。

苏州救火联合会成立后，该会绅商鉴于各救火会之间难免界限之争，也对会内组织进行了分区整合。1922年，苏州救火联合会决定将城乡划分为5个区——东、南、西、北四区加上阊区，将旧有龙社名称取消，改称某区某段救火会。同年冬，西区救火会最先成立。次年春，其他各区救火会相继成立。这次组织上的分区整合也是由该会评议员范君博提出"仿照上海救火会的成法而来"。⑤

继苏州救火联合会成立之后，无锡、松江、宁波、常州、镇江等江浙城市纷纷成立了救火联合会，并完善内部组织。如：1917年，松江

---

① 《新闻报》（上海）1913年1月9日，转引自彭志军《官民之间：苏州民办消防事业研究（1913—1954年）》，上海师范大学博士学位论文2012年，第71页。

② 《苏州火政之效法》，《申报》1913年5月1日第6版。

③ 《新闻报》（上海）1913年1月9日，转引自彭志军《官民之间：苏州民办消防事业研究（1913—1954年）》，上海师范大学博士学位论文2012年，第71页。

④ 《苏州火政之效法》，《申报》1913年5月1日第6版。

⑤ 《吴县救火联合会出版刊物之四——吴县救火联合会概况简明统计》，苏州图书馆藏，1947年7月编订，第1b页，参见彭志军《官民之间：苏州民办消防事业研究（1913—1954年）》，上海师范大学博士学位论文2012年，第78页。

· 259 ·

救火联合会也议决将松地各龙划分四区，以清界限而便于管理。① 无锡救火联合会自成立以后，"一切消防事务，颇见积极进行"②。

上海救火联合会的消防参与还对江浙以外城市的消防组织起到了示范作用。汉口就是其中的一个。"1909年3月，汉口大夹街一带的绅商居民，仿上海救火会章程，成立公益救患会。"③ 此后，汉口涌现出众多的类似的民间消防组织，或称消防会，或称救火会、保安会等。到1911年，在此基础上成立了汉口各团联合会，会下设有消防股，专门负责组织汉口华界市区消防工作。汉口各团联合会的成立，使整个汉口的消防管理水平得到提高。

3. 促进了区域性消防社团交流网络的形成，为区域内其他民办消防提供借镜

在消防演习中给其他救火会提供学习消防管理能力的机会，是上海救火联合会彰显消防示范作用的又一个主要表现。

从1915年开始，上海、松江、无锡、镇江、苏州等城市的救火联合会之间，以相互参观演龙（即消防演习，在演龙的过程中通常要分组竞赛）的形式，进行联络。其中，上海救火联合会充当着组织领导角色。

本来，各城市常规演龙的时间均定为一年的5月20日。1915年，上海救火联合会认为，各处演龙均于5月20日分龙日同时举行，不能相互参观，相互促进。为此救火联合会会长毛子坚发起邀集苏州、无锡、松江等处救火会领袖来上海，经过集议决定：苏州于5月20日操演，无锡22日，松江27日，上海则于25日举行。④ 当然，在具体执行的过程中，各地会根据具体情形稍作调整。如1916年，苏州救火联合会就提前举行演龙。⑤ 1917年，松江救火联合会则因故将演龙日期推迟到秋天。⑥

---

① 《松江·救火联合会议纪事》，《申报》1917年6月12日第7版。
② 《无锡·救火联合会备案已准》，《申报》1917年4月22日第7版。
③ 皮明庥主编：《近代武汉城市史》，中国社会科学出版社1993年版，第105页。
④ 《再志苏沪松锡火政之共进》，《申报》1916年6月16日第10版。
⑤ 《苏州·救火联合会演习纪》，《申报》1916年5月26日第7版。
⑥ 《松江·救火联合会议纪事》，《申报》1917年6月12日第7版。

第五章 民间市政参与对近代中国城市社会发展的影响

下面将从《申报》上辑录到的上海、松江、苏州、无锡等地救火会相互参观演龙的情况整理如表5—1：

表5—1 上海、松江、苏州、无锡等地救火会相互参观演龙的情况表

举办单位	举办时间（年月日）	受邀参观的救火会信息	评判者	备注
上海救火联合会	1916.10.9	杭州、嘉兴、枫泾、无锡、苏州、昆山等处各火会均派代表莅场。		会集各区分会洋龙火龙在沪杭车站后空地操演，当场评出名次，由联合会会长毛子坚、穆杼斋呈交徐道尹颁奖。①
	1924.6.21	外埠救火会团体来自苏州、镇江、武进、常州、无锡、枫泾、海宁、兴化、嘉兴、奔牛、松江、青浦、嘉定、吴淞、江湾、横林、周浦，本埠的有浦东、闸北、北新泾、曹家渡、胡家桥等处，各火政团体列队到会者数百人。		上海救火联合会落成开幕②；上海救火联合会将集合各区救火机械，在南车站操演。在接到上海救火联合会的邀请后，常州救火联合会召开临时会议，决定派正副会长及各区各推科员2人参加，全体于上午20日穿制服整队起行，到沪后，先参观闸北救火会及工部局救火会。21日上午，至救火联合会及北区救火会，下午参观南区救火会落成大典，"并在南车站参加实习演龙，藉资考镜"。③
				苏州东南西北四区加上阊区五区联合分会，每会挑选12人，共计60人，由联合会副会长戈秋潭及每区代表1名带队，穿制服整队前往；每人自费20元（包括制服12元、旅费2元及抵沪后一切费用6元）。④

---

① 《各区救火会联合操演》，《申报》1916年10月10日第10版。
② 《上海救火联合会落成开幕纪》，《申报》1924年6月23日第15版。
③ 《常州·救火联合会之临时会》，《申报》1924年6月18日第10版。
④ 《苏州·救火会职员大批赴沪参观》，《申报》1924年6月22日第11版。

续表

举办单位	举办时间（年月日）	受邀参观的救火会信息	评判者	备注
苏州救火联合会	1916.5.26	上海、松江、无锡各处救火联合会分别派代表莅场参观。①		
	1918.5.26	上海救火联合会李平书、无锡救火联合会顾和笙、其他救火会的邓业成。	李平书 顾和笙 邓业成	预由该会正副会长贝哉安、宋绩臣、毛子坚召集各社职员议定办法，并赴上海、无锡等处聘请公正人员来苏评判。②
无锡救火联合会	1917.5.27	上海救火联合会毛子坚、穆杼斋等14人，苏州救火联合会姚润生等，南京警察厅消防队等。	毛子坚 穆杼斋	该会举行第二次会演，城厢各救火会预演者19会；此次演龙内有数会应须处罚，由评判员返沪后，详加审定，再行开单寄锡开会公布。③
	1918.5.21	上海救火联合会18人，闸北救火会18人，苏州救火联合会15人。	李平书 毛子坚 穆杼斋	记到该会水龙20会，临时并有北乡、刘潭桥救火会参加与演；先期敦请评判员。④
松江救火联合会	1917.10.14	上海救火联合会之外，还有枫泾、新桥等处救火会会员、泗泾商会消防队。	毛子坚	该会皮带洋龙15架。⑤
青浦朱家角等处	1920.11.22	上海救火联合会各区主任共20人。		该处地方人士新办救火器。⑥

说明：李平书（李钟珏）、毛子坚（毛经筹）均曾担任上海救火联合会会长，穆杼斋为副会长。

---

① 《苏州·救火联合会演习纪》，《申报》1916年5月26日第7版。
② 《苏州·救火会赛龙志》，《申报》1918年5月29日第7版。
③ 《无锡·救火会二次演习》，《申报》1917年5月28日第7版。
④ 《无锡·救火联合会演龙纪》，《申报》1918年5月22日第7版。
⑤ 《松江·演龙大会纪详》，《申报》1917年10月16日第7版。
⑥ 《救火会员赴青往返纪》，《申报》1920年11月23日第11版。

第五章　民间市政参与对近代中国城市社会发展的影响

从前述及表5—1可知，上海、无锡、苏州、松江这4个救火联合会是最基本的联络单位。在其他城市救火会演龙时，上海救火联合会是必被邀请的对象，且每每作为裁判员的派出单位参观演龙。而在上海救火联合会演龙时，受邀参观演龙的民间救火会众多，并且不仅有江苏省的，还有浙江省的。

上海救火联合会在民初不仅充当着区域城市消防演习的组织领导者，还在相互交流中扮演着评判员的角色，这两种角色都是该会消防高水准和同行对其高水准消防认同的体现。与此相应，其他各会则在相互参观演龙的过程中，充当着被评判和真诚的学习者的角色。这种状况对于上海救火联合会而言，与其说是"相互参观，以促进步"[①]，还不如说是借演龙以示范，以示范促进各会进步。

对于作为学习者——特别是受邀参观上海救火会演龙的外埠救火会而言，受邀参观上海救火联合会的演龙，即是获得一次宝贵的学习先进救火技能与消防管理经验的机会。因此，它们（如苏州救火联合会、常州救火联合会）在赴沪参观演龙之先，往往要经过了一番精心的准备，显得异常重视。他们参观上海救火联合会演龙的目的很明确，就是希望本城市的消防事业能够"藉资考镜"，提高本城市的消防水平。

这样，在上海救火联合会的主导下，借助于相互参观演龙这种交流形式，在江浙地区逐渐形成了一个以上海救火联合会为中心，以上海、无锡、苏州、松江4个城市救火联合会为核心，彼此互通声气的区域性消防社团交流网络。在这个网络中，上海救火联合会不断地为区域内其他民办消防组织提供借镜。

4. 成为各地救火会购置新式消防设备的榜样和委托者

上海救火联合会在消防方面对各地各救火会的示范作用，还体现在各会在消防设备更新方面的跟进上。

"工欲善其事，必先利其器。"上海救火联合会（包括其属下各会）不断更新消防设备，而且往往直接订购当时国外新式的消防设备。如：

[①] 《再志苏沪松锡火政之共进》，《申报》1916年6月16日第10版。

1913年，该会第一次进行组织整合时，就"向外洋添购救火引擎及种种器具"①。1919年，第一区救火会就率先"向伦敦定购新式马特救火帮浦并马特扶梯车等救火器具，为全国之模范，而又媲美邻封"②。到1921年，上海救火联合会"已向国外订购新式抽水机4台（每分钟可抽水300万—500万加仑），消防车8辆和消防梯8架"③。到1926年，"所有各区火会，一律建筑宏敞西式屋宇，购置新式马特器具，凡救火设施应用之器具，悉已具备"④，"拥有新式汽油机泵浦消防车34辆、扶梯车7辆、自动扶梯车1辆"⑤。消防器具的不断更置，是上海救火联合会的救火事业能够媲美租界、模范全国的一个重要因素。

各地民办救火会既以上海救火联合会为"导师"，他们在消防设备的更新方面也力图跟进，以期改良火政。其中，苏州救火会成为学习者中的先进。例如：1917年的一二月间，苏州迭遭火警数十次，地方绅商急欲整顿火政，因为苏州40多处所用消防器具，多系旧式广龙（俗呼木龙），"遇警施救，水力甚微，且不能装接皮带，难期得力"。严峻的消防形势迫使他们不得不考虑更新消防设备。于是，由阊门保康龙社的石寿山、安泰龙社的鲍和清两人筹集款项，函请上海救火联合会代表监造大号四轮全铜洋龙2架，它们的喷水距离可以达到10丈以外，还可以在装接双龙头后保持足够的出水力。同年农历五月二十日，新购洋龙运抵苏州后，立即进行操演，各救火社董事受邀到场参观，全场一致称赞。⑥ 到1923年，苏州各救火会"所有救火器，均属新式"。⑦

紧跟苏州之后，昆山的救火会也开始更新消防设备。昆山商会副会

---

① 《救火联合会公宴穆杼斋》，《申报》1914年1月9日第16版。
② 《请免救火机件之关税》，《申报》1919年8月27日第11版。
③ 《江海关十年报告之四（1912—1921）》，载徐雪湘等译编《江海关十年报告（1882—1931）》，张仲礼校订，上海社会科学院出版社1983年版，第225、226页。
④ 《救火联合会通告募捐》，《申报》1926年1月7日第13版。
⑤ 李采芹主编：《中国消防通史》（下卷），群众出版社2002年版，第1307页。
⑥ 《办理火政之取法》，《申报》1917年7月26日第10版。
⑦ 《苏州·西北二区救火会行将成立》，《申报》1923年10月19日第10版。

长徐景伯鉴于苏州新购消防器具的高效和本地救火器具（按：包括警察厅消防队的在内）的陈旧——"洋龙只有四五架，且系老式"，"亦拟仿照办理"，于1917年7月5日至上海救火联合会会晤毛子坚，讨论改良火政办法。① 徐景伯购得新式洋龙后，就在昆山成立了青云城救火会。其后，只有旧式洋龙的乐安社主任童仰辰见状，也考虑更新设备。

值得注意的是，促使乐安社最终决定更新设备的原因还有一个，那就是童仰辰参观了苏州、无锡演龙，他返回后就"亦拟改良火政"，邀请各绅商，开会讨论，"议决先从筹募经费、改良器具为入手办法，请李平书转托上海救火联合会监造二号洋龙1架，并一切救火器具"。6月，新购设备运回后，该会立马决定于当月操演，并"柬请官绅商学各界并外埠各救火会莅临指导"。②

由此可见，在更新消防设备的过程中，上海救火联合会仍旧充当了模范，并且还成为各地救火会购买消防机件的托付者。

需要说明的是，上海救火联合会市政参与的领域如前所述已经溢出了单纯的消防领域，溢出之外的领域是否也产生了示范效应，尚未可知，对于此点的探讨，只好有待将来了。

（三）上海商界市政参与的示范效应与中国城市现代性的滋长

上海救火联合会的市政参与只是清末民初上海商界众多市政参与的一个组成部分，近代上海商界的市政参与，无论从广度和深度上都超出了前述上海救火联合会市政参与所及的领域，其对其他城市所产生的示范效应也更具广度和深度。简单地举几个例子，就不难说明这个问题：

例一：模仿上海拆城

上海商界仿照天津要求拆城以促进交通与市面的发展，获得了成功。结果，苏州等江浙城市的商界为着相同的目的，它们又以上海为范本，也力图推动本地城垣的拆除。

---

① 《办理火政之取法》，《申报》1917年7月26日第10版。
② 《昆山火政之改良》，《申报》1918年6月18日第10版。

例二：拟模仿上海开办电车

上海商人陆伯鸿在南市开办了电车公司，既发展了城市交通，又获得了可观的收益，于公于私两全其美。1914年，华侨联合慈善会理事总理胡锡堂，拟仿上海在宁波开办电车，他说："凡各省轮船、火车所到之处，皆有车辆，以便行人，而上海又最多，除军车、汽车、马车外，人力车约有四万余部……吾宁波城厢以外及江东江北周围约有三十里之遥，地段延长，街道宽阔不下上海城厢内南市等处，南市可行，甬江何不可行？"因此决定发起组织宁波振兴同益公司……临时开办行车、起捐两事，悉照上海南市章程，"吾宁亦先从江北沿江马路少数车辆实行，再由火车站通至江桥塊"①（按：宁波籍巨商虞洽卿就在该公司董事之列）。

稍后，"汉口绅商各界因见上海华界电车营业颇为发达，故拟在汉口各马路行人热闹之处，仿设电车，惟集股章程以及办理购料、铺设轨道，并制造电车暨公司内部办法，皆应先行考察，以资仿办，故日前特派代表孙德全君来沪，面谒上海华商电车公司经理陆伯鸿君，询问始创办理情形及各项章程，以便回汉仿行"②（笔者按：该仿行计划因未被批准而未果）。

例三：模仿上海建造公共娱乐设施

上海有商人建造的大型娱乐设施大世界，汉口商人张国樵随后就在汉口仿造了一个同类设施——汉口新世界。上海有丹桂茶园，汉口也有丹桂茶园。还有一些娱乐设施同名——也是汉随沪名。

例四：仿照上海建立武装商团

上海商团建立后，无锡、苏州、汉口、扬州等城市的商界也纷纷仿照建立了商团。1905年，上海南市等相继成立5个华商体操会。消息传到无锡，单蓉坡"爱参沪章，勉为试办"，率先发起成立锡金钱业体育会。此后，又有米业体育会和商余体操会两个团体成立，其章程和组

---

① 《拟办宁波车辆之函稿》，《申报》1914年1月7日第10版。
② 《南市电车之近讯·汉口之仿行》《申报》1914年3月10日第10版。

第五章 民间市政参与对近代中国城市社会发展的影响

织体制均仿照上海华商体育会。① 其后，苏州商会也模仿上海闸北的华商体操会和南市的商业体操会，建立了苏商体育会，"以健身卫生为始事，以保护公益、秩序、治安为宗旨"。其后，又模仿上海商团成法，建立了商团。② 汉口商团模仿上海成立，前此章节已有论述，兹不赘述。直到20世纪20年代初，还有城市在模仿上海行事，如扬州商界"一切仿上海商团体操会组织"，成立扬州商团体操会。③ 到了20世纪20年代中期，一些城市也像上海商界一样，向政府要求市内不驻兵，希望城市能够实现自卫。

例五：拟模仿上海建立市政厅

1913年，汉口商界维持会为尽快促进汉口重建、恢复汉口商业，"拟仿上海市政厅办法，首立市政筹备研究会，养成人才，为市政之先导"④。

例六：仿照上海争取城市自治

20世纪20年代中期，上海商界争取建立淞沪特别市、上海特别市，汉口、天津等地也纷纷争取成立特别市，希图实现城市自治。虽然最终都以失败告终，但市民自治的精神却遗留并渗透到城市社会中。

如此等等，不乏示例。这些模仿，有物质层面的，如例一、二、三；有制度或体制层面的，如例四、五、六；也有制度兼精神层面的，如例六——希望建立新的城市管理制度，同时又是为城市争取独立的人格，这实际上上升到精神层面了。这样的广度和深度是上海救火联合会市政参与产生示范效应的广度和深度所不能企及的。

清末民初上海商界市政参与所产生的诸层面的示范效应，最终带给

---

① 中国史学会编：《上海商团小史》，载《辛亥革命》（《中国近代史资料丛刊》第7册），上海人民出版社1957年版，第86页。
② 章开沅、朱英等主编：《苏州商团档案汇编》上，四川出版集团巴蜀书社2008年版，第3页。
③ 《扬州商团体育会成立大会》，《申报》1923年4月10日第6版。
④ 《汉商请派员设立清理局》，《申报》1913年4月9日第6版。

中国各相关城市的，或是模仿的成功，或是浅浅的尝试，或者甚至只是一种梦想——停留在口头上，但有的却能激发于精神层面。不管怎样，这诸多示范效应至少可以归结出一点，即在市政建设与市政管理方面，上海带给中国众多城市以现代城市文明和现代性的启发，促进了其现代性的滋长。

上海城市的现代性不仅来源于明清以来市镇经济的发展，也来源于西方文明的输入。"在20世纪初期，以租界为中心的上海已跻身于世界最大城市的行列"，而在20世纪20年代中期以前的60余年期间，上海租界发展为"所有租界中唯一的文化较为发达的一个"，上海租界产生的磁铁式效应，使得"上海也于20世纪初上升为中国的文化中心"。①换句话说，在清末民国，上海是作为中国最现代（即最具现代性）的城市而存在的。而上海在现代城市文明增进、城市现代性滋长的同时，其自身也成为中国其他城市学习的榜样，成为现代城市文明输出者和城市现代性的启发者。

问题是：近代上海究竟是如何输出其现代城市文明的？又是如何启发其他城市的现代性的？或者说，它是如何影响中国其他城市文明的增进与现代性滋长的？后进城市究竟是如何向上海学习以增进城市现代文明或滋长城市现代性的？对此，学界尚缺细致深入的探讨。

事实上，对于众多其他城市的中国人而言，上海尤其是上海租界毕竟是陌生的，能够熟悉上海的中国人终究是少数人，能够熟悉上海租界的中国人更是少数。那么，这种陌生感势必成为上海现代城市文明和现代性输出的障碍。在这种情况下，接触过上海租界的现代文明、感受过上海城市现代性的华人或华人组织，自然而然地就成为上海租界甚至整个上海向外传播城市文明的中介，他们和它们很容易就成为中国其他城市学习的榜样，使后者在其示范下，在学习的过程中增进现代城市文明和滋长城市现代性。清末民初上海救火联合会的市政参与，就从一个侧面证明了这一点。

---

① 费成康：《中国租界史》，上海社会科学院出版社1991年版，第269—272页。

第五章 民间市政参与对近代中国城市社会发展的影响

如前所述，上海商界出于推动城市发展和维护城市消防主权的需要，向租界学习消防管理经验，成立了上海救火联合会。而上海租界的消防管理尽管最为进步，但是上海以外的江浙其他城市对于上海消防管理经验的学习，它们更多地获益于对上海救火联合会消防管理的模仿，而不是直接对租界消防管理的模仿。并且，甚至这些城市对于上海救火联合会消防管理经验的学习，有的是直接的，有的是直接与间接的混合，还有的可能只是间接的。例如，苏州对上海的学习，就是非常直接的。而昆山则既有对上海的直接学习——参观上海救火联合会演龙、拜访上海救火联合会的主要负责人，进行直接讨教，又有对上海的间接学习——参观热心学习上海的苏州和无锡两城市的演龙，在学习苏州和无锡的做法之后，"亦拟仿照办理"[①] "亦拟改良火政"[②]。正是在这种直接和间接的学习的过程中，江浙地区城市消防的现代性得以滋长。

近代汉口的民办消防其实也产生过示范作用。民国中期，汉口的保安公益会（由汉口各团联合会改组而来）是长江中游地区最具代表性的民办消防组织，它不仅对武昌和汉阳两地的民间消防起到示范作用——对后者进行具体的指导和协助，被后者视为模范，还成为湖南长沙、湘潭等地消防机构学习的榜样。[③] 只是与上海民办消防的示范作用相比，汉口民办消防对周边地区现代性滋长的辐射性影响远不及上海。

从总体上看，江浙地区城市消防现代性的滋长，是借助于一个逐渐形成的以上海为中心和模范的区域性消防社团交流网络而得以实现。因此，在中国城市现代文明增进和现代性滋长的过程中，商界市政参与其实是近代中国城市现代性滋长的重要动力，先进城市所产生的示范效应

---

① 《办理火政之取法》，《申报》1917年7月26日第10版。
② 《昆山火政之改良》，《申报》1918年6月18日第10版。
③ 胡启扬：《民国时期的汉口火灾与城市消防（1927—1937）》，华中师范大学博士学位论文2012年，第73—75页。

起着十分重要的作用。①

不过，值得深思的是，民初上海的民间市政参与在区域乃至全国的示范与领军作用，并没有给上海商界带来理想的市政体制，上海也没能始终执近代中国市政体制变革之牛耳。而地处南国的城市广州，在20世纪20年代初则树立了另一种榜样，做好了另一种示范，并随着南军的北进而影响到更多城市的市政体制的变革。那么，民间市政参与究竟在上海和广州的市政示范性竞争中起到了怎样的作用？又对近代中国城市的现代性产生了怎样的影响呢？要回答这个问题，恐怕离不开对近代中国市政西化与本土化的认识。

五　西化与本土化：不同民间市政参与模式的示范性竞争与近代中国城市的现代性

在民初，有两种市政模式在全国形成了示范性影响，并由此而形成了示范性竞争，而这种竞争，在很大程度上又可以说是不同模式的民间市政参与的示范性竞争——以商人自治为主要特点的议行两分的上海市政模式和以官民组合为特点的议行合一的广州市政模式之间的竞争。

据赵可研究，在1926年国民革命军北伐之前，广州市政就成为其

---

① 关注这种通过区域性社团交流网络而产生的示范效应，对于我们深入研究中国城市现代性问题，探求近代中国城市史研究的新路向，至少有以下几点积极的意义：首先，上海作为近代中国最重要的示范城市之一，其对近代中国城市现代性滋长的影响将会受到应有的重视，对于推动近代上海城市史研究具有重要意义。同时，研究近代上海城市的示范作用，也有助于我们深化对近代上海城市现代性及城市地位的认识。其次，从区域范围内城市网络组织间的示范与学习的关系，研究近代区域城市的现代性问题，无疑可以深化中国近代区域城市史研究。再次，研究近代中国先进城市的示范作用及其示范效应，一定程度上可以改变近代中国城市史研究的路向，不仅可以使我们从内外关联的角度探讨近代中国区域城市乃至整个近代中国城市的现代性问题，从而摆脱近代中国城市史研究中的那种单向的、孤立的、内向性研究的窘境，还可以丰富我们对中国城市现代性滋长路径的认识，避免线性思维模式的偏执。

第五章 民间市政参与对近代中国城市社会发展的影响

他城市纷纷效仿的对象，诸如：长沙市政公所、汕头市政厅、成都市政公所组织成立时，均曾模仿或部分模仿广州市政厅组织。1922年，天津《大公报》刊载的美国人对于广州市政的褒扬性评论，他称其所见到的广州市政"皆合市政原则，循序渐进，洵为东亚最新市政之模范"①。国民革命军进抵长江流域之后，被攻克的长江流域各城市如长沙、汉口、武昌、九江、南昌、南京、杭州，纷纷模仿广州市，建立新的市政制度和市政体制。②

其实，广州的委员会制市制是典型的西式市制本土化的产物。其市政委员是由省长任命官员和民间社团组织的代表组成，即市政权的权力资源来自省政府，而不是来自选民。所以，奉西式分权式市制为典范的张君劢认为，严格地说，广州的委员会市制，其实不是采取的美国委员会制。③

至于上海，它在1926年国民革命军北伐抵沪之前，其商人自治型市政模式也曾在全国广泛的范围内成为模范，在民初的地方自治运动中，上海总是冲在城市自治运动的最前列，成为全国城市自治运动的风向标——学习的范例。在一般人看来，"上海为通商大埠，市政修明，大足为全国模范"④。因为与上海一样，很多城市的民间市政参与还一直行进在晚清以来中央政府的地方自治法令导向或省政府（如江苏省）导向下的以城市自治为目标的西式市政的轨道上。

然而，在进入20世纪20年代之后，上海在市政改革方面不仅显得越来越不自信，还对广州市政倾慕有加。市政专家的讲座推崇广州市政，如董修甲就认为广州市政属于官民合办形式，在中国市政形式中是最好的一种。⑤ 不仅如此，就是具有市政学识的法学家，也并不认为西

---

① 《美使之广州市政论》，《大公报》（天津）1922年4月8日第2张第2版。
② 赵可：《市政改革与城市发展》，中国大百科全书出版社2004年版，第160—164页。
③ 张君劢：《上海公共租界法租界之自治组织及上海市民对于自治之责任》，《申报·星期周刊》第131期，1922年4月9日第20版。
④ 无用：《杂评·市民团体》，《申报》1922年3月6日第15版。
⑤ 《中国公学请董修甲演讲市政》，《申报》1926年5月12日第14版。

式的商人自治、城市自治就是最好的市制，而是认为"就正规言，当然应由市民之公选。而就现在形势论……市政人员，莫若定额较广，采用委员制，而去独裁制"①，显然，这是倾向于广州市政模式的。上海从学者到商界，都知道市政学识的重要，所以上海市公所、上海基督教青年会、苏社、中国公学等组织，纷纷请市政专家演讲市政知识。而市政专家在介绍办好市政的条件时，又都认为市政专门人才很重要。张君劢认为要办好市政，"模范人物为最紧要"②。同时，广州市政组织中又是大家公认的最富有市政人才的地方。因此，在全国一些城市还在跟从上海追求商人自治、城市自治的时候，其实广州已经成为上海人心中的模范。

那么，民初上海模式与广州模式竞争的结果，是否上海模式就成为竞争中的输家，而广州模式就是终极的赢家呢？简单地回答"是"或"否"，都是不符合历史实际的做法。

北伐军进抵上海之后，广州模式更得以推广，只是在推广的过程中，继续发生变异。1927年7月，南京国民政府通过了关于上海特别市政府组织的文件，其中规定上海市政府采用委员会制，但是，市长黄郛对此进行了修正，改委员会制为强市长制，原本用以制约市长的市参议会经过修正后反而要由市长来任命。③ 1928年，南京国民政府颁布的《特别市组织法》和《市组织法》都以《广州市暂行条例》为蓝本，并在此基础上加以修正，实际上采用了1927年黄郛采取的上海市制。因此，从上海模式和广州模式的示范性竞争中，我们不难看出，民国中期市政格局的形成，很大程度上是上海式西化的城市自治与广州式的西式市政体制本土化的城市自治两种市政模式——从民间市政参与的角度来说，就是商人自治模式和官民组合模式——竞争又互渗的结果。

---

① 《李祖虞之淞沪市政问题意见》，《大公报》（天津）1925年2月12日第2张第5版。
② 张君劢：《上海公共租界法租界之自治组织及上海市民对于自己的责任》，《申报·申报星期周刊》第131期，1922年4月9日第20版。
③ ［法］安克强：《1927—1937年的上海——市政权、地方性和现代化》，张培德等译，上海古籍出版社2004年版，第15—16页。

第五章 民间市政参与对近代中国城市社会发展的影响

就民初上海而言，商人自治其实是对本土官治的否定，它试图摆脱传统，大尺度地引用了行政与代议二分的西化市政体制。就广州而言，委员制市制的形成就是一个西式市制本土化的过程——变权力分散的委员会制为集权于市长的委员会制，变民选市长为政府任命市长，其市政体制为西化市政体制的本土化。而这两者的融汇，在1927年4月催生了昙花一现的市民自治的以委员制式的市民代表大会为最高权力机关的上海特别市临时市政府。其后，又经过上海市制建制过程中的再度本土化——再次强调市长集权，而削弱市参议会的地位，从而形成了新的上海模式，此即民国中期通用的市政模式——强市长制市政模式。因此，从清末到民初再到民国中期中国市政体制演进的历程来看，市政体制这种西化与本土化竞争、互渗的过程，其实就是市制作为"最初西方现代文明社会的特定主题和制度"被引入中国后，被"持续不断的选择、重译和重构"的过程。最终，中国城市"将现代性的某些西方的要素整合到自己的新的集体认同的建构之中"[①]，形成了本土化的市政体制。"现代性的某些西方的要素"就是委员会制、代议制，"新的集体认同的建构"就是新式的城市集权体制。而民间力量最终通过依法参与委员会组织和代议机构而达到参与市政的目的。

由此可知，近代中国民间市政参与及市政发展的进程实际上是一个传统市政西化与西式市政本土化交织互渗的过程。正是在这个过程中，中国城市现代性得以滋长。

在近代中国，由于社会力量的发育与逐渐壮大，地方自治运动的断续展开，一方面，国家与社会呈现出分离的趋向，城市社会对于市政民主化的要求逐渐强烈，在一定程度上对国家施政起着制衡的作用；另一方面，由于集权的相对衰弱和社会力量发育得还不够强大，国家与社会双方在相当一段时间内都无法独力主导市政改革，实现城市、社会和国家由传统向现代的顺利转型，加之来自社会内部对于发展城市的强烈需

[①] 参见巫仁恕、康豹、林美莉主编《从城市看中国的现代性》，"中央研究院"近代史研究所2010年版，"导论"，第 iv 页。

求，民族主义对民众及以政府所代表的国家的强烈影响，又使得国家和社会两者之间呈现出一种相互扶助的积极互渗互补状态。近代中国的国家与社会两者之间就是这样呈现出既趋向分离又无法彼此断然割舍的互渗互补状态。同时，在近现代社会，民间市政参与的广度和深度在很大程度上是衡量一个城市乃至整个国家现代性强弱的重要尺度。就近代中国而言，虽然民间市政参与的广度和深度随着民国中期以后国家力量的增强而有所减弱，但近代中国民间市政参与的价值是难以否认的，即近代中国城市与国家现代性的增强，很大程度上就是通过来自社会的民间力量的市政参与实现的。

结　语

有关近代中国民间市政参与的几点反思

在本书接近尾声的时候，笔者聊缀数言，陈列四点，以为结语。

一　有序的民间市政参与有赖于法治和市政当局高效的施政

清末地方自治运动在全国推行之后，民间纷纷参与市政，其间虽然难免腐败（诸如自治选举作弊，自治经费管理存在问题等），但是从总体上看，因为有《城镇乡地方自治章程》作为依据，民间市政参与得以在全国有序展开。不过，随着清王朝统治的崩解，以及其后成立的民国政府中央集权的衰弱，国内局势的纷乱不定，这种状况发生了改变。

民国建立后，一方面，有关地方自治、市自治的章程、法令，要么颁行不久被废，要么格于地方形势，难以落实。更有甚者，部分省市还单独通过或颁行了省宪、市自治制或特别市公约。[①] 由此导致这些省市与中央很多时候在市自治问题上的"各唱各的调，各吹各的号"。事实上，在这些省市，其民间市政参与相对活跃。另一方面，由清末地方自治运动培育起来的城市自治意识在或明或暗地滋长。因此，全国缺少持

[①] 相关概况参见前文列表3—1：《北京政府时代特别市市制源出简表》。

续统一而执行有力的市自治法规,必将成为民初民间市政参与有序开展的一大障碍。同时,各城市行政或市政当局往往各行其是,而市政建设经费又无不捉襟见肘。在这样的情况下,少数民间力量较为强势又特别希望摆脱官治桎梏而实行民间主导市政的城市,出现了民间市政参与濒于失序或陷于失序的状态。民初汉口的民间市政参与就一度处于失序状态。

本来,汉口绅商们在清末就曾积极筹划在后湖开河筑路,拓展市区,并曾在辛亥首义爆发前夕得到湖广总督与湖北咨议局的回应。辛亥首义爆发后,兵燹导致汉口华界市区大半受损,舆论一致认为,兵燹之后,是汉口实现重建的绝佳时机。当时,汉口商界迫切希望尽快完成市区重建,并希望在重建之际成立商界主导的市政厅,他们先于政府拿出了汉口重建方案。鄂省议会则希望乘机成立"市会"(即市议会)以制约省府——当时主要针对鄂军都督府对汉口市政的直接干预。不过,都督黎元洪决意控制汉口——因为它无论在军事上还是经济上对于省府均具有举足轻重的地位,坚决不肯放权,坚持由省府主导汉口重建,并在稍后出台了一个规模宏大的一揽子解决汉口市政建设问题的重建规划。[①] 然而,以当时鄂省的财力,显然难以担当如此规模的城市重建重任,加之以黎元洪为首的鄂省当局未能尽快筹到建设资金,由此导致政府主导城市重建阻力频生,因为政府既无财力补偿商民的拆迁损失,又无法解决借款问题。于是,政府在主导城市重建的过程中,迟迟不能按规划行事,也就不得不在重建规划方面对商界做出让步,使得其自身的声威一挫再挫。后来,即便直接由中央政府插手汉口重建,但城市重建的良机已经错失。

这究竟是为什么呢?除了重建经费问题迟迟得不到解决之外,还因为政府对汉口市政的主导,主要依据的是强权——传统的政治强势,并没有直接的法律依据,且对商界表现得十分蛮横,政府虽然公布了街道

---

① 参见拙著《近代汉口市政研究(1861—1949)》,中国社会科学出版社 2017 年版,第 245—246 页。

结语　有关近代中国民间市政参与的几点反思

重建的宽度，但是也没有颁布一个能够使商界合法参与城市重建的法规。急于安居和恢复经营的汉口商界，在一等再等的情况下，终于再也顾不得政府先前颁布的街道建设规范，他们纷纷自主重建了房屋和街道，以一种失序的参与于1914年基本上完成了汉口旧市区的重建。虽然他们在1914年秋与警方协商确定了各街巷的宽度，但是，商界（业主们）最终商定的街道宽度，较官方原定宽度已是大打折扣。民初汉口城市重建的良机，就这样在失序的民间参与中错失。无法可依和有法不依，以及鄂省府施政效率低下，都是导致民初汉口民间参与城市重建失序的重要原因。

与汉口相比，上海的民间市政参与则更多地体现出坚持法治的精神。上海的商界在民初争取特别市运动中，强烈要求临时执政府颁布淞沪市制自治制，以便作为城市自治的法律依据。非但如此，上海商界在其他的市政参与活动中，也注重依照法规行事。前面的章节中提到，上海南市商界对于市政当局及民间市政组织（如上海救火联合会）所制定的道路拓展及消防管理方面的规章制度，不仅监督商界自身照章办理，对商民违反管理规章的行为予以揭发、制止，还对市政当局的违规操作予以揭发和阻止，从而在依法有序参与市政方面起到了积极的倡导和表率作用，同时也促进上海南市市政当局提高施政效率，使市民在较短的时间内见到了效益，以至于有商家主动要求市政当局开拓马路的，从而对于商界继续有序参与市政起到了积极的引导作用，形成了参与和受益之间的良性循环。

还是与汉口相比，广州市政当局在民初表现出较高的施政效率。广州市政公所在初办市政的时候，财政也非常困难，且拆城筑路问题受到地方人士的反对。但市政当局尽快变卖旗产，拆城经费问题遂迎刃而解。然后，再将建筑电车路权卖给商人，遂又得到了160万元。而广州市税经过一番整顿后，收入逐年有很大的增加，其中的一个最重要的原因就是征收地税和土地增价税。因此，在开辟马路的初期，广州市政当局就有效地解决了筹集现款的问题，使市政开局变得顺利。到了第二阶段的时候，筑路经费皆由马路两旁业主负担。由于马路开辟之后，两旁

· 277 ·

地价和房租随即上涨,使得马路两旁的业主得到了显著的收益。"业主因有利益,也很乐于开辟马路。"① 如此一来,原先的筑路阻力消失,民间市政参与由无序变为有序,由阻力变为动力。可见,广州市政当局的高效施政,是促使民间有序市政参与的关键因素。

综上所述可见,有序的民间市政参与有赖于法治和市政当局高效的施政。

二 充分整合本土资源是成功学习西式市政的必要条件

近代中国民间的市政实践深受地方自治运动影响,而该运动在城市主要是以"洋市政"——西方市政为模本展开的。所以,民间在清末民初断断续续的地方自治运动中不断地尝试办理西式市政,并力图以实现西式城市自治为旨归。在这一实践过程中,民间尝到了西式民主的甜头——在市政建设与管理中有更多的参与机会和发言权,市政的实施开始更多地考虑城市自身的利益而不是国家行政管理的便利和政府的利益。同时,这也意味着,西式市政在近代中国的实行将进一步导致中央政府权力的削弱,也必将制约地方行政当局或市政当局在城市施政的手脚。因为地方自治——其中之一就是城市自治的实行,意味着作为单立地方治阃的城市要与地方行政当局或市政当局乃至中央政府分权。这对于中央集权本已趋向衰微而又正艰难进行现代转型的中国而言,本身就是一件两难之事;对于那些逐渐专制一方、以城市为财源与饷源重地的地方军政势力而言,此举则意味着口中夺食,难以容忍,这也是为什么黎元洪决意反对汉口成立市会(即市议会)、王占元绝不赞成实行地方自治(当然也不赞成城市自治)的根本原因。

然而,从民初民间的市政实践的情形来看,中央政府越是在地方自

---

① 参见武汉地方志编纂委员会办公室编《武汉国民政府史料》,武汉出版社2005年版,第357—358页。

结语　有关近代中国民间市政参与的几点反思

治问题上犹豫不决，城市越是受到各种军政势力的蹂躏和因军事冲突而缺乏安全感，以商界为核心的民间力量争取城市自治的运动就越是一浪高过一浪，对于实现西式市政的期望越来越高。显然，他们欲借城市自治以摆脱各种不以城市利益为重的军政势力的控制与蹂躏，也借此获得中央政府对于城市自治的法律认可。其结果是，商界学习西式市政的实践，体制层面的市政参与——争取城市自治的努力终归失败。

近代中国的市政管理体制最终定格为一种不中不西或者说中西结合的强市长制市制为制度基础的市政体制。在这种强市长制市制下，西式的城市代议机构多数时候作为行政机构辅助而存在，并未如西式代议机构那样发挥议决与监督功能；在少数时候——民国末期成立正式的市议会之后的短暂岁月里，较好地发挥了"议"的功能，但要么是"决"的功能恪于形势而未能得到良好发挥，要么是议决之后市议会无法促使市政府依议执行。因此，这样的强市长制市制下的议会，很容易被误解为无足轻重的"点缀"，而强市长制市制本身也因其集权而易遭否定。那么，强市长制市制的出现说明了什么呢？强市长制市制下的城市管理的确是趋向于城市政府集权，这一市制的实行表面上看是对清末地方集权行政体制的回归，实际上是对清末以降地方集权体制的一种否定之否定：它既吸纳了西方市政文明中的分权因子，有利于市政体制的民主化，又继承了集权主义的地方政治文化传统——整合了本土资源，并且这是适应时势发展的选择性结果——广州、汉口是早先实行委员会制市制的城市——经由本土化过的委员会制市制，市政委员由政府任命，但最终都为了提高施政效率，改为了强市长制市制；上海在实行强市长制市制之前，中央一度有过是否削弱市长权力的犹豫，但上海最终也实行了强市长制市制。诚如孙科所言，这样做"权力集中，行政统一。这是为了谋市政建设之便利"[①]。而从民国中期这三个城市的施政效率来看，成绩都是十分可观的。实行强市长制市制是政府决策者将西方分权式市

---

① 武汉地方志编纂委员会办公室编《武汉国民政府史料》，武汉出版社2005年版，第357页。

政管理与中国传统的集权施治相结合的产物,是西方市政管理模式本土化的结果。西方现代市政的民主因子与中国传统的集权政治资源的整合,终于使中国市政体制得以初步实现现代转型。

而上海及以上海为模范的以商界为核心的民间市政参与力量,其在体制层面的市政参与,终至民初结束,一以贯之地以实现城市自治——建立西式市政体制为其市政参与活动的目标。然而,他们在市政实践中,往往缺乏权威性,在参与或开展重要的市政建设时,总是依赖政府权威。并且,他们又始终无力也无法将"政府权威"这样的本土资源,整合到模拟的西式市政管理体制之中。另一方面,政府对于相对独立的市政管理权,即市政主导权,或不肯以立法的形式赋予商界,或即使有立法形式的赋予又不肯实质性地赋予商界。这就注定了以商界为核心力量的民间市政参与不可能有太高的效率。正因如此,民国中期以后,一些市政府在报告政府工作、述及城市市政历史的时候,总忘不了对商办市政批评一番,说明商界办理市政如何不成功,以映衬市政府办理市政的成功。

上述市政实践中的一正一反说明:能否成功地整合本土资源,是影响近代中国学习西式市政成功与否的一个重要因素;对西方市政模式的学习缺少变通,未能充分整合本土资源,是民初中国民间在体制层面上的市政参与失败的重要原因之一。

三 不应将近代中国民间市政参与过程中的拥武诉求视为常态

在第三章中,笔者论述了民初中国民间在追求城市自治时,试图建立稳定的商属武装部队,上海、汉口等城市商界均表现出这种拥武诉求。应该说,这种拥武诉求本身并不是市政参与活动,而是企望以拥武来作为实现城市自治的一种保障。

如果按照革命史的话语逻辑,因为商属武装在辛亥革命时期,曾经对辛亥首义的成功以及辛亥革命影响的扩大产生过十分显著的积极影

结语 有关近代中国民间市政参与的几点反思

响,而汉口、上海的革命势力又曾经坚决支持商界参与市政。所以,对于近代中国民间市政参与过程中的拥武诉求,应该予以肯定。问题是,这种革命史话语逻辑未必说得通。广州是革命势力的策源地,如果按照革命史的话语逻辑逆推,南方革命政权应该肯定和支持广州商团。然而事实上,南方革命政权镇压了广州商团。

那么,我们究竟应该如何认识近代中国民间市政参与过程中的拥武诉求?这种诉求究竟有多大程度的合理性呢?

近代中国民间市政参与过程中的拥武诉求有其历史的渊源。清末地方自治运动形成的过程中,一些城市在地方政府的许可之下,办理商团,有的逐渐武装化(如上海)。辛亥首义爆发后,保安性质的城市民间社团组织武装化,原有商团武装扩大化,成为一时显像。其中,一部分民间武装商团因为配合民军而在辛亥革命中发挥了重要的作用,汉口商团和上海商团就是其中的佼佼者。革命党人和国民党人失败后,这些武装商团被解除武装,以民间保安组织的形态存在,而原先支撑这些武装商团的民间组织(如上海商会、汉口商会、汉口各团联合会等)仍旧存在。一旦商会等民间组织中的中坚力量认为城市治安受到严重威胁或者城市利益得不到根本保障的时候,就会谋求恢复武装商团或武装警察,以捍卫城市安全,维护城市利益,其目的实际上就是捍卫商界为核心的民间利益。民间在市政参与过程中尤其是在争取城市自治运动中,要求恢复武装商团,抵制市内开设兵工厂、反对城市驻军,以免受驻军蹂躏和兵燹致祸,就是这种情形的体现。因此,从历史渊源和民间利益的角度来看,这种武装诉求有一定的合理性。极具讽刺意味的是,这种诉求是以一种武装抵制另一种武装,而其策略是以此消除军阀的专制统治,在城市建立以市政立法为基础、以市自治制为依据的民主体制。也就是说,是欲以武力保障法治。

但是,从政治学的学理上看,国家是暴力机器,国家和政府拥武之外的拥武诉求是不合法理的。因为武装是暴力工具,只有国家才真正有资格拥有暴力工具,只有政府才有权利拥有武装。否则,未经政府认可而存在的一切武装,都应该是非法的,其存在不具备合法性。如果民间

· 281 ·

未经政府认可而纷纷建立起自己的武装,那么,城市治理将可能陷入失序或无序的状况。

从中国传统的国家治理情况来看,城市一贯是国家控制的重要据点,城市的地位一直不高,城乡长期处于合治状态之下,并且城市长期未能取得相对独立的治理地位。像上海、汉口这样的中国超级城市,也不过分别被视为上海县控制下众多市乡中的一个比较特别的市镇,和汉阳县下由汉阳同知、汉阳府下夏口厅同知治理下的一个超级市镇而已[1]。国家对城市的控制主要依赖军队和半官半民式的保甲之类组织,后者是否武装化,以及多大程度武装化,在常态的情况下,是政府说了算。因此,民初政府拒绝民间市政参与过程中的拥武诉求,是国家和政府试图维持城市治理常态的做法——由国家和政府控制城市,同时允许民间参与城市治理,但不能拥武。

民初国家政权及其地方政府作为一种历史存在,是历史时期中国国家的合法存在体在那个时代的体现——尽管其统治的合理性在逐渐减弱,然而这一点是不容否认的。因此,如果我们简单地肯定近代中国民间市政参与过程中的拥武诉求,将其视为当然的合法存在的常态,那将是罔顾政治学学理和中国国家治理的传统的做法,也是有悖学理和违背长时段内的历史逻辑的,是不值得肯定的。

四 近代中国不存在罗威廉所说的无须法律认可的城市自治

美国学者罗威廉对汉口城市社会进行了深入的研究,其对19世纪汉口城市社会的治理状况的探讨着力尤深。最后,他认定,早在19世

---

[1] 直到今天,人们指称武汉的时候,依然难免不直称"武汉",而称"武汉三镇"。以"镇"而代称"市",无疑是历史沿袭的结果。而武汉三镇中,汉阳、武昌先于汉口建立城垣,故素有"汉阳城""武昌城"之说。汉口最后建立城垣——被称为"堡""堡垣",史志上就没有"汉口城"一说。在近代,拥有数十万人口甚至超百万人口的汉口长期被称为"镇",其实就是其地位长期被低置、低看的一种表现。

结语 有关近代中国民间市政参与的几点反思

纪汉口就实现了实质性的自治,国家没有给予法律认可——国家不可能承认市民自决权,也就是不可能对城市自治给予法律认可,但是国家默认了汉口商人对汉口市政管理的主导权。[①] 对于罗威廉的这一观点,笔者通过实证,予以了批驳,认为其所认定的"19世纪汉口自治说""所力图论证的19世纪汉口乃至中国存在着的实质性的自治,其实只是西方中心史观指导下构建的中国城市的虚像"。因为从根本上说,在19世纪,官府在很多城市事务上发挥着直接的领导作用,汉口民间的市政参与并没有"去官方化",而是在很多时候根本就离不开官方的支持,因为民间不具备官府所具有的权威。[②]

如果我们把观察历史的眼光放宽,就会发现,当历史进入20世纪之后,中国城市社会进一步发生巨变,其中一个突出的表现就是民间市政力量得到进一步发展,其主要表现之一就是他们较19世纪更广泛更深入地参与市政;中国的一部分城市开始了真正的觉醒——以商人为核心的民间市政力量,已经不满足于体制层面之外的市政参与,他们越来越关注自身的市政参与权,甚至要求组建商人主导的城市政权。这才是真正在城市管理方面的试图"去官方化"。

如果按照罗威廉的研究逻辑,那么,凡是这种觉醒的民间广泛参与市政的城市都实现了实质性的自治——这种城市自治不需要国家法律认可。然而,事实并非如此。

民国建立之后,一些城市的民间市政力量,不断地争取城市自治,并且希望建立城市自治度较高的特别市。在这个过程中,民间市政力量与中央政府和地方政府,不断地进行博弈,其中博弈的一个关键点就是市自治制的制定、颁布与实行。这就是为什么民初民间市政力量不断要求政府恢复地方自治,即要求政府允许民间依照已经颁布的自治法律实

---

① 参见[美]罗威廉《汉口:一个中国城市的商业和社会(1796—1889)》,江溶、鲁西奇译,中国人民大学出版社2005年版;罗威廉:《汉口:一个中国城市的冲突和社区(1796—1895)》,鲁西奇、罗杜芳译,中国人民大学出版社2008年版。

② 参见拙文《湖北新政前夕汉口的民间市政参与问题研究——兼论罗威廉的"19世纪汉口自治说"》,《江汉大学学报(人文科学版)》2011年第5期。

行城市自治、强烈要求政府颁布实现高度自治的特别市制的重要原因。也就是说，已经觉醒并且取得更多市政参与机会和更大市政参与权的民初民间市政参与力量，他们依然没有取得真正的城市自治权。而真正能够使他们拥有城市自治权的不仅仅是国家法律的书面认可，还必须是政府对相关的国家法律的切实实施。当然，如前所述，他们的努力最终归于失败——中国的城市在民初没有实行自治。民国中期以后，中国城市依旧没有改变由国家行政控制的实质，因为国家从法律上确立了市政府——其核心成员并不是由民间产生——的市政主导权。

从近代中国民间市政参与以及民间争取城市自治的总体情况来看，近代中国城市的确存在着相当程度上的自治，但是这种本土内生的绅商自治或商人自治，以及受西方市政影响之后的混杂形态的绅商自治或商人自治，最终并没有上升为西式的城市自治。其中的一个根本原因就是得不到国家法律的认可，或者政府没有履行法律的认可。因此，在近代中国不存在罗威廉所说的那种没有国家法律认可的实质性自治——城市自治。

参考文献

一 基本史料与文献

（一）历史档案

1. 《汉口市政概况》（1932.10—1933.12），湖北省档案馆藏，档号：LSA2.2—5。
2. 《汉口市政概况》（1934.1—1935.6），武汉市档案馆藏，档号：bB13/3。
3. 《汉口市政概况》（1935.7—1936.6），武汉市档案馆藏，档号：bB13/4。
4. 《既济水电公司路灯电费》，武汉市档案馆藏，档号：117—1—301。
5. 《上海银行汉口分行·汉口总商会来函涉及大革命时期军政人员》，武汉市档案馆藏，档号：61—1—291。
6. 程宝琛口述、夏国尧整理：《汉口华商商团》，武汉市工商业联合会工商业改造类档案，武汉市档案馆藏，档号：119—130—114。
7. 故宫博物院明清档案部汇编：《清末筹备立宪档案史料》下册，中华书局1979年版。
8. 天津市档案馆、天津社会科学院历史研究所、天津市商业联合会编：《天津商会档案汇编（1912—1928）》3，天津人民出版社1992年版。
9. 张斌编选：《上海内地自来水公司早期经营状况档案》，载《档案与史学》1996年3期。
10. 陈乐人主编：《北京档案史料》2008年第3期，新华出版社2008

年版。

11. 章开沅、朱英等主编：《苏州商团档案汇编》上，四川出版集团巴蜀书社2008年版。

（二）报纸杂志

1. 《申报》（上海）
2. 《民国日报》（上海）
3. 《民立报》
4. 《大公报》（天津）
5. 《晨报》
6. 《京话日报》
7. 《商业日报》（北京）
8. 《汉口中西报》
9. 《汉口中西报晚报》
10. 《湖北官报》
11. 《国民新报》
12. 《大汉报》
13. 《江声日刊》
14. 《汉口民国日报》
15. 《湖北中山日报》
16. 《武汉日报》
17. 《东方杂志》
18. 《湖北地方自治研究会杂志》
19. 《中国建设》
20. 《道路月刊》
21. 《市声周刊》
22. 《市政评论》
23. 《市政期刊》
24. 《市政建设专刊》

25. 《市政工程年刊》
26. 《市政革新运动专刊》
27. 《中国工程师学会三十周年纪念刊》
28. 《工商半月刊》
29. 《水电季刊》
30. 《上海市通志馆期刊》
31. 《新上海》
32. 《新汉口》
33. 《新汉口市政公报》
34. 《新汉口汉市市政公报》
35. 《汉市市政公报》
36. 《武汉市政公报》
37. 《武汉特别市市政月刊》
38. 《南京市政府公报》
39. 《杭州市政月刊》
40. 《宁波市政公报》
41. 《复旦大学理工学报》
42. 《清华周刊》
43. 《中央周刊》
44. 《复兴月刊》
45. 《人民周刊》
46. 《新世界》
47. 《国是》
48. 《纺织染工程》
49. 《辛亥革命史丛刊》
50. 《"中央研究院"近代史研究所集刊》

（三）地方志

1. 徐焕斗修、王夔清纂：《汉口小志》民国四年（1915）铅印本。

2. 吴馨修、姚文枏等纂：《上海县续志》民国七年（1918）本。

3. 杨逸纂：《上海市自治志》，（台湾）成文出版社有限公司1974年影印版。

（四）官方文书、文集、笔记、资料集

1. 上海市文献委员会编：《上海市年鉴》，上海市文献委员会年鉴委员会民国三十六年（1947）发行。

2. 南京市政府编印：《首都市政》，民国三十七年（1948）版。

3. 徐雪湘等译编：《江海关十年报告（1882—1931）》，张仲礼校订，上海社会科学院出版社1983年版。

4. 董修甲：《市政研究论文集》（中华市政学会丛书之一），青年协会书报部民国十八年（1929）发行。

5. 胡适：《胡适文存》，上海东亚图书馆民国十九年（1930）版。

6. 中华书局编：《上海市指南》，中华书局民国二十一年（1932）版。

7. 李平书等：《李平书七十自叙·藕初五十自述·王晓籁述录》，上海古籍出版社1989年版。

8. 武汉书业工会编：《汉口商号名录·汉口指南》，民国九年（1920）版。

9. 中国史学会编：《中国近代史资料丛刊》第7册（《辛亥革命》），上海人民出版社1957年版。

10. 张枬、王忍之编：《辛亥革命前十年间时论选集》第一卷上册，三联书店1960年版。

11. 皮明庥、冯天瑜等编：《武汉近代（辛亥革命前）经济史料》，武汉地方志编纂办公室1981年（内部）印行。

12. 上海图书馆编：《中国近代期刊篇目汇录》第2卷下，上海人民出版社1982年版。

13. 辛亥革命武昌起义纪念馆、政协湖北省委员会文史资料委员会合编：《湖北军政府文献资料汇编》，武汉大学出版社1986年版。

14. 吴剑杰主编：《湖北谘议局文献资料汇编》，武汉大学出版社1991

年版。
15. 上海市政协文史资料委员会编：《上海文史资料存稿汇编》8，上海古籍出版社 2001 年版。
16. 全国政协文史资料委员会编：《文史资料存稿选编》第 19 辑《军政人物》上册，中国文史出版社 2002 年版。
17. 武汉地方志编纂委员会办公室编：《武汉国民政府史料》，武汉出版社 2005 年版。
18. 陈乐人主编：《二十世纪北京城市建设史料集》上，新华出版社 2007 年版。

二　论著

1. [日] 水野幸吉：《汉口：中央支那事情》，刘鸿枢、唐殿熏、袁青选译，上海昌明公司光绪三十四年（1908）发行。
2. （清）张寿波：《最近汉口工商业一斑》，上海商务印书馆宣统三年（1911）版。
3. 董修甲：《市政新论》，上海商务印书馆民国十三年（1924）版。
4. [美] W. B. 孟洛：《市政原理与方法》，宋介译，商务印书馆民国十五年（1926）版。
5. 杨哲明：《市政管理 ABC》，世界书局民国十七年（1928）版。
6. 李宗黄：《市政指南》，商务印书馆民国十七年（1928）版。
7. 白敦庸：《市政举要》，大东书局民国二十年（1931）版。
8. 陆丹林：《市政全书》，全国道路建设协会民国十七年（1928）版。
9. 包明芳编：《中国消防警察》，商务印书馆民国二十四年（1935）版。
10. 冷隽：《地方自治述要》，中正书局民国二十四年（1935）版。
11. 董修甲：《国民经济建设之途径》，生活书店民国二十五年（1936）版。
12. 董修甲：《市政与民治》，大东书局民国二十六年（1937）版。
13. 蒋慎吾：《近代中国市政》，中华书局民国二十六年（1937）版。

14. 中国公路交通史编纂委员会编：《中国公路史》，人民交通出版社1990年版。
15. 张仲礼主编：《近代上海城市研究》，上海人民出版社1990年版。
16. 隗瀛涛主编：《近代重庆城市史》，四川大学出版社1991年版。
17. 费成康：《中国租界史》，上海社会科学院出版社1991年版。
18. 皮明庥主编：《近代武汉城市史》，中国社会科学出版社1993年版。
19. 罗澍伟主编：《近代天津城市史》，中国社会科学出版社1993年版。
20. 张仲礼主编：《东南沿海城市与中国近代化》，上海人民出版社1996年版。
21. ［美］塞缪尔·亨廷顿：《变化社会中的政治秩序》，王冠华等译，生活·读书·新知三联书店1996年版。
22. 朱英：《转型时期的社会与国家——以近代中国商会为主体的历史透视》，华中师范大学出版社1997年版。
23. 隗瀛涛主编：《中国近代不同类型城市综合研究》，四川大学出版社1998年版。
24. 张培德、王仰清、廖大伟：《上海通史·民国政治》，熊月之主编，上海人民出版社1999年版。
25. 梁元生：《晚清上海：一个城市的历史记忆》，中山大学出版社2000年版。
26. 马敏：《商人精神的嬗变——近代中国商人观念研究》，华中师范大学出版社2001年版。
27. 张仲礼、熊月之、沈祖炜主编：《长江沿岸城市与中国近代化》，上海人民出版社2002年版。
28. 李采芹主编：《中国消防通史》下卷，群众出版社2002年版。
29. ［日］小浜正子：《近代上海的公共性与国家》，葛涛译，上海古籍出版社2003年版。
30. ［法］安克强：《1927—1937年的上海——市政权、地方性和现代化》，张培德等译，上海古籍出版社2004年版。
31. 马敏：《官商之间：社会剧变中的近代绅商》，华中师范大学出版社

2003年版。

32. 赵可：《市政改革与城市发展》，中国大百科全书出版社2004年版。

33. 何一民主编：《近代中国城市发展与社会变迁（1840—1949）》，科学出版社2004年版。

34. ［美］罗威廉：《汉口：一个中国城市的商业和社会（1796—1889）》，江溶、鲁西奇译，彭雨新、鲁西奇校，中国人民大学出版社2005年版。

35. 朱英、郑成林：《商会与近代中国》，华中师范大学出版社2005年版。

36. 周松青：《上海地方自治研究（1905—1927）》，上海社会科学院2005年版。

37. 方平：《晚清上海的公共领域（1895—1911）》，上海人民出版社2007年版。

38. ［美］凯瑟琳·西伦、斯温斯坦默：《比较政治学中的历史制度主义》（《新制度主义政治学译文精选》），何俊志、任军锋等编译，天津人民出版社2007年版。

39. 钱端升：《民国政制史》，上海人民出版社2008年版。

40. ［美］罗威廉：《汉口：一个中国城市的冲突与社区（1796—1895）》，鲁西奇、罗杜芳译，中国人民大学出版社2008年版。

41. 张利民：《艰难的起步——中国近代城市行政管理机制研究》，天津社科院出版社2008年版。

42. 涂文学：《城市早期现代化的黄金时代——1930年代汉口的市政改革》，中国社会科学出版社2009年版。

43. 白华山：《上海政商互动研究（1927—1937）》，上海辞书出版社2009年版。

44. 巫仁恕、康豹、林美莉主编：《从城市看中国的现代性》，（台湾）"中央研究院"近代史研究所2010年版。

45. 路彩霞：《清末京津公共卫生机制演进研究（1900—1911）》，湖北人民出版社2010年版。

46. 《看历史》编辑部主编：《微历史》，九州出版社2013年版。
47. 方秋梅：《近代汉口市政研究（1861—1949）》，中国社会科学出版社2017年版。

三　论文

（一）已刊论文

1. 唐振常：《市民意识与上海社会》，《上海社会科学院学术季刊》1993年第1期。
2. 王恩重：《近代上海绅商与闸北城区建设》，《历史教学问题》1996年第4期。
3. 王树槐：《上海闸北水电厂商办之争（1920—1924）》，《"中央研究院"近代史研究所集刊》第25期，1996年6月。
4. 何一民：《20世纪后期中国近代城市史研究的理论探索》，《西南交通大学学报（社会科学版）》2000年第1期。
5. 何一民：《中国近代城市史研究述评》，《中华文化论坛》2000年第1期。
6. 华伟：《自治市与行政市：市制丛谈之二》，《中国方域》2000年第1期。
7. 何一民：《21世纪中国近代城市史研究展望》，《云南大学学报（社会科学版）》2002年第1卷第3期。
8. 王云骏：《民国时期城市市民参政意识刍议——以南京城市社团组织（1927—1937年）为个案》，《江苏社会科学》2002年第1期。
9. 郭文毅、吴宏岐：《抗战时期陪都西京3种规划方案的比较研究》，《西北大学学报（自然科学版）》2002年第5期。
10. 何一民：《简论民国时期城市行政民主化与法制化的发展趋势》，《西南民族学院学报（哲学社会科学版）》2003年第1期。
11. 周子峰：《近代厦门市政建设运动及其影响（1920—1937）》，《中国社会经济史研究》2004年第2期。

12. 沈松平、张颖：《宁波商人与宁波近代市政》，《宁波党校学报》2004 年第 3 期。

13. 邢建榕：《水电煤：近代上海公用事业演进及华洋不同心态》，《史学月刊》2004 年第 4 期。

14. 何其颖：《鼓浪屿租界与近代厦门经济与市政建设的发展》，《中国社会经济史研究》2005 年第 4 期。

15. 宋美云：《论城市公共环境整治中的非政府组织参与——以近代天津商会为例》，朱英、郑成林：《商会与近代中国》，华中师范大学出版社 2005 年版。

16. ［美］史明正：《西文中国城市史论著分类要目》，范瑛译，史明正校，《城市史研究》第 23 辑，天津社会科学院出版社 2005 年版。

17. ［澳］伊懋可：《1905—1914 年上海的市政管理》，刘海岩主编：《城市史研究》第 23 辑，天津社会科学院出版社 2005 年版。

18. 刘海岩：《电车、公共交通与近代天津城市发展》，《史林》2006 年第 3 期。

19. 毛曦：《全球城市史视域中的中国城市史研究——读乔尔·科特金〈全球城市史〉引发的思考》，《史学理论研究》2007 年第 4 期。

20. 任吉东：《从宏观到微观从主流到边缘——中国近代城市史研究回顾与瞻望》，《理论与现代化》2007 年第 4 期。

21. 邱红梅：《试论近代汉口市民的市政主体性意识》，《湖北社会科学》2007 年第 8 期。

22. 熊月之、张生：《中国城市史研究综述（1986—2006）》，《史林》2008 年第 1 期。

23. 郭京湖、张亮：《民间组织强势介入城市事务原因初探》，《安徽文学》2008 年第 8 期。

24. 王煦、李在全：《20 世纪 20 至 30 年代北京民间市政建议和计划》，陈乐人主编：《北京档案史料》2008 年第 3 期，新华出版社 2008 年版。

25. 张利民：《清末天津与上海地方自治的比较——从近代城市管理机

构建立的角度》,《"城市空间与人"国际学术研讨会论文集》,2006年。

26. 方秋梅:《论电业对清末民初汉口城市现代化的影响》,《学习月刊》2008年第6期。

27. 张笑川:《清末闸北开辟"通商场"再探》,《史林》2009年第2期。

28. 张日红:《二十世纪二、三十年代宁波市政工程建设经费收支初探》,《宁波教育学院学报》2009年第5期。

29. 戴一峰:《城市史研究的两种视野:内向性与外向性》,《学术月刊》2009年第10期。

30. 曲春梅:《近代胶东商人与地方公共领域——以商会为主体的考察》,《东岳论丛》2009年第4期。

31. 潘长勇:《"市民市政参与"国际学术会议》,《国际学术动态》2010年第4期。

32. 涂文学:《开展中国近代市政史研究的思考——以1930年代的汉口为中心》,《城市史研究》第28辑,天津社会科学院出版社2010年版。

33. 方秋梅:《湖北新政时期汉口官办市政的特点》,《理论月刊》2010年第5期。

34. 毛曦:《中国城市史研究:源流、现状与前景》,《史学理论研究》,2011年第1期。

35. 王利娟:《民国时期王正廷道路建设思想探析》,《宁波经济》2011年第1期。

36. 张德美:《1922年的北京自治潮》,《中国政法大学学报》2011年第4期。

37. 方秋梅:《湖北新政前夕汉口的民间市政参与问题研究——兼论罗威廉的"19世纪汉口自治说"》,《江汉大学学报(人文科学版)》2011年第5期。

38. 彭南生、胡启扬:《近代城市社会管理中的市民参与——以民国汉口保安公益会为例》,《江苏社会科学》2012 年第 1 期。
39. 马建华:《汽车与近代中国国的城市化》,《贵州文史丛刊》2012 年第 1 期。
40. 刘海岩:《天津:电车拓展城市边界》,《看历史》编辑部主编:《微历史》,九州出版社 2013 年版。
41. 方秋梅:《中华全国道路建设协会的市政参与与近代中国城市化研究——一个以道路月刊为中心的考察》,《江汉大学学报(人文版)》2014 年第 6 期。
42. 方秋梅:《果与因:中华全国道路建设协会的市政参与与近代中国市政发展研究——一个以道路月刊为中心的考察》,《江汉论坛》2014 年第 12 期。

(二)硕士学位论文

1. 黄海波:《权威及其限制:1905—1909 年上海城厢内外总工程局的地方自治实践》,上海大学硕士学位论文 2003 年。
2. 孙颖:《民国时期广州市政体制演变研究》,广州大学硕士学位论文 2005 年。
3. 宋瑞琴:《天津商会与清末民初天津城市社会生活》,河北师范大学硕士学位论文 2006 年。
4. 陈新立:《清代汉口的火灾研究》,武汉大学硕士学位论文 2006 年。
5. 陈享冬:《民国时期的广州消防研究》,广州大学硕士学位论文 2006 年。
6. 陈常妹:《民国时期城市公用事业管理模式研究——以南昌水电管理为例》,南昌大学硕士学位论文 2007 年。
7. 王煦:《民国时期北京市政建设中的民间参与因素(1912—1937)》,北京师范大学硕士学位论文 2007 年。
8. 黄冬英:《近代武汉环境卫生管理研究(1900—1938)》,华中师范大学硕士学位论文 2007 年。
9. 桂晓亮:《济南商埠研究(1911—1928)——以商埠商会为例》,山东师范大学硕士学位论文 2007 年。
10. 佟银霞：《刘纪文与民国时期南京市政建设及管理（1927—1930）》，东北师范大学硕士学位论文 2007 年。
11. 严昕：《厦门近代城市规划历史研究》，武汉理工大学硕士学位论文 2007 年。
12. 张文宁：《宁波近代城市规划历史研究（1844—1949）》，武汉理工大学硕士学位论文 2008 年。
13. 金民：《民国时期近代市政思想研究（1921—1937）》，武汉大学硕士学位论文 2008 年。
14. 彭志军：《民国时期南昌消防事业研究》，南昌大学硕士学位论文 2008 年。
15. 刘琼：《1945 年 8 月—1949 年 5 月武汉消防事业研究》，华中师范大学硕士学位论文 2009 年。
16. 曾祥祯：《抗战时期泰和市政建设与管理研究（1939—1944）》，江西师范大学硕士学位论文 2010 年。
17. 邢国徽：《近代上海桥梁建设与城市发展——以苏州河桥梁为中心》，上海师范大学硕士学位论文 2010 年。
18. 韩占领：《1929—1941 年天津英租界市政管理研究》，天津师范大学硕士学位论文 2012 年。
19. 王婷：《中间团体与近代地方自治研究（1900—1928）——以济南商会为例》，山东师范大学硕士学位论文 2012 年。
20. 申琳琳：《近代天津路政建设研究——以 1882—1928 年华界路政建设为中心的考察》，天津师范大学硕士学位论文 2012 年。
21. 孙京：《民国镇江市政建设研究（1929—1937）》，南京师范大学硕士学位论文 2013 年。

（三）博士学位论文

1. 聂家华：《开埠与济南早期城市现代化（1904—1937）》，浙江大学博士学位论文 2004 年。

2. 罗桂林：《现代城市的建构——1927—1937年福州的市政管理与公共事业》，厦门大学博士学位论文2006年。
3. 佟银霞：《刘纪文与民国时期南京市政建设及管理（1927—1930）》，东北师范大学硕士学位论文2007年。
4. 刘春林：《青岛近代市政建设研究（1898—1949）》，吉林大学博士学位论文2010年。
5. 张忠：《哈尔滨早期市政近代化研究（1898—1931）》，吉林大学博士学位论文2011年。
6. 邹东：《民国时期广州城市规划建设研究》，华南理工大学博士学位论文2012年。
7. 胡启扬：《民国时期的汉口火灾与城市消防（1927—1937）》，华中师范大学博士学位论文2012年。
8. 彭志军：《官民之间：苏州民办消防事业研究（1913—1954年）》，上海师范大学博士学位论文2012年。
9. 潘标：《民国杭州商业与商人研究（1912—1937）》，华中师范大学博士学位论文2014年。